"文化自信"视域下大学英语教学的策略研究

赵璨 著

天津出版传媒集团

天津科学技术出版社

图书在版编目（CIP）数据

"文化自信"视域下大学英语教学的策略研究 / 赵
璨著. -- 天津：天津科学技术出版社, 2024.4
ISBN 978-7-5742-1944-1

Ⅰ. ①文… Ⅱ. ①赵… Ⅲ. ①英语 – 教学研究 – 高等
学校 Ⅳ. ①H319.3

中国国家版本馆CIP数据核字(2024)第068619号

"文化自信"视域下大学英语教学的策略研究
"WENHUA ZIXIN" SHIYU XIA DAXUE YINGYU JIAOXUE DE CELÜE YANJIU

责任编辑：刘　鸫

责任印制：兰　毅

出　　版：天津出版传媒集团
　　　　　天津科学技术出版社

地　　址：天津市西康路35号

邮　　编：300051

电　　话：（022）23332377

网　　址：www.tjkjcbs.com.cn

发　　行：新华书店经销

印　　刷：河北万卷印刷有限公司

开本 710×1000　1/16　印张 19.25　字数 260 000
2024年4月第1版第1次印刷
定价：98.00元

前 言

　　当今时代是一个国际化、现代化和信息化的时代，新时代的发展带来了一系列深刻的社会变化。其中，跨文化交际的现象愈发显著，难以被忽视。伴随着我国经济实力的逐步增长和国际地位的逐渐上升，我国与世界其他国家和地区的沟通与交流无疑也变得更加频繁。这样的沟通与交流不仅仅局限于商业和政治层面，也广泛存在于经济、社会、艺术、教育等层面。在这样的时代背景下，跨文化的研究与相关知识的普及就显得尤为重要，这不仅是专业研究者和教育者所必须理解和掌握的，也是普通大众需要具备的一种社会常识。因此，文化以及跨文化教学不可避免地成为教育领域关注的核心内容之一，其意义在于培育我国人民的文化自信。

　　文化不仅仅是一个国家的标识，更是一个民族的灵魂和底蕴。文化自信作为一种更基础、更广泛、更深沉的自信形式，自然成为一种更基本、更持久的力量，尤其体现在国际文化交流的场合。在大学英语教学这样一个持续周期较长、覆盖面较广的领域，文化的培育理应受到足够的重视。本书认为，当前的大学英语教学不仅要融入对英语文化的教育，更要注重本国文化的传承与弘扬，要在弘扬中国文化的同时，使英语教学具有中国特色，更好地培养学生文化自信。

　　本书以文化自信理论为指导对大学英语教学的策略展开论述，总共八章。第一章从文化的基本认知延伸至文化自信的理论基础和重要意义的探讨，论述要点聚焦在文化自信的内涵解析方面。第二章论述了语言与文化的关系，揭示了语言学习不仅仅是语法、词汇和技能的学习，更是文化意识的学习和传承；在此基础上，第三章对"文化自信"视域下的大学英语文化教学的改革要求、原则及策略进行了详细论述，着重体现了通过大学英语教学帮助学习者理解和传播中华文化的方法。第四章聚焦在大学生的综合素质培养，即如何在"文化自信"视域下，通过英语教学培养学生的跨文化意识、跨文化交际能力以及学习能力和思辨能力。第五章的关注点放在大学英语教师的专业素质提升上。大学英语教师不仅仅是语言技能的传授者，更是文化的引导者。因此，大学英语教师专业素质的提升必须立足于"文化自信"的视域，确保文化传播的准确性和有效性。第六章和第七章分别对大学英语知识教学和技能教学中的策略与实践进行了深入的探讨，着重从"文化自信"这一维度分析如何在词汇、语法、听、说、读、写、译等方面融入文化教学，实现文化和语言教学的有机结合。最后，在第八章中，本书将目光投向了大学英语教学工作的实践与展望。在"文化自信"视域下，大学英语教材的开发与建设、教学评价的改革与发展以及教学的未来发展趋势，都是本书关心的话题。

　　本书在阐释和论述的过程中力求语言表达简洁，行文通顺合理。但由于作者能力有限，本书还存在诸多不足之处，有待进一步完善，恳请广大读者批评指正。

目 录

第一章　文化与文化自信

第一节　文化的基本认知

一、文化的定义

在中国，"文化"的概念在古代便已根植于人们的认知中。早在西汉时期，刘向就曾在他所著的《说苑·指武》指出，文化与封建王朝的教化活动有关，是维护和传承封建统治秩序的一种机制。在这种解读中，文化是权力和秩序维持的重要组成部分。然而，随着时间的推移，文化的解读在不同文明和语境中呈现出丰富的多样性。例如，拉丁文中的"cultus"将文化关联到了开发和开化的过程，强调人与自然的互动以及环境的改造。而在德语语境中，文化与精神和宗教的紧密联系被凸显出来，显示出文化对于人的内心世界、信仰和价值观的深远影响。

进入英语文化圈，文化的涵盖范围经历了进一步的拓展。除了自然和精神维度，英语中的"culture"还涵盖了政治、教育和法律等多个社会生活领域。这种理解表明，文化与社会的秩序、构造及日常生活的各个方面都有紧密的联系。到19世纪，对文化的定义进入了一个全新的维度，它开始被认为是一个全面的概念，包含了风俗、宗教、科学、艺术等人类生活的各个领域。这种全面的视角揭示了文化在人类社会中的多方面作用和影响，并证实了文化定义从狭隘到宽泛、从单一到多元的演变。此后不同时代、不同文化背景下的学者纷纷给出了自己对文化的定义。

英国的人类学家爱德华·泰勒对文化所下的定义得到了学术界的普遍认同，他认为，从广泛的民族学意义来讲，文化就是一个复合整体，这个整体包括知识、信仰、艺术、道德、法律、习俗以及作为一个社会成员的人所习得的其他一切能力和习惯。[①]

美国文化人类学家 S. 南达认为，文化作为理想规范、意义、期待等构成的完整体系，既对实际行为按既定的方向加以引导，又对明显违背理想规范的行为进行惩罚，从而遏制了人类行为向无政府主义倾向的发展。[②]

中国学者张岱年和程宜山则认为，文化是人类在处理其与客观现实的关系时所采取的行为和思维方式及其所创造出来的一些成果，是活动方式与活动成果的辩证统一。[③]

中国学者辜正坤认为文化是"人和环境互动而产生的精神、物质成果的总和。这个总和中可以包括生活方式、价值观、知识、技术成果，以及一切经过人的改造和理解而别具人文特色的物质对象"[④]。

综合以上关于文化的起源与发展以及学者的观点可知，文化既是人类社会的一种内在力量，影响和塑造着每一个社会成员的行为和思维，又是这种行为和思维在特定环境中的产物。它是历史、环境、社会与个体之间复杂互动的结果，充分展现了人类生活的丰富性和多样性。

当探究文化的本质时，可以认为文化既是人类与客观现实交互时的行为和思维方式，也是这种互动所产生的成果。这些成果不仅仅是物质的，如技术或艺术作品，还有精神上的，如观念、信仰和价值观。这种行为、思维方式与成果的统一，展现了文化的辩证性。人与其所处的环

---

① 泰勒.原始文化：神话、哲学、宗教、语言、艺术和习俗发展之研究[M].连树声，译.上海：上海文艺出版社，1992：1-25.

② 南达.文化人类学[M].刘燕鸣，韩养民，编译.西安：陕西人民教育出版社，1987：46.

③ 张岱年，方克立.中国文化概论[M].北京：北京师范大学出版社，1994：1-4.

④ 辜正坤.中西文化比较导论[M].北京：北京大学出版社，2007：1.

境之间的这种互动生成了一系列具有人文特色的精神和物质成果。这些成果不仅仅是技术上的创新，还包括了人类对于生活的理解、价值观的塑造，以及经过人的改造和理解的物质对象。

二、文化的功能

文化，这一晦涩却又普遍的概念，一直是人们探索和研究的焦点。它之所以受到如此广泛的关注，原因众多。一是文化的定义和范围被赋予了广泛性，使得不同背景、知识结构和认知水平的人都能够依据自己的理解进行解读。无论是深入挖掘人类精神和物质成果层面，还是简单地将其视为知识和道德的体现，这一概念都足够简明而实用，适应于各种情境和语境。二是正因为文化的定义存在模糊性，它为人们提供了广阔的诠释空间。如同面对一个神秘的迷宫，人们总是希望探索其深处，企图找到对其更深入、更准确的理解。这种探索和解读的过程不仅满足了人类对知识的好奇心，也为学术研究提供了无穷的动力。三是文化在人类社会中扮演着关键的角色。它不仅是人类与其他生物之间区分的核心，更是人类社会的基石和个体实现自我价值的重要工具。人们对文化的研究和理解，无疑也是为了更好地认识自身，探寻人类存在的真正意义和价值。

（一）文化对个体发展的功能

1.培育认知模式

文化在个体成长过程中扮演着重要的角色，特别是在塑造其认知模式方面。从出生开始，个体就身处特定的文化环境之中，这个环境为其提供了一个特定的知识体系、语言结构和思维习惯。随着时间的推移，这些文化元素逐渐渗透到个体的日常生活中，成为其认知世界的基础。例如，某一文化可能会强调团体合作的重要性，在这种环境中长大的个体在面对问题时，很可能首先考虑集体的利益，而不是单纯地追求个人的利益。这种认知模式不仅仅是思维的方式，更是看待世界、处理问题的方法。

2.塑造价值取向

文化对于个体的价值取向有着深远的影响。从小到大,人们都在家庭、学校和社会中受到各种价值观的影响。这些价值观成为我们判断是非、选择行动方向的基石。例如,某些文化可能会强调尊老爱幼的美德,而在其他文化中,独立和自主可能被视为最高的价值。这些价值取向影响着个体的决策和行为方式,甚至决定了其人生的方向和目标。

3.规范个体行为

文化提供了一套规则和标准,用于指导和规范个体的行为。这些规则可能是明文规定的,也可能是潜移默化地传达给每个人的。文化中的习俗、信仰和道德准则等,都为个体提供了生活中的行为指南。当个体的行为与文化中的规范不一致时,可能会遭到来自社会的指责或排斥。反之,符合文化规范的行为往往会得到奖励或赞誉。这种机制确保了社会的稳定和和谐,也促进了个体与社会的和谐共处。

4.加强归属认同

文化为个体提供了一种归属感,使其感到自己是某一集体的一部分。这种归属感为个体提供了安全感和稳定性,也是其与外部世界建立联系的桥梁。文化传统、节日庆典、共同的历史和故事等,都强化了个体与其文化的连接。当个体面临外部压力或挑战时,强烈的归属感往往能够提供支持和鼓励,帮助其更好地面对困难和挑战。

(二)文化对社会发展的功能

1.文化与社会的存在和进步

文化,作为社会的核心支柱,确保了社会的持续存在和稳定进展。文化塑造了人类与自然的关系。通过文化,人们学会如何与环境互动,改变并适应它。这种互动不仅限于技术上的征服和利用,还包括对自然的尊重和保护。因此,文化是人类适应环境变化、持续生存和繁衍的关键因素。除此之外,文化在人与人之间建立了纽带。它提供了一个共同的理解和交流框架,使得人类不仅可以个体生存,还可以作为一个整体、一个社群共同生产和进步。当今世界，科技与文化紧密相连，科技的进步不仅反映了文化的进步，同时也反过来推动文化的创新和变革。这种相互作用证明了社会的进步与文化的发展是相辅相成的。

2. 文化促进社会的整合

文化不仅仅是知识和艺术的体现，它还是一个强大的社会整合工具。通过语言和沟通方式，文化为人们提供了理解和交往的平台。无论是日常交流还是复杂的外交谈判，语言和沟通方式都是基本的工具，它们使得人们能够达成共识和合作。同时，文化提供了一系列的精神和道德价值，这些价值准则确保了社会成员在行动和决策时有共同的方向和目标。此外，文化还通过各种制度、习俗和传统来维护和强化这种整合。从一个更大的视角来看，文化的传承和共享性确保了不同社群、地域和国家之间的交流和合作，使得国际化成为可能，同时也提高了文化的多样性和丰富性。

（三）文化对民族发展的功能

1. 促进身份认同与凝聚力的形成

文化塑造了民族的独特性，并使其成员产生一种归属感。在中国，春节、中秋节、端午节等传统节日都强调家庭的团聚和对祖先的祭拜。这不仅强化了家族和族群的纽带，而且促进了人们对华夏文明的认同。另外，西方国家如美国的独立日、感恩节等则强调国家的自由、民主以及对家庭和朋友的感激，促进了国家与个人之间的连接。还有，艺术文化也是民族身份认同的来源。中国的书法、绘画和诗词，如唐诗宋词，强调了人与自然的和谐共存和人与人之间的深厚情感；而在西方，文艺复兴时期的艺术，如达·芬奇的《最后的晚餐》，强调了人的智慧和个体价值。

2. 价值观与世界观的塑造

价值观是文化的核心，它决定了一个民族如何看待世界、人与人之间的关系以及对待自然的态度。例如，中华传统文化倡导"仁爱"和"和为贵",这在孔子"己所不欲,勿施于人"的教诲中得到体现。而西方文化,尤其是基督教文化,强调对他人的爱和宽恕。在对待自然的关系上,中国的道教思想强调与自然和谐共存,如"道法自然",而欧洲的启蒙时期,则提倡人类应征服和改造自然。由此可见,不同的文化塑造了不同的价值观和世界观。

3. 促进知识与技能的传承

文化包含了丰富的知识和技能,这些都是前人经验的积累。在中国,古代农民根据农历进行农耕,且有着丰富的中医药知识和针灸技巧。此外,中国的瓷器、茶艺和武术等文化也都是中华民族独特的技能和知识的体现。在西方,古希腊和罗马文化传递下来的哲学、科学和建筑技巧影响了后世。例如,西方的建筑学借鉴了古希腊的柱式结构,而西方医学则部分建立在古希腊医生希波克拉底的理论之上。这些知识和技能不仅为民族在历史上的生存提供了保障,也为现代社会的发展提供了宝贵的资源。

(四)文化对人类发展的功能

1. 激发人类创新思想

文化为人们提供了丰富的素材和灵感,促使他们进行创新和创造。不同的文化交汇碰撞可以带来全新的思维方式和解决问题的方法,进一步推动人类文明的进步。例如,古代中国的四大发——造纸术、指南针、火药、印刷术,都是基于文化背景和需求而产生的创新。这些发明不仅改变了中国,还影响了整个世界的发展历程。现代社会,中国的科技、设计和艺术界也呈现出日益活跃的创新态势。在现代城市建筑、家具设计和电影制作中,都可以看到传统文化元素与现代技术相结合,展现了独特的创新风貌。

在西方,文艺复兴时期便是文化与创新交汇的绝佳例证。在这一时期,欧洲经历了文化、艺术和科学的大爆发,诸如达·芬奇、米开朗琪罗等众多艺术家和科学家的作品至今仍被誉为人类创新的巅峰。另外,近年的硅谷技术创新也受到了西方开放、自由、探索未知的文化背景的推动，带领着全球走向数字化时代。

2. 滋养人类的情感与精神

文化中的艺术、音乐、文学和宗教为人们提供了情感和精神的寄托。这些元素丰富了人们的内心世界，帮助他们面对生活的困境和挑战。中国的古典文学作品，如《红楼梦》《西游记》以及古代的诗歌，如唐诗宋词等，都为人们提供了丰富的情感体验和人生哲学。另外，中国的传统音乐和戏曲，如京剧、昆曲等，也有助于人们在日常生活中找到情感的出口和寄托。

西方文化中的音乐、艺术和文学同样为人们的情感与精神提供了滋养。比如莎士比亚的戏剧、贝多芬的交响乐或是文艺复兴时期的绘画作品，都为西方文化带来了独特的情感深度。这些艺术形式既反映了其时代背景，也触及了普遍的人性与情感，使得人们可以在其中找到共鸣和安慰。无论是东方文化还是西方文化，都为人类的情感和精神世界提供了无尽的滋养，帮助人类更好地理解自己、他人和这个世界。

3. 促进国家之间的交流与合作

文化对人类发展的功能在于它能够促进国家和地区的交流与合作。一方面，文化是不同国家和民族之间相互了解和接触的重要桥梁。当一个国家的文化被另一个国家所认知和接受时，就为双方打开了交流的大门。例如，中国的春节、中医、书法、武术等文化特色在全球范围内得到了广泛的传播和认知，使得许多国家与中国产生了深入的文化交流。这种文化上的交流往往伴随着经济、技术、教育等多方面的合作，为双方带来了共同发展的机会。另一方面，文化交流促使人们对外部世界产生兴趣和好奇，进而推动国家和地区间的合作。以"丝绸之路"为例，古代的中国丝绸、瓷器等商品被运往远方，同时也带去了中国的文化和知识。反之，来自外部的文化、技术和思想也通过这条路传入中国。这不仅仅是商品的交换，更是文化、知识和思想的交流。如今的"一带一路"倡议也是在这种文化交流的基础上，促进了国家和地区间的经济合作。再者，文化交流也为解决国际矛盾和冲突提供了新的思路和方法。了解和尊重其他国家的文化，可以使各国在处理国际问题时更为冷静和理性。例如，通过文化节、文化论坛、国际艺术展等活动，国家和地区之间可以增进理解，减少误解和偏见，从而更有效地协商解决问题。

三、文化的属性

文化并不仅仅是经济、政治和科技这些具体事物的同等项，它还深植于人类主体性的世界之中，涵盖了整个精神领域，反映了人类的内在力量。这种无形的存在渗透于一切可见与不可见的事物之中，要理解文化，就需要深入分析其基本性质和特点。事实上，文化的实质与人的实质紧密相连，源自人的创造性实践活动。文化至少具有以下几种本质属性（图1-1）。

图1-1　文化的属性

（一）属人性

属人性是文化的一个核心属性。它指的是文化不仅由人创造，而且服务于人，反映了人的需求、愿望和价值观。文化的这一特性表明，文化与人类不可分割。无论是语言、艺术、习俗还是信仰，所有这些文化元素都是人类智慧和情感的结晶。例如，节日庆典反映了一个社区的共同记忆和情感，而教育则映射了一个社会关于知识和学习的价值观。属人性也意味着文化是有目的性的。它不是随意形成的，而是为了满足人类社会的特定需求，无论是基本的生存需求还是更高级的精神追求。因此，无论是宗教信仰的安慰作用，还是艺术和文学作品在情感表达方面的功能，人们都能从中看到文化活动背后的属人动因和目的。在这个层面上，文化是一个工具，是一种媒介，它可以传达信息，也可以引导和塑造个人和群体的行为。

（二）实践性

文化的实践性属性强调文化不仅源自人的活动，而且在其发展和演变中，依赖于持续的人类实践。这种实践包含了广泛的社会活动，包括生产方式、生活方式、社会组织形式、信仰交流、艺术创作等。每一个文化元素，从一项简单的手工艺到复杂的宗教仪式，都是人们与环境互动过程中的实践结果。以人的实践为基础的文化产生和发展，说明文化并非凭空出现，它是人们在特定时间和空间内，通过劳动、交流和创新而逐步构建的。例如，农业实践不仅促进形成了一系列与耕种相关的技术和知识体系，也孕育了与之相关的节日、传说、习俗和社会结构。同样，建筑实践不仅创造了居住和公共空间，还塑造了人们关于空间、美学和社会组织的文化理念。

进一步来说，文化的进步性也体现在它的实践性上。一种文化是否进步，往往通过实践来检验，即通过文化是否能促进社会的整体福祉，是否能解决新出现的问题，是否能满足人们日益增长的物质和精神需求来衡量。因此，实践性使文化成为一个开放的系统，它通过不断吸收新的实践经验进行自我更新和发展。此外，文化的实践性也体现在个人身份和群体认同的形成上。人们通过参与共同的文化实践，如语言交流、宗教活动、教育学习和艺术欣赏，共同构建了社会认同和群体意识。因此，文化实践不仅是社会文化生态的维持和演进，也是个体社会化和身份构建的核心路径。

（三）创造性

创造性是人的本质特征之一，因而也是文化不可或缺的属性。文化的创造性体现为它是人类对现实世界的不断解释和重构。每一种文化的形成都是人类创造性思维的产物。例如，人们创作音乐和文学作品，发明语言和文字，都是人类创造力的具体表现。这种创造性使得文化充满了多样性和动态变化的可能性。文化不是静态的，而是随着时间的推移而演变和发展的。在不同的历史时期和不同的社会环境中，人们根据自己的需要和愿景，创造出不同的文化形态。就像科技进步推动了新媒体艺术形式的诞生，传统的艺术表现手段和审美观念也因此发生了变化。文化的创造性不仅限于艺术和思想领域，它还包括了技术和科学领域，正是人类不断的探索和创新推动了科技文化的进步。

（四）系统性

文化的系统性属性揭示了它是一个由众多元素构成的复合体，这些元素在内部相互关联并通过特定的方式互相作用。文化系统如同一个生命有机体，具备内在的结构与层次，正如人体由不同的器官构成一样，社会文化系统也包含多个子系统，如教育、宗教、法律等，而这些子系统内部又可能划分为更细小的单元，如教育系统内部包含有学前教育、基础教育、高等教育等孙系统。这种分层结构让文化展现出既分散又统一的特点，这些系统互相依赖，共同构成了一个复杂而有序的整体。

此外，文化系统中的基本要素包括文化主体与客体。文化主体指的是个人或集体，它们在文化系统中扮演着创造者、传承者和参与者的角色；文化客体则包括了由文化主体创造并用以表达自身文化理念的具体事物，如艺术品、工具、法律文本等。例如，音乐作为文化系统的一部分，由作曲家（文化主体）创作，乐器（文化客体）演奏，它既是独立的音乐文化子系统，又与教育、媒体、娱乐等其他子系统相互影响。音乐不仅在演变中影响和反映了社会变迁，也塑造了个人身份和群体认同。

（五）历史性

文化的历史性属性凸显了它不仅承载着时间的厚重，也体现了过去与现在的连续对话。它是人类社会历史进程中的沉积物，如同地层一样层层叠加，每一层都蕴含着一个时代的特征与精神。文化在历史的洪流中逐步形成、累积并传承下来，正如费孝通所言，它承载着民族精神，这种精神不是静止的，而是在历史继承中不断丰富和发展的。历史性使文化呈现出阶段性的特征，每一个历史阶段的文化都有其独特的面貌。文化的每次变迁，既是对过往的传承和继承，又是对新时代挑战的响应和适应。例如，中国的书法艺术源远流长，每个历史阶段都呈现出不同的风格和特色，它不仅传承了古代书法家的技艺，也吸收了新时期的审美观念和表现手法。在这一过程中，书法不断地经历着主体化的过程，即从一种纯粹的书写技能转化成一种蕴含深厚文化意涵和审美价值的艺术形式。

（六）稳定性

文化的稳定性属性体现了它在变化的世界中的相对恒定性，是社会连续性与身份认同的基石。这种稳定性来源于传统、习俗、语言、宗教和价值观念等元素的长期内化与代代相传。它是文化惯性的一种表现，确保了即使在外部环境发生剧烈变化时，社会行为模式、思维方式和生活习惯等也能够保持一定的连续性和一致性。例如，中华文化的孔孟之道，即儒家文化，便是文化稳定性的生动体现。儒家文化强调"仁爱""礼义""孝顺"的价值观念，在中国历史的漫长岁月中，这些观念深深植根于人们的心中，影响着社会结构和人际关系。即便在当代，这些传统价值观念仍在教育体系、家庭生活乃至商业实践中扮演重要角色，展现出顽强的生命力。再比如，英国的议会民主制度，作为西方政治文化的代表之一，也展现了其文化的稳定性。从 13 世纪的《大宪章》到现在，尽管经历了无数政治风波和社会变迁，但议会制度依然是英国政治生活的基石，确保了其法治和自由的传统得以维持。

（七）开放性

一方面，文化的开放性体现在它不是一个封闭的系统，而是在不断的交流与传播中向广阔的领域拓展，并在这个过程中吸收、整合和创新。这种特性允许文化跨越时间和空间，不断地进行自我更新与重塑。从纵向来看，文化的传承和发展体现在世代之间知识、传统和信仰的传递，以及在这一过程中对旧元素的重新诠释和对新元素的吸纳。例如，中国的春节庆典，尽管源远流长，但每个时代都会增添新的习俗和活动，同时保持其核心的家庭团圆和新年祝福的传统意义。在横向方面，文化的开放性表现为不同文化间的互动和融合，现代国际化进程极大地加速了这一过程。例如，西方的快餐文化进入亚洲，随后融入当地风味，产生了不同的饮食新方式。此外，网络技术的革新使得跨文化交流更为迅速和广泛，从社交媒体到流媒体服务，无不展示着文化的传播性和交流性。

另一方面，文化的开放性也体现在其普遍性和接纳性上。文化的普遍性让不同地域和背景的人们在共同的价值和认知上找到共鸣，而这种普遍性正是基于文化能够超越局限，以及与更广泛的人群沟通的能力。例如，人权和民主的概念虽起源于特定的文化背景，但它们已成为全球性的议题，被多种文化接纳和推崇。此外，艺术和科学领域的文化开放性特别突出，诸如音乐、电影、文学和科技成就等，常常超越国界，成为世界共有的财富。以音乐为例，爵士乐起源于美国，但它吸收了非洲和欧洲音乐的元素，并影响了全球范围内的音乐创作。此类跨文化的流动和影响，证明了文化不仅是开放的，还是活跃和动态的，它不断地在全球范围内传播，并在这个过程中演化出新的形式和含义。

四、文化的分类

（一）物质文化、制度文化和精神文化

根据文化表现形式的差异，可以将文化分为物质文化、制度文化和精神文化三种类型。这种分类方法是当今时代比较流行的"文化三分法"。

1. 物质文化

物质文化是文化在物质形态上的具体呈现。这不仅仅是指那些具有明确文化属性的艺术品或历史遗迹，还涵盖了所有能够代表一个文化或历史时期特征的物质事物。比如，某个地区独特的建筑风格、某个时期流行的服饰、工艺品，乃至日常生活中的餐具、家具都可以是物质文化的表现。它们承载了人类的创造力和审美观，反映了人们在特定时期、特定地点的生活状态。

2. 制度文化

制度文化涉及的是人们为了适应环境、保障社会秩序、促进发展而建立的各种制度和规范。这包括法律、政治体制、经济制度等。制度文化在很大程度上体现了一个社会的运行机制和管理模式，是社会秩序和社会稳定的基石。例如，某些国家的法治文化，对于公民权利与义务的明确规定，以及对于不同群体平等对待的基本原则，都体现了这个文化对于法治和正义的追求。

3. 精神文化

精神文化可能是最为抽象但同时也最为核心的一部分。它涵盖了人们的信仰、世界观、人生观、价值观等。精神文化是社会共识的基础，决定了人们对待生活的态度、解决问题的方法以及与他人交往的方式。它可能来源于历史的积累，也可能受到其他文化的影响而发生变化。例如，家族、尊重、和谐的价值观可能在东方文化中占据重要位置，而西方文化则可能更加强调个人主义和自由。

（二）主流文化和亚文化

1.主流文化

在广泛的地域或多个社会群体中，某种文化形态会逐渐脱颖而出，占主导地位，影响大多数人的价值观、信仰、习惯和日常生活，这种文化形态被称为主流文化。主流文化的产生往往是与一个国家或地区的历史、政治和经济发展密切相关的。它通常代表了大多数人普遍认同和接受的生活方式，因此，它往往具有包容性，可以容纳各种不同的文化元素。例如，中华文化，作为中国的主流文化，延绵几千年，囊括了多种不同的文化传统和元素。它不仅仅是历史上各个朝代的遗产，而且是现代社会各种文化形态的结合。无论是古典文学、音乐、舞蹈还是现代的艺术、科技、娱乐，都能在主流文化中找到它的位置。主流文化在一定程度上为社会的稳定和和谐创造了条件，因为它提供了一个共同的认同感和价值观念。

2.亚文化

与主流文化相对的，是那些在特定地域、群体或社会中形成，但并未在更大范围内被广泛接受的文化形态，称为亚文化。亚文化通常具有较强的特色和独立性，因为它是在特定的条件和环境下形成的。亚文化不仅仅是地域性的，它也可能是某一特定社会群体，如青少年、艺术家或特定职业群体的文化形态。以中国为例，尽管中华文化是主导，但在这个大文化的背景下，有多种地域性的亚文化，如岭南文化、齐鲁文化等，它们都有各自独特的饮食、方言和传统。与此同时，随着国际化和技术的发展，现代社会也孕育了许多新的亚文化，如互联网文化、健身文化、二次元文化等。这些亚文化与主流文化既有冲突也有交融，它们为社会带来了多样性和活力。然而，随着全球交流的加深，亚文化的特点可能逐渐被淡化。在这种情况下，如何在保持亚文化的独特性和活力的同时，又使其与主流文化和谐共存，成为一个挑战。尊重和理解亚文化，让每一种文化都有发展和传承的空间，可能是解决这一难题的关键。

（三）知识文化和交际文化

从文化各个要素的功能和特点出发，文化可以分为知识文化和交际文化两类。

1.知识文化

知识文化强调社会或文明中的非语言标志和物质成就。这种文化类型主要关注可以直观体验的具体、有形元素。古代建筑、艺术作品、科技发明或文学作品等，都被视为知识文化的组成部分。这些元素代表了人类努力的成果，展现了创造力、智慧和技巧。知识文化的核心在于其明确性和确切性。参观博物馆或历史遗址，实际上是与知识文化的直接互动。它为参观者提供了一个框架，帮助他们理解过去的生活方式、成就以及如何形成的历史和文化背景。此外，知识文化为当前和未来的创新提供了灵感和基础，促使人们理解并珍视各自的文化遗产。

2.交际文化

交际文化关注非物质的、抽象的元素，并与日常生活的互动和沟通密切相关。这种文化的主要焦点是人与人之间的交流过程中，如何传达和解释文化信息。行为模式、社交习惯、信仰、价值观等都是交际文化的重要组成部分。交际文化进一步被细分为外显交际文化和内隐交际文化。外显交际文化包括容易观察和识别的文化元素，如某地的饮食习惯、节日庆典或日常礼仪。而内隐交际文化则涉及更深层、更复杂的文化元素，如个体或集体的价值观、思维方式或情感表达方式，这些元素往往需要深入交流和理解。为了在跨文化环境中建立有效的沟通，理解并尊重交际文化的各个方面是至关重要的。

（四）高语境文化和低语境文化

1.高语境文化

高语境文化侧重于非言语交际，其中大部分信息都隐藏在语境中或交际者的认知结构里。在这种文化环境中，交际者往往依赖已知的背景知识、共享的经验和相互之间的亲密关系来传递和解码信息。换句话说，对于高语境文化的成员来说，他们可能不会过多地明确表达意图或信息，因为他们的预期受众已经拥有相应的背景知识来解释这些含蓄的信息。这种文化中的交流方式通常更为细微、隐晦和间接。例如，微妙的身体语言、面部表情或语调可能会传达大量的信息，而这些信息对于那些不熟悉高语境文化背景的人来说可能是难以捉摸的。这种交际方式的优点是它强调了人与人之间的关系和亲密度，但对于不了解该文化背景的人来说，可能会导致误解和沟通障碍。

2. 低语境文化

与高语境文化相对，低语境文化中的信息主要通过明确、直接的言语表达。在这种文化环境中，交际者通常会明确地将他们的意图和信息编码在他们的言语中，期望受众通过这些外显的符号来理解和解码信息。这种文化重视清晰、明确和具体的交流，认为言语是传递和接收信息的主要工具。低语境文化鼓励个体明确表达自己的观点和情感，因为它重视个体主义和明确的沟通方式。这种交际方式的优点是它有助于减少误解和提高信息传递的效率。然而，它也可能过于直接或被视为冒犯，特别是在那些重视含蓄、细微沟通方式的文化中。

（五）公开文化和隐蔽文化

1. 公开文化

公开文化是文化体系中可以直接观察和体验的部分。这一层面的文化呈现为物质和形式上的具体表现，包括社会的日常物质生活，如衣物、建筑、工具和食物等。这些元素往往是外部的、有形的，并与个体的日常生活紧密相关。公开文化的特点是容易辨认、清晰明了。对于初次接触某种文化的人来说，这些是最先被他们注意和体验到的。例如，当人们访问一个新国家时，首先接触到的往往是这个国家的公开文化，如其特色的食物、建筑风格和街道景观等。但这些只是文化的冰山一角，仅仅是文化的表面。

2.隐蔽文化

与公开文化不同，隐蔽文化代表文化的深层结构，是文化的灵魂和核心。这些元素是无形的、不可触摸的，但却对文化成员的行为、思维和感情产生深远的影响。它包括一系列的信仰、价值观、习俗和预期行为，这些都是通过长时间的社会化过程被文化成员内化的。它们形成了人们的心灵框架，决定了他们的世界观和生活方式。对于外部观察者来说，这些深层的文化元素不是那么容易理解和掌握的。只有通过深入的交往、体验和学习，人们才能开始真正理解和欣赏这些深层文化的细微差异。在许多情况下，正是这些隐蔽的文化元素导致了跨文化交往中的误解和冲突，因为它们是决定个体行为和决策的关键。

第二节　文化自信的主要内涵

一、文化自信的概念理解

文化自信可以视为一种心理状态，其中个体或集体坚信并尊重自己的文化遗产。文化自信不仅代表着对某一文化遗产的认同和尊重，更是对这一文化遗产在历史长河中的持续创新、演化和发展的肯定。这种自信源于文化主体对文化客体的深入认知，对其进行的批判、反思和比较，最终达到深厚的认同。这种认同不是盲目的或冲动的，而是基于对自己文化价值和意义的深入理解和鉴赏。

每个国家和民族的文化都在不断地与时俱进，接纳新的元素，排斥不适应的部分，并在这一过程中不断地完善和丰富自己。这一点在中华文化中尤为明显。中华文化以其包容性、开放性和多元性赢得了历史的长久和世界的尊重。正是这种动态的、不断进化的特性，使得中华文化得以生生不息，充满活力。文化自信的深层含义也在于，它要求中华儿女在尊重和维护自己的文化传统的同时，要有勇气面对和解决自己文化中的问题并弥补其不足。真正的文化自信不是对文化的盲目崇拜，而是在批判中发展，在挑战中成长。这种自信鼓励他们从全球的视角出发，勇敢地与其他文化交流互动，从中汲取有益的经验和智慧，使自己的文化更加丰富和完善。同时，这也意味着我们在与世界交往的过程中，不会因为自己的文化受到挑战或批评就轻易放弃或妥协，而是会坚守自己的信仰和价值观，为自己的文化而自豪。

在集体层面，文化自信体现为对本国或民族文化的全面认识、尊重和信任。这不仅意味着对传统文化元素的珍视和传承，而且包括对现代文化成就的骄傲和尊敬。集体文化自信也涉及对外部文化的态度。一个文化自信的社会可以开放地接受和吸收外来文化的影响，而不会觉得自己的文化地位受到威胁。在个体层面，文化自信是个人对自己所属的文化环境的深入了解和高度评价。它表现为对本民族或国家文化传统的尊重和信仰，同时也反映在个人对当代文化价值和趋势的理解和支持中。个体的文化自信还包括对外来文化的开放态度和批判性思维，这意味着个人可以从其他文化中汲取有价值的元素，同时保持对自己文化价值观的忠诚。

在国际化的背景下，文化自信的意义更加凸显。当文化交融成为常态，当各种思想观念碰撞交汇时，只有具备坚实的文化自信，一个国家或民族才能够保持自己的独特性和核心价值，避免被同质化的浪潮所淹没。这种自信不是孤立的，而是与全球的其他文化建立起良性的互动关系，既能够为世界提供自己独特的价值，也能从其他文化中获取启示，进一步丰富和完善自己。这种文化自信是开放的、建设性的，它既坚守本源，又拥抱变革，是每一个现代国家和民族在全球文化舞台上立足的关键。

二、文化自信的内涵解析

（一）文化自信的底气来源

1.核心价值观的确立

文化自信的底气得益于核心价值观的确立与践行。文化不仅仅是物质和形式，更重要的是其背后所蕴含的价值观和精神。核心价值观是文化的灵魂，它引导着一个国家、一个民族前行的方向。正因为拥有了一套与时俱进、兼具传统智慧和现代精神的核心价值观，文化自信才得以坚如磐石。

2.深厚的历史文化积淀

文化自信的底气来源于中国深厚的历史文化积淀。中国，作为一个拥有五千多年历史的文明古国，其文化传统已经深深烙印在每一个中华儿女的心中。这种历史积淀不仅仅是古老的传统和习俗，更是一个民族在长时间历史进程中形成的智慧、精神和价值观。当一个国家、民族能够继承并续写这样丰富的历史文化时，它的文化自信也就有了坚实的基石。

3.中国共产党的领导

中国共产党的建立和发展，对中国文化自信的重建起到了决定性的作用。在历史的长河中，中国曾遭受外来势力的侵略和欺凌，国家和民族的文化自尊受到严重伤害。正是在这一关键时刻，中国共产党挺身而出，担当起了捍卫国家和文化尊严的重任。党通过深入群众、引导思想，成功地激起了全民族的觉醒和抵抗，从而为中华文化的重生埋下了伟大的基石。通过中国共产党的领导，中国不仅在政治和经济上取得了令人瞩目的成果，更在文化领域进行了深远的探索和创新。党认识到，要想真正实现中华民族伟大复兴，单靠物质的积累和技术的进步是不够的，还必须重建文化自信，发掘和弘扬中华优秀传统文化，同时与现代文化相结合，打造出有中国特色、具有世界影响力的现代文化。

一方面，文化自信与中国共产党领导的关系是辩证的，二者相互促进、相辅相成。正是因为有了党的坚强领导，中国才得以在各种国内外压力下，保持文化的独立性和连续性，避免了被外来文化完全同化的命运。而另一方面，正是这种文化自信，成为党领导下中国特色社会主义事业取得成功的精神支柱。党的领导思想深入人心，一个国家、一个民族要想真正崛起，必须有坚定的文化自信。这种自信不是盲目的自大，而是基于对本民族文化的深入理解和对世界文化的开放态度。这也是为什么党始终强调，既要坚持中华文化的独特性，又要倡导文化交流与对话。

4.现实的发展与实践验证

在中国特色社会主义的探索过程中,改革开放和持续的社会发展为亿万人民创造了前所未有的物质和精神富足,这一点都在现实中得到了验证。任何理论或信仰,如果不能在实践中得到验证和体现,其底气也就无法坚定。而当代中国在经济、科技、社会等多个领域都取得了显著的进步和成就,为文化自信提供了充足的实践基础。

(二)文化自信与强国建设

文化自信对于国家的发展与繁荣至关重要。这种自信形塑了民族的心态,指引了国家的发展方向。在当今这个信息化、国际化的时代,中华优秀传统文化的价值被重新提出和强调,成为国家建设和发展的精神支柱。在社会主义文化强国的建设过程中,文化自信要从三个维度出发指导建设的路径和行动,即历史维度、现实维度和未来维度。这三个维度的支撑,首先起因于文化的发展是一脉相承的,文化自信来自文化传统、民族精神。中华传统文化是一种综合性的、持续性的文化体系。其内容丰富多样,涵盖了哲学、道德、艺术、制度等方面。中华文化的价值主要表现在它具有极强的生命力和创新性,能够不断地适应和满足时代的需要。中华文化深深植根于中国这片土地上,成为国家精神的源泉和力量,为实现国家的伟大复兴提供了无尽的动力和智慧。在长期的奋斗和发展过程中,中国人民培养了伟大的中华民族精神,即创造精神、奋斗精神、团结精神及梦想精神,正是伟大的中华民族精神支撑着中华民族的繁荣发展和人类文明进步。

文化自信与强国建设之间的紧密关联在于文化是国家和民族的灵魂,是推动国家前行的重要力量。而强国建设则需持续、恒定地从文化自信中汲取力量和智慧。无论在现在还是在将来,要实现文化自信与强国建设的共融发展,都要做到以下几点。

1.珍视和发展传统文化

(1)中国传统文化的概念与内涵。中国传统文化这一词语包括了三个小概念，即中国、传统和文化。有关文化的概念上文已经讲过，此处不再赘述。接下来先讨论一下中国和传统这两个词汇的概念与内涵。

"中国"这一概念的历史演变反映了一个多民族国家从地理、民族到国家认同的复杂过程。在历史上的西周时期，这个词语的含义局限于周天子的直辖领地，即那个时代的政治中心。而随着时间的推移，它的含义扩大到周围的封地，再到专指黄河流域作为文明的象征。但真正意义上的转变是随着中华民族统一国家的建立，其中"中国"开始指代一个广阔的地域，囊括各个郡县、边疆以及居住在这片广大土地上的所有民族。在这一变化中，"中国"不仅是一个地理的概念，更是一个包含着丰富多元文化和民族的集合体。这个变化展现了一个从地理狭义到文化和民族包容性的扩展过程，以及从一个简单的地理政治实体向民族国家身份的转变的过程。从汉族主体意识逐步转变为涵盖56个民族的多元一体的中华民族意识，这是对"中国"概念深层次内涵的一次丰富和扩展。

传统，则是指那些经历了时间的沉淀，从过去一直流传至今，并依旧具有活力和影响力的文化元素和社会实践。它不仅代表着历史的积累，而且象征着对过去的尊重和对未来的承诺。中国的传统，在这个意义上，是指那些形成于历史长河中，被代代相传，包括哲学思想、伦理道德、社会制度、艺术形式等多方面内容的文化系统。这些传统元素不是简单的历史遗物，它们在今天仍然活跃在中国人的日常生活中，影响着人们的行为方式、思维习惯和价值取向。传统的力量在于它的连续性和适应性，它能跨越时间的界限，不断地与现代社会相互作用，实现新旧的平衡。

基于以上分析可知，中国传统文化就是植根于中华大地上的文明成果，中国传统文化源远流长，蕴含着众多民族和族群在长期共生共融中形成的丰富多样的文化现象。这种文化在历史的绵延中，经历了无数的社会变迁和时代洗礼，构成了一个独特的、多层次的文化体系。中国传统文化不仅仅体现为实物形态的物质文化，比如古建筑、服饰、饮食、工艺品等，更包含了精神文化层面的语言、文字、宗教、哲学、艺术和道德规范等。物质文化是民族智慧和审美情趣的外化,而制度文化和精神文化则深刻影响了中华民族的思维方式、价值取向和行为习惯。中国传统文化在历史的演进中,既积淀了深厚的文化遗产,也形成了独特的国族认同和文化心理。

然而,中国传统文化并非一个静态的概念,它所代表的封建文化同时孕育了多元价值和包容性。一方面它维护了封建统治的稳定,推崇礼教和家族制度,另一方面也催生了伟大的思想家和革命思想。如儒家文化强调的"仁爱"教化,道家文化推崇的自然无为以及法家文化倡导的法制统治等,这些思想体系在中国历史的长河中相互影响,相互竞争,共同塑造了多元且复杂的中国传统文化。在现代社会,面对国际化的浪潮和文化的交融,学习和传承中国传统文化,就要求人们必须既要继承其精华,如对人的关怀、对社会的责任感,又要去其糟粕,如等级观念和封建残余,以批判的眼光重新审视和认识这一宝贵的文化遗产。通过这样的操作,中国传统文化的活力和现代价值才能得以在新的历史条件下焕发新光。

(2)中国传统文化与开展强国建设、增强民族自信。开展强国建设与增强民族自信是现代国家发展的重要目标之一,而中国传统文化在这一过程中扮演着关键的角色。这主要是出于两个方面的原因。一方面,中国传统文化是中华民族的根和魂。一个民族的文化是其历史积累和民族精神的直接体现。在强国建设过程中,坚守和发展中国传统文化有助于保持民族的历史连续性和文化的独特性,从而增强民族身份的认同感。另一方面,任何文化的发展都需要创新。中国传统文化经过数千年的演进,其中蕴含的变革与创新精神是推动社会进步的动力。在现代化进程中,对传统文化的现代解读和创造性转化,可以为解决当下问题提供新思路,为强国建设注入新的活力。

2.弘扬革命文化

(1)革命文化的概念与内涵。革命文化是在中国共产党的领导下,通过长期的革命斗争历程,特别是在新民主主义革命和社会主义革命期间，所形成的具有独特价值取向和精神内核的文化现象。这种文化现象深受马克思主义指导思想的影响，它不仅仅是一种文化的形式，更是一种社会的力量，影响和推动着社会的变革和发展。从概念上讲，革命文化集中体现了中国共产党在革命实践中的理论创新、实践探索和精神追求。它承载着中华民族的革命传统和优秀的传统文化元素，同时也吸纳了国外先进文化的有益成果。这种文化以其鲜明的时代特征和阶级性，反映了中国社会转型期间人民群众的愿望和诉求，激励着人们为了共同的理想和目标而奋斗。

革命文化的内涵丰富多彩，它涵盖了从理论到艺术、从生活方式到社会制度等多个方面。在理论层面，革命文化以马克思主义为指导，强调科学性和革命性，推崇集体主义和牺牲精神。在艺术和文学方面，革命文化鼓励创作反映社会斗争、阶级斗争和民族斗争主题的作品，以此来培养人民群众的革命意识和战斗精神。在生活方式上，革命文化倡导简朴、艰苦的生活，强调个人利益服从集体利益。在社会制度方面，革命文化推动了平等和正义的社会理念，促进了社会主义制度的建立和发展。

（2）弘扬革命文化与增强文化自信。弘扬革命文化对增强文化自信具有深刻的意义，因为革命文化不仅是中国历史上一段辉煌篇章的代表，它也是中华民族精神面貌的一个重要体现。在当代中国，文化自信被视为国家软实力的核心组成部分，对于维护国家主权、安全和发展利益至关重要。

革命文化植根于中华民族的优秀传统文化，继承了"自强不息，厚德载物"等核心价值观。这些价值观体现了中国人民坚韧不拔的民族性格和高尚的道德追求，是中华文化自信的历史源泉。革命文化在传统文化的基础上进行了创新和发展，形成了独特的革命精神，如"天下兴亡，匹夫有责"和"舍生取义"，这些都极大地激发了民族的自信心和自豪感，也为当代中国人提供了价值追求和行动指南。

革命文化在中国共产党的领导下，推动了中国社会的深刻变革，成就了从封建社会到社会主义现代化强国的历史性跨越。在这个过程中，革命文化不断吸收和借鉴国际先进的文化成果，形成了具有鲜明中国特色的先进文化。这种文化的自信，不仅体现为对自身文化传承和发展的自豪，还体现为革命文化所倡导的集体主义精神、牺牲精神和社会主义理想，对于团结人民、凝聚力量、促进社会和谐具有不可替代的作用。在新时代的征程上，通过弘扬革命文化，能够进一步提升民族的凝聚力和向心力，激发人民群众建设国家的积极性和创造性。文化自信的增强，是国家发展稳定的精神支柱，也是赢得国际尊重和话语权的关键。

弘扬革命文化，对于培育和增强文化自信，推动中国特色社会主义文化大发展大繁荣，具有十分重要的作用。它不仅让中国人民更加自信地看待自己的历史和文化，而且在国际化的今天，也使得中国文化能够更加自信地与世界文化交流互鉴。

3. 建设社会主义先进文化

（1）社会主义先进文化的概念与内涵。社会主义先进文化体现的是社会主义制度下，人民群众在新的社会实践中创造出来的精神文明成果，这些成果不仅丰富了人们的精神世界，而且强化了人们的精神力量，成为社会团结进步的精神动力。这种文化的发展方向指向现代化、世界和未来，旨在建设一个既具有民族特色、科学性质又属于大众并富有社会主义性质的文化形态。这构成了社会主义先进文化的核心内容和表现形式。社会主义先进文化秉承了对先进生产力的支持和推动作用，它在根本上服务于最广大人民的利益，与国家的政治和经济发展紧密相连，表明文化的先进性是与经济基础和生产方式的变迁紧密相连的。根据马克思的观点，社会存在决定社会意识，因此，一种文化是否先进，主要取决于它所反映的社会经济和政治的性质及时代内容。

社会主义先进文化的先进性不仅体现在它对社会进步的推动力上，也体现在它的价值取向上。这种文化坚持的是实现人类普遍利益的价值目标，它不止停留在抽象的价值理想上，更重要的是这些理想能够通过具体的文化实践活动得以实现。因此，只有那些能真正代表和维护最广大人民根本利益，体现时代进步要求，促进社会全面发展的文化，才能称得上是真正的社会主义先进文化。

（2）社会主义先进文化与增强文化自信。文化自信是一个民族自身文化价值和文化成就的自我认同与自豪，它基于对本民族文化传统的深刻理解和对文化特性的积极评价。社会主义先进文化，其核心是民族的、科学的、大众的、社会主义的文化，强调了在社会主义框架下的文化创新与发展。它通过结合中国特色社会主义实践，将马克思主义基本原理与中国具体实际相结合，推动了包括思想文化在内的社会全面进步，这一文化形态与社会主义社会的根本目标和价值取向相一致，从而深化了人们对社会主义建设道路的认同感和归属感。发展社会主义先进文化能够增强文化自信，主要是因为它具备鲜明的时代特征和民族特色。例如，中国的改革开放是社会主义先进文化的一个重要实践，它不仅推动了经济的腾飞和社会的全面进步，而且为世界文化交流与发展做出了重要贡献。中国的互联网科技，如电子商务和移动支付，是现代科技与社会主义先进文化相结合的产物，它们的成功不仅展示了中国在全球科技领域的影响力，也是中国创新精神和实践智慧的体现。这些成就促进了国民对中国特色社会主义文化的自信，进一步坚定了走自己的道路、建设社会主义文化强国的信念。

同时，社会主义先进文化的发展强调了价值取向的先进性。这种文化立足于最广大人民的根本利益，倡导公平正义、共同富裕的社会价值目标。举例来说，中国的扶贫工作不仅仅是经济行为，更体现了社会主义先进文化对社会责任和人道主义的重视。通过这些文化实践，广大群众的生活水平得到提升，社会和谐稳定得到维护，展现了社会主义文化的强大凝聚力和引领力。当社会成员感受到文化的力量，感受到文化对于改善生活、推动社会发展的重要性时，文化自信便会随之增强。因此，社会主义先进文化的发展和实践不仅能够满足人民群众日益增长的物质和精神文化需求，更能够增强民族的文化自信和文化凝聚力，为社会主义现代化建设提供强大的精神动力和文化支撑。

三、文化自信的主要特征

文化自信的主要特征体现在以下三个方面（图1-2）。

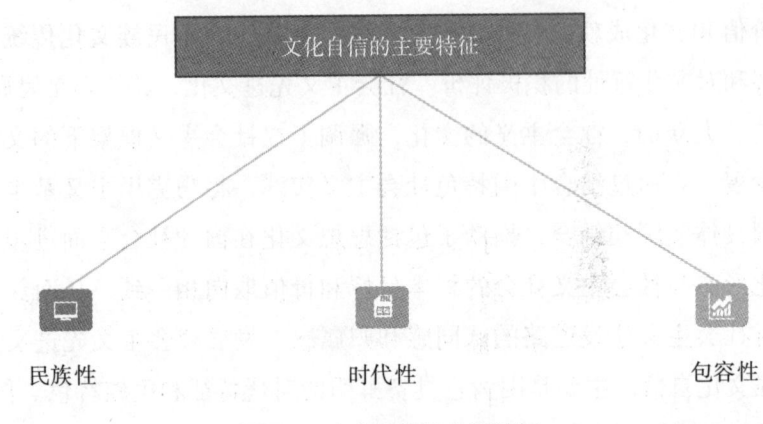

图 1-2　文化自信的主要特征

（一）民族性

文化自信是一民族精神独立、自尊自强的象征。它显现为民族对本土文化的坚定信仰与执着追求，反映着对本民族文化价值和意义的深切认同与尊重。中华民族长期以来深厚的文化底蕴和丰富的文化传统，赋予了其独特而深邃的文化自信。文化自信非单一维度，而是多方面的展现，包含着历史、哲学、艺术、道德等多个层面，揭示了民族精神的深度和广度。每一位中华儿女对于中华文化的认知、认同与尊敬，都是对民族文化自信的传承与维护。这种自信不仅表现为对本文化的积极推广与继承，更包含着文化创新和发展的强烈愿望，这是中华民族能够在世界文明中占有一席之地的核心力量。

此外，文化自信与民族的共同体意识紧密相连。这一共同体意识赋予民族一种内在的向心力，成为维系各民族和睦共生、共同发展的精神纽带。中华文明以其包容性和多样性吸纳了不同民族的文化精粹，形成了多元一体的文化体系，这是中华文明得以持续繁荣的关键因素。中华民族各子民族在共同的历史进程中，不断地交流、融合、互鉴，共同塑造和发展了中华文化。文化多样性和民族多样性相辅相成，共同成就了中华文明的博大精深。强调"以我为主体"的文化立场，不仅是对外展现中华文明独特性的途径，更是为了保持文化的活力与创造性，使之能在全球文化交流中占有一席之地，并且在与其他文化的互动中，不断地学习和创新。

（二）时代性

文化自信具有显著的时代性特征，反映了一个民族在特定历史时期对其文化价值和文化传承的信念和尊重。文化是流动的、生动的、多元的，正因为如此，它需要不断地适应、演变和创新以满足时代的需求和挑战。在这个过程中，文化自信成为推动文化发展和保护文化遗产的关键因素。每个时代都塑造了其独特的文化表现形式，反映了社会变革和人们观念的演变。同时，文化的先进性和进步性是衡量其时代性的重要标准，它们推动着一个民族的思维方式、价值观和行为规范的形成。具有时代性的文化自信不仅代表了对过去和现在文化成就的肯定，而且寄托了对未来文化创新和发展的期望。因此，一个民族的文化自信不仅是对其历史文化遗产的认同和尊重，更是对其文化创造性和发展潜力的坚信。

中华民族凭借其悠久而丰富的历史和文化，展现了无与伦比的文化自信。这种自信来源于对五千多年文明的继承与发扬，体现在对中华优秀传统文化的热爱与尊崇。中华文化深入人心，成为中华民族团结奋斗的精神支柱，更成为中华民族与世界交流互鉴的文化基石。在国际化的今天，中华文化的传承和发展更需要一种开放而包容的心态，一种融合而创新的精神。这种基于对传统文化底蕴的深刻理解和对时代发展潮流的敏锐把握的文化自信，是中华民族走向复兴的重要推动力。在全球多元文化发展的大背景下，中华文化自信也是建立文化自尊、文化自强、文化自觉的基础，是中华民族在世界文化舞台上实现自我价值和并做出贡献的源泉。然而，文化自信也需要实际行动与实践的支持，而不仅仅是空洞无物的自豪与自尊。这需要持续不断地学习、探索、创新，确保本民族的文化能够与时代同行，成为推动社会进步的强大力量。文化自信要求我国在国际化的语境下，既要保持文化的多样性和独特性，也要追求文化的普遍性和共通性。

（三）包容性

文化自信的包容性特征在于其能够以开放的心态和视角欣赏、理解并吸纳多样化的文化元素。这种包容性表现在对于不同文化传统、价值观和生活方式的尊重与接纳上，它不仅推动了文化的交流与融合，更促进了文化的创新与发展。一个具有包容性文化自信的民族，会在尊重和保护本民族传统文化的基础上，主动学习和借鉴其他文化的长处和优点，将外来的文化元素融合到本民族文化中，形成独特而多元的文化特色。这种文化交流与融合使得文化更加丰富多彩，也更具有生命力与创造力。此外，包容性文化自信也意味着一个民族能够在全球文化舞台上保持开放与合作的态度，愿意与不同的文化进行对话与交流，共同推动人类文明的进步与发展。这种互相学习与交流的过程不仅能够丰富和完善自身的文化体系，更有助于弥合文化差异，实现文化的和谐共生。

然而，文化自信的包容性并不等同于对所有外来文化的无原则接受和盲目追求，也不意味着对自身文化价值的忽视和妥协。一个真正具有文化自信的民族，会在维护本民族核心价值观和文化特性的基础上，进行文化交流与融合。这就要求本民族在坚持开放与包容的同时，保持文化的独立性与自主性，坚守文化的基本原则与核心价值。文化自信的包容性特质在于它不仅能够吸收外来文化的精华，塑造多元而独特的文化特色，还能够在文化交流与竞争中，坚定地维护和传承本民族的文化遗产与价值观。在国际化的背景下，文化自信的包容性需要人们在尊重多样性的基础上，秉持文化的公正与公平，推动各种文化在平等与相互尊重的基础上实现共同发展。同时，包容性文化自信还需要人们警惕和排除那些可能损害本民族文化健康发展的消极因素和有害信息，以确保文化的持续繁荣与健康发展。

第三节　文化自信的理论依据

本节将从文化自信的生成机制、文化自信的价值根本和文化自信发展的昨天与今天角度出发论述文化自信存在和发展的理论依据。

一、文化自信的生成机制

文化自信体现为一种文化能力，而文化能力是一种文化所具备的生产力、凝聚力、包容力、防御力等的总称。下面就从这几个方面来阐述文化自信的生成机制。

（一）文化生产力

1. 文化生产力基本认知

文化生产力是指一个社会在文化领域内创造物质财富和精神财富的能力。这种能力是文化发展的动力，它涵盖了文化的创作、传播、交流和消费等各个环节。它的核心在于文化的创意和信息的生产，包含了从文化理念的生成到文化产品的实际制作与分发的全过程。作为衡量一个社会文化创造力的重要指标，文化生产力不仅影响着一个国家的文化多样性和文化竞争力，而且深刻地影响着该国的国际形象和文化影响力。在当前信息技术迅猛发展的背景下，文化生产力的发展方向和质量越来越多地依赖于信息化基础设施、数字化创作工具及网络化的传播平台。这些新型的文化生产和传播手段极大地扩展了文化的传播范围，加快了文化交流的速度，从而推动了全球文化生产力的整体提升。

文化生产力的结构由多方面的主体和客体组成，它们在文化创作和服务中发挥着各自的作用。文化生产的主体，即从事文化活动的人员和机构，他们通过对文化知识的深入理解和运用，不断地推出新的文化产品和服务。这些主体既包括艺术家、作家、设计师等直接创作人员，也包括出版社、影视公司、文化推广机构等组织机构。他们的创新和活动，是提升文化生产力的核心动力。而文化生产的客体，如文化遗产、民族艺术等，不仅提供了丰富的文化内涵和创作素材，也是连接过去与现在、本土与全球的文化桥梁。此外，文化生产中介，如教育培训、技术支持、市场推广等，是实现文化生产力转化的重要环节。它们为文化产品的生产、推广和消费提供必要的支持，促进文化资源的有效流动和利用，加强了文化生产力的整合和应用。这一切共同构成了文化生产力的丰富内涵，不仅体现为文化活动的物质和精神双重产出，也是推动文化及其相关产业发展的重要基础。

2.文化生产力的重要作用

文化生产力对于社会和个人具有深远的影响。

（1）文化生产力是满足人们精神需求、促进个体全面发展的关键。在物质生活水平不断提高的今天，人们对精神文化的追求也日益增长。文化生产力的提升能够保证文化产品和服务的质量与多样性，从而更好地满足人们的多元化文化消费需求。当个体能够接触到丰富的文化形式和内容时，他们的思想、创造力和批判性思维能力得到提升，进而促进个体的全面成长。此外，高水平的文化生产力还能增强社会的凝聚力，通过共享文化成果，加强社会成员之间的联系和认同感，维系社会稳定与和谐。

（2）文化生产力在经济社会发展中扮演着催化剂的角色。文化产业作为新兴的经济增长点，其发展水平直接影响着经济社会的发展速度和质量。一个国家的文化生产力不仅能够推动文化产业自身的发展，还能通过创意和设计等软实力要素，促进其他行业的创新与升级，如通过文化与科技的融合发展数字媒体、虚拟现实等前沿产业。此外，文化生产力还有助于培育和塑造市场需求，创造新的消费热点，进而促进内需扩大，推动经济持续健康发展。

（3）文化生产力是国家软实力的重要组成部分，直接影响到国家在全球范围内的文化影响力和竞争力。一个国家的文化生产力越强，其文化产品和价值观在国际上的传播就越广泛，越能够塑造积极的国际形象，提高其在国际事务中的话语权。同时，文化生产力的提升也有助于构建对外文化交流的平台，增强文化交流的深度与广度，推动不同文化的互相理解和尊重，有助于减少文化冲突，维护世界和平。通过积极参与到全球文化交流与合作中，国家不仅能够展示自身文化的独特魅力，也能在全球范围内促进文化多样性的保护和发展。

（二）文化凝聚力

1.文化凝聚力基本认知

文化凝聚力是一种源自共享文化的精神动力，它能够将个体或群体紧密地联结在一起。这种力量根植于共同的历史记忆、语言表达、艺术形式、习俗传统和价值理念等文化元素，使得不同的个体在精神层面上产生共鸣，形成一种强烈的集体归属感。文化凝聚力不仅仅是文化自身固有的属性，它还是社会统一与和谐的重要基础，能够在多元文化背景下促进社会的整合，对抗破坏性的社会分裂趋势，从而维护社会的稳定和进步。

在更深层次上，文化凝聚力代表着一种文化系统内在的、动态的整合能力。它通过塑造共同的理想信念和价值观，对个人和集体的行为、思想及情感产生深远影响。这种凝聚力在日常生活的各个方面都有所体现，从教育到媒体，从文学作品到公共政策等，共同构建了一个促进社会成员相互理解和协作的环境。特别是在社会变革或危机时刻，文化凝聚力显得尤为重要，它能够激发社会成员之间的相互支持，共同克服困难。此外，随着国际化进程的推进，文化凝聚力也表现为在全球多元文化的背景下保持民族文化的独特性，同时促进不同文化之间的对话和理解。只有那些既具有深厚传统底蕴，又能积极吸收新时代特征的文化，才能在国际化的大潮中保持强大的文化凝聚力，进而促进世界和平与发展。

2.文化凝聚力的重要作用

在当代社会，文化凝聚力承担着构建共识和社会和谐的重要职责。在国际化和文化多元化的背景下，各种文化观念和价值体系相互交织，容易产生价值观念的差异和冲突。文化凝聚力通过强化共享的历史、语言和传统等文化纽带,为社会成员提供了认同感和归属感。它像一股无形的黏合剂,将个体的利益与集体的目标紧密联系起来,形成集体行动的动力。这种集体共识的形成,对于社会稳定和持续发展至关重要,它有助于协调不同利益和诉求,促进社会成员之间的和谐共处,确保社会秩序在多元化的发展中得以维护。

此外,文化凝聚力对于推动社会的创新和前行具有不可替代的作用。在文化多元的环境中,文化凝聚力能够整合多样的思想资源,激发创新的灵感,形成推动社会进步的强大动力。正是这种力量,让我们能够在保持文化多样性的同时,确保社会目标的一致性和行动的协同性。在国家层面,文化凝聚力有助于凝结民族精神,激发爱国热情,团结人民应对内外挑战。特别是对于中国这样一个历史悠久、文化丰富的国家来说,强大的文化凝聚力不仅是民族复兴的精神支柱,也是在全球舞台上展现国家软实力的关键。通过有效地传播和实践中国特色社会主义文化,可以增强全民族的自信心和自豪感,为实现中华民族伟大复兴的中国梦凝聚起无穷的动力和智慧。

(三)文化包容力

1.文化包容力基本认知

文化包容力是衡量一种文化能够多大程度上开放并接纳外来文化的指标。这种力量是对外来的、不同于本土的文化观念、习俗和艺术表现形式等的一种积极的态度和行为。在国际化的今天,文化的交流变得异常频繁,这不仅仅是地理上的相遇,更是思想和生活方式的碰撞。文化包容力要求我们不仅要尊重和保护自身文化的精粹,同时也要有意识地去了解和学习其他文化的优点,尤其是那些能够促进社会和谐、增进人类福祉的元素。例如,其他文化中对于自然和环境的尊重、对于个体权利的重视等都是值得吸收的文化成分。通过这样的相互学习和交流,不同文化之间可以相互丰富,共同促进人类社会的全面发展。

而文化包容力的形成和增强,并不意味着文化同质化或文化价值的相对主义。它代表的是一种文化自信和文化智慧，即在坚持自己文化核心价值的同时，对异质文化的优秀成分持开放心态。一个自信的文化能够在不断的交流中维持其独特性，并在此基础上进行创新和发展。文化包容力的增强有助于形成更为包容和谐的社会氛围，促进不同文化背景下的人们之间的理解和尊重，建立起一种平等交流的平台。这样的环境对于维护国际关系的和平与稳定，促进全球文化的多元化发展具有重要意义。只有在互相尊重和学习的基础上，人类的文化才能够实现真正意义上的交流与融合，共同推动人类文明的进步。

2.文化包容力的重要作用

（1）促进文化交流。文化包容力作为一种开放的文化态度，鼓励来自不同文化背景的人们积极交流思想与文化成就。这种文化的互动不仅限于艺术和知识的共享，更包括了生活方式、教育理念、科学技术等多个层面的交流。例如，国际书展、电影节和艺术展览等活动就是文化包容力促进交流的具体表现。这些平台允许艺术家和学者跨越国界，将他们的作品和观点展示给世界各地的观众。通过这样的交流，不同的文化能够相互启发，共同进步，为全球文化的多样性和创新做出贡献。

（2）增进相互理解。文化包容力有助于打破固有的偏见和隔阂，使人们在更深层次上理解他人。通过交流和互动，不同文化背景下的个体能够亲身体验他人的传统和习俗，从而培养出对异质文化的深刻理解和尊重。比如，通过留学生交换项目，学生能够亲身体验到不同的教育系统和文化氛围，这种亲身经历往往能够有效地消除对外国文化的误解，建立起真正基于理解和尊重的国际友谊。随着信息技术的发展，网络平台也为不同文化之间的互动提供了便利，人们可以通过线上讨论和文化展示，增进对不同文化价值观和生活方式的认识。

（3）推动社会融合。在一个多元文化的社会中，文化包容力是维护社会和谐的基石。它鼓励社会成员理解和接纳来自不同文化的人，从而减少社会摩擦和分裂。例如，多元文化节日庆典可以成为不同文化背景的人们共融和庆祝的场合。在这样的活动中，传统的文化界限被打破，人们共同分享彼此的文化遗产和乐趣，从而促进了社会的包容和团结。此外，多语言政策和文化多元性的教育课程也是推动社会融合的具体措施，它们帮助年轻一代理解和接纳多元文化，为构建和谐社会打下坚实的基础。

（4）激发创新灵感。文化包容力能够为创新提供肥沃的土壤。当不同的文化观点和方法汇集在一起时，就有可能产生前所未有的创意。例如，世界各地的厨师将不同国家的烹饪技术和风味结合起来，创造出新的美食。在科技领域，多元文化的团队往往能够从不同的角度审视问题，提出创新的解决方案，甚至在时尚和设计领域，跨文化的合作也能够催生出独特的风格和趋势。这些创新不仅仅局限于物质层面的产品，更涉及服务模式、管理方式以及艺术表达的方式，文化的多样性为创新提供了无限的可能性和灵感。

（四）文化防御力

1. 文化防御力基本认知

文化防御力象征着一种文化在国际化的浪潮中保持其独特性和核心价值的能力。这不仅仅意味着抵抗外来影响的力量，更是对本土文化的一种深刻理解和自信的体现。在当前全球文化交融的背景下，每种文化都面临着从外界接受新元素的挑战，文化防御力就是在这一过程中保护和维护文化特色不受侵蚀的能力。这种力量要求我们不仅要明确自己文化的界限，还要能够识别哪些外来元素是有益的，是能够促进本土文化发展的。文化防御力并不是封闭和排外的代名词，而是一种选择性的开放，一种在全球文化对话中保持自我核心的策略。

文化防御力也是一种动态的文化适应力，意味着一种文化在与外界交流的同时，可以有效地吸纳、整合和创新，以实现自身的可持续发展。这不是简单的保守主义，而是一种进化的机制，使文化能够在保持本质的同时，适应不断变化的全球环境。这种力量的培养依赖于深入的文化教育、历史传承与现代价值的结合，以及对青年一代的文化自信心的培养。文化防御力是文化多样性的守护者，确保每种文化都能在世界舞台上占有一席之地，共同织就人类历史和未来的多彩图景。

2. 文化防御力的重要作用

（1）文化防御力的重要作用突出体现在维护文化的纯正性和独立性上。在国际化的大潮中，各种文化观念、价值理念和生活方式交织碰撞，文化防御力就如同一道屏障，保护着一个国家和民族的文化免受那些可能破坏社会结构和道德伦理的外来文化侵蚀。具备这种防御力的文化，能够在全球文化竞争中保持自己的声音和色彩，防止文化同质化，保护多样性。这种防御并不是封闭和排斥，而是一种筛选和抉择的能力，能够识别并拒绝那些负面的、消极的文化因素，如过度的物质主义和个人主义，这些都可能会对社会的和谐与稳定造成威胁。

（2）文化防御力对于一种文化的积极发展同样至关重要。一种文化的活力和发展潜力，在很大程度上取决于它抵御外来负面影响的能力。文化防御力使文化能够在国际化的浪潮中保持自身特色，同时吸取其他文化中的积极元素，以此来丰富和发展自己。这种力量使文化能够适应时代的变迁，应对市场化和网络化带来的新挑战。它不仅保护了文化的传统核心，还激励文化创新，推动文化的内在生长并在外部挑战中展现出独特的生命力。具有强大防御力的文化，能够在世界文化交流的广阔舞台上，稳固自己的地位，不断创造出符合时代精神的文化成果。

二、文化自信的价值根本

文化自信源于文化的内在价值和独特性。中华文化深深植根于中国这片古老的土地，赋予了中华民族坚韧不拔的性格和无尽的创造力。中华文化的价值根本体现在其深厚的历史底蕴、独特的思维方式、人文理念以及伦理道德观念中。正是这些元素构成了中华文化的基础，使其在全球文化舞台上占据了重要位置，成为全人类文明遗产的重要组成部分。

（一）心系天下的博大胸襟

中国的文化自信在很大程度上源于其古老的儒学思想和"大同世界"的理念。这一理念以追求和平共处、互利互惠、天下为公为核心价值，推崇一个国家与国家之间、个人与个人之间都能够相亲相爱、平等相待的理想世界。这种对和谐和平、人类共同体的追求，不仅是中华民族文化传承的一部分，更是中国文化自信的核心和基础。长久以来，这一理念引导中国在国际关系中持续推动合作与发展，展现出来的是一种无私无畏、包容互惠的博大胸襟。

"心系天下"的博大胸襟表现在中华文化对世界和平与繁荣的持续贡献上。不论是古代丝绸之路的开辟，还是近代"一带一路"倡议的实施，这些都显示了中国对全球的开放与合作。这种开放合作非但不是基于对其他国家和地区的侵略与控制，反而是致力于实现各国共赢、共同发展的目标。这种追求全球利益、致力于全人类福祉的理念，是中华文化中深深植根的普遍价值。中国的文化、经济和政治发展，均以推动国际和平与进步为己任，因而体现了中国一种深沉而坚定的全球责任感。

中国传统文化中心系天下的博大胸襟理念，不仅构建了中国特色的国家发展道路，而且为世界和平与发展提供了有益参考。中国的和平发展理念，不仅促进了自身的伟大复兴，更加推动了世界的和平与发展。在国际化深入发展的今天，这种以合作共赢为核心的价值观，更显得至关重要。中国以实际行动走向世界，与世界各国共享发展机遇，共同塑造全人类的美好未来。这一过程中，心系天下的博大胸襟成为中国文化自信的价值根本，也为全球的可持续发展和人类的和谐共生打下了坚实基础。

（二）经世致用的理性思想

自古以来，儒学思想以其深厚的人文底蕴和经世致用的实践智慧，赋予了中华文化丰富多彩的哲学理念和世界观。儒家以其对现实世界的深度关注和对人类经验的博大包容，形成了一套独具特色的价值体系和实践原则，推崇个体在现实世界中追求明德、修身、齐家、治国、平天下，这表现出了一种深沉而务实的理性思维。这种理性思维强调对现实世界的认知与改造，追求实现社会和谐与人的全面发展。这种对现实世界和人生理想的深度关注和积极追求，使得儒学思想成为中华文化的核心。这一核心理念不仅为中国数千年的历史和文明提供了精神支柱和行动指南，更在近代以来，为中国人民在追求国家独立、社会主义建设和国家现代化进程中，提供了价值导向和实践路径。这种务实与创新并重的思维方式，使得中国在追求发展和进步的道路上，能够不断摸索前行，实现国家的强盛和人民的幸福。中华民族在持续发展中坚守本土文化的同时，也不断进行创新和变革，以适应时代发展的需要。

中华文化中经世致用的理性思想也表现为对社会实践与人类发展的高度重视。这种思想认为，理性与实践是推动社会进步与人的全面发展的关键。在这一思想的指导下，中国不仅在自身发展中实现了从封建社会到现代社会的巨大变革，还通过在全球范围内推广这一理念，促进了世界的和平与发展。这种以人为本、追求实用与和谐的理性思维，为中华文化的长远发展和中华民族伟大复兴奠定了坚实基础。换句话说，中华文化以其经世致用的理性思维，向世界展现了一种既深沉又务实的文化自信，为人类文明的多样性和发展贡献了中国智慧和中国方案。

（三）不拘一格的革新精神

中华文化以其博大精深、源远流长的文化底蕴，成为世界文化的重要组成部分。这一文化，自古至今，以其随时代而变革、与世界而共进的精神，展现出了惊人的生命力和创新能力。无论是在哲学、文学、艺术，还是在科学、政治、经济等方面，中华文化都能以其独特的视角和理念，为人类文明的进步做出贡献。其核心理念和价值观，不仅具备丰富的哲学内涵和深厚的历史积淀，更具有广阔的未来发展空间和无穷的创新潜力。中华文化的创新精神表现在其不断地自我更新、自我超越，始终坚持探索和追求真理，不满足于现有的知识和成就，勇于开创和发现，以适应时代的发展和人类的需求。

中华文化不拘一格的革新精神也体现为其对多元文化的包容与整合。吸收外来文化元素并融合各种文化传统，使得中华文化具有更为丰富和多样的形态与内涵。这种多元融合与不断创新的特质，使得中华文化在全球文化交流中，展现出无与伦比的竞争力和影响力。这一革新精神在当代社会主义建设中得到了充分的体现，一系列具有中国特色的社会主义理论和实践成果，如习近平新时代中国特色社会主义思想，都是中华文化创新精神的现代表达，它们在全球范围内产生了广泛而深远的影响，为全人类的和平与发展提供了新的思考和选择。

中华文化历久弥新的力量与无穷的创新精神，为世界的多样性发展做出了不可替代的贡献。中华文化不仅是一种国家和民族的文化，更是一种人类共有的精神财富。其源远流长的历史与无穷无尽的创新能量，赋予了中华民族持续发展和繁荣昌盛的无尽可能。中华文化以其开放、包容、创新的特性，将持续影响着未来的世界文明进程，展现着一个古老文化民族的青春与活力。

三、文化自信发展的历史与现状

民族文化和民族之间的关系是相互依存，不可分割的。文化是以民族为基础的，而民族的灵魂所在即为文化。民族的兴盛衰亡也会对民族文化的繁荣和衰落带来直接的影响。在历史长河，中华民族并不是一成不变的，其民族构成也会随着政权的更迭而发生变化。与此同时，中华文化历经数千年的演变，展现出一幅精彩纷呈的历史画卷。其中，战国时期的诸子百家是中华思想的瑰宝。这一时期，百家争鸣，留下了无数深邃而博大的思考，成为世人瞩目的哲学财富。这些智慧的火花直至今日仍然闪烁着辉煌的光辉，对人类思维的探索和发展产生着深远的影响，无数的学者学习探索，汲取其中的智慧精华，用以研究和解读现今的多元文化和复杂世界。

随着历史的推移，汉朝时期，丝绸之路的建立为中华文化的传播铺垫了道路。这一伟大的贸易路线成为文化、思想和商品的交流通道，将中国的独特艺术和精致手工艺传递至欧洲的每一个角落。丝绸和瓷器成为中华文化的象征，它们以其独特的魅力和精湛的工艺，让世界见证了中华民族的创造力和智慧，使得中国的影响力得以深入人心，穿越千山万水，达到了前所未有的高度。

再往后看，唐朝是中华文化的又一高峰。这一时代，国家强盛，文化繁荣，唐朝成为万国来朝的国度。唐朝的繁荣展现了中华文化的多样性与包容性，吸引了四海宾朋，成为文化交流的焦点和中心。这个时期的中华文化，以其宽广的胸怀和无限的创意，对外展现了一幅自信而开放的态度，让全球见证了一种卓越文明的风采和力量。

明朝的郑和下西洋进一步扩大了中华文化的影响。他以非凡的航海技艺和卓绝的外交智慧，将中华文化带到了东南亚及其周边国家和地区，缔造了一个以儒家文化为中心的文化圈。这一伟大的文化交流，不仅增进了东西方国家间的友谊与理解，更加深了各国对中华文化的认知与尊重，将中华文化的博大精深和多元包容展现得淋漓尽致。

由此可见，中华文化具有深厚的底蕴和独特的魅力，其历史发展进程是一部瑰丽多彩、风华绝代的壮丽史诗。这一古老而灿烂的文化传承，不仅记录了中华民族的发展和变迁，更展现了一种文化自信的坚定和恒久。中华文化之所以能够历经千年而不衰，正是由于每一个时代中华儿女的勤劳智慧与不懈追求。在不同的历史时期，中华文化展现了其多元和包容性，无论是古代的哲学思想，还是科技艺术，都使中华民族成为世界文明的重要参与者和贡献者。此外，由于长期以来国家的统一与民族的团结，中华文化得以薪火相传。在近代发展史上，中华民族文化也遇到了一些危机，主要表现在封建制度的失败使人们对民族文化丧失了自信心，开始产生文化自卑感，并对传统文化产生了怀疑和放弃的想法，这不但是文化的悲哀，也是民族的悲哀。

中国共产党的成立在中国历史上占据了转折性的地位，它将中国引向了一个全新的方向，并成为推动中华文化发展的重要动力。在这一过程中，马克思主义起到了核心的引领作用。这一理论框架不仅仅是一种政治思想，更是一种全面、科学的世界观和方法论，它为中国提供了一种全新的解读自身历史文化和社会的方式。在党的领导下，中国开始了一场深刻的文化和思想革命。这场革命对传统的文化结构进行了彻底的突破和革新，注入了更多科学的、理性的元素，使得中华文化在继承和发扬传统的基础上，逐渐具备了更为开放和进步的特质。这种融合了科学思维的新文化，更为符合时代发展的需求，为国家的进步和民族的复兴提供了强大的思想武器和文化支持。

这场由中国共产党领导的革命，标志着中国开始走向现代化的道路。马克思主义指导思想，不仅仅体现在政治和经济层面，更深入到了文化和社会观念的层面。这一变革使得中国的文化逐渐摆脱了陈旧的、保守的束缚，开始向着更为科学、人文、国际化的方向发展。这种发展既是一种创新，也是一种解放。它让中国文化重新焕发出活力，并在全球范围内产生了广泛而深远的影响。

在当今时代，"一带一路"倡议更是加强了东西方文化的交流与融合，实现了文化和经济的双向发展。这一倡议延续了丝绸之路的历史传统，推动了沿线国家在文化、经济等方面的互利合作，同时也为世界文化的多样性和包容性发展做出了积极贡献。借助这一倡议，不同文化的对话与理解得以加深，文化的相互尊重与包容成为促进国际友好关系和世界和平发展的重要基石。

此时此刻，人们更应认识到，文化自信不仅仅是一种文化态度，更是一种文化智慧。这种智慧不仅体现为对本土文化的热爱与传承，更表现为对外来文化的包容与吸纳。这种包容性和开放性使得中华文化能够不断自我更新和发展，实现与时俱进，与世界文化一同前行。这种文化自信也将引领中国在国际舞台上扮演更为积极和具有建设性的角色，推动全人类共同构建更加和谐和美好的未来。

第四节 文化自信的重要意义

一、文化自信是应对文化冲突的坚强后盾

（一）文化冲突的概念解析

文化冲突通常发生在具有不同文化背景的人们相互接触时，由于对彼此的文化习俗、信仰、价值观念和行为模式的误解或不理解而引发的对立和冲突。这种冲突可以是显性的，如公开的争论和社会运动，也可以是隐性的，如偏见和歧视。文化冲突可能发生在日常生活中的个人互动，如工作场所、学校、社区中不同文化背景的人们相遇时；也可能发生在更广泛的社会、民族或国际关系中，如跨国公司不同国籍员工间的合作问题，或不同国家之间因文化差异引发的外交摩擦等。

文化冲突源于文化的多样性和差异性，但其核心并不在于差异本身，而在于人们对差异的认知和反应。当个人或集体在面对文化差异持排斥态度、不愿意理解和尊重对方的文化时，冲突便可能产生。这些冲突如果处理不当，可能导致个体的不满、群体的隔阂乃至社会的不稳定。因此，文化冲突不仅是文化多元化的自然结果，也是国际化时代中需要积极解决和管理的问题。有效地管理和调解文化冲突，需要文化敏感度、跨文化交流能力以及对包容性和共生价值的共同认识和尊重。以下是文化冲突的一些表现形式。

1.个人与个人之间

个人间的文化冲突通常表现得更加直观和个人化。例如，两个来自不同文化背景的人在工作、学习或生活中相遇时，他们的沟通风格、表达习惯甚至是日常礼仪都可能存在差异，从而导致误解和冲突。一位来自直接沟通文化的人可能会觉得另一位来自间接沟通文化的人表述含混不清，而后者可能觉得前者过于直白。这种基于文化差异的个人冲突可以通过增强文化意识、提高沟通技巧和展现开放包容的态度得到缓解或解决。

2.群体与群体之间

不同文化背景的群体之间的文化冲突可能会表现为价值观、信仰、习俗和行为规范的差异。例如，在多元文化社会中，不同宗教和种族群体可能会因对文化传统和信仰的不同理解而产生摩擦。一个典型的例子是，一些群体可能认为他们的文化习俗和信仰应该受到更多的尊重和保护，而其他群体可能觉得这些习俗和信仰与现代价值观相悖。这种情况下，公共空间中的文化表达和符号会变得格外敏感，如学校里的文化活动和节庆，可能会引发激烈的争论和冲突。只有通过增进相互理解和尊重，加强对多元文化价值的认同，这类冲突才有可能得到缓解或避免。

3.组织与组织之间

国际组织间的文化冲突通常源于不同的组织文化、管理风格和决策过程。例如，一家注重团队协作和共识决策的西方公司与一家重视权威和等级的东方公司合作时，可能会出现困难和误解。西方公司可能觉得决策过程缺乏透明，而东方公司可能觉得西方公司缺乏秩序和效率。在和国际合作日益加强的今天，企业和组织需要提高文化智力，学习如何在文化差异中找到共通点，以实现成功的跨文化合作。

4.国家与国家之间

国与国之间的文化冲突可能会影响外交关系，甚至可能演变成政治危机。例如，一个国家的价值观和政治制度可能与另一个国家产生严重冲突。西方国家倾向于推崇个人自由，而一些其他国家可能更重视社会稳定和集体利益。这样的差异可能会导致外交争端，甚至影响双边或多边关系。这样的文化冲突需要通过对话和谅解来解决，以寻求价值观的共通点并加强国际合作。

（二）文化冲突产生的原因

1.认同差异

认同是指个人或群体在文化、族群、宗教、国籍等方面的自我认知和归属感。认同差异可以成为文化冲突的一个显著源头。当人们坚决维护自己的文化、信仰和身份时，他们可能会对不同的或被视为"他者"的文化产生误解或排斥。比如，民族主义和爱国主义可能会导致对其他国家和文化的刻板印象、偏见甚至敌意。这种强烈的自我与他者之间的对立可能会导致不必要的文化摩擦和冲突。解决认同差异所带来的冲突需要在全球范围内推广文化多样性、相互理解和尊重的价值，以及培养和提高跨文化沟通能力。

2. 价值观差异

价值观是指人们对于什么是重要、正确和有价值的基本信念。价值观的冲突常常是文化冲突的核心。当来自不同文化背景的人相遇时，他们的价值观和信仰可能大相径庭，从而导致误解和对立。例如，个人主义文化强调个人自由、权利和需求，而集体主义文化更加重视团体和谐、共同利益和个人责任。这些基本的价值观差异会在日常生活、工作、政治，甚至国际关系中产生广泛的影响，从而成为文化冲突的燃点。增进对不同价值观的理解和尊重，以及寻求共同价值和共通之道，是化解这类文化冲突的关键。

3. 生活方式差异

生活方式涉及人们的日常习惯、行为和选择，如饮食、着装、工作和娱乐等。不同文化中的生活方式差异是产生文化冲突的一个原因。例如，一些文化可能更加重视家庭和传统，而其他文化可能更加强调创新和个性表达。当这些生活方式的差异无法得到理解和接受时，就可能导致人们之间的摩擦和矛盾。这需要通过增加文化交流和交融、推广多元文化的认知，以及培养包容和多样性的价值观来克服。

4. 表达方式差异

表达方式差异通常涉及沟通风格、语言使用和非言语表达等方面。这些差异经常会在跨文化交流中导致误解和冲突。例如，高语境文化中的人们可能更依赖非言语信息和环境背景来理解信息，而低语境文化的人们可能更倾向于明确、直接的言语表达。这些差异在跨文化沟通时可能会导致信息的丢失、误解或歧义，进一步引发冲突。因此，学习和理解不同文化的沟通风格和表达习惯，并发展有效的跨文化沟通技巧，是防止由表达方式差异导致的文化冲突的重要途径。

（三）文化自信助力文化冲突的处理

文化自信，作为一国文化的核心价值和根本信念，在处理文化冲突方面发挥着不可或缺的作用。面对经济全球化和多元文化的挑战，一国必须具备对本土文化的深刻理解和坚定信仰，才能在文化交融中保持自己的文化特性和价值，避免被他者文化同化。

（1）文化自信可以帮助国家和民族更加明确和坚守自己的文化价值和原则。在经济全球化的浪潮中，尤其是在西方资本主义文化的强大影响下，维护本土文化的独立性和多样性成为一项挑战。但只有对本土文化有着坚定的信仰和自信，国家和民族才能在文化多样性和国际交流中保持自己的文化身份，避免文化的同质化和失落。

（2）文化自信能够推动文化的创新和发展。通过自信，一国能够积极地吸收其他文化的有益成分，而不是被动地接受或排斥。这种开放而自信的态度能够促使文化在交流和互鉴中实现创新和提升，进而丰富文化的内涵和外延。

（3）文化自信有助于推动不同文化间的相互尊重和理解。在自信的基础上，各国能够在平等和尊重的前提下开展文化交流，而不是在文化优越感或劣势感的影响下进行。这种互尊互谅的态度有助于减少文化冲突和摩擦，推动世界各民族和文化的和谐共处。

（4）对本土文化的自信和理解也能够为全球文化的多样性提供支持。在一个国际化世界中，文化多样性成为世界文化财富的重要组成部分。每一种文化都有其独特之处，都应该得到尊重和传承。文化自信能够使各国更加珍视并保护自己的文化遗产，同时推动全球文化多样性的保护和发展。

二、文化自信推动文化软实力的稳步提升

（一）文化软实力的定义与内容

文化软实力是指一个国家通过其文化吸引力和影响力来实现国际影响和目标的能力。这与硬实力，如经济和军事力量，形成鲜明对比。文化软实力涵盖了一国的艺术、文学、价值观、信仰、生活方式、传统和教育等方面，这些方面的吸引力和影响力可以影响国际公众的看法和态度，从而间接影响国际关系和国际政策。

文化软实力的核心在于文化的吸引力和影响力，能够使其他国家和地区的人们自愿接受和欣赏一个国家的价值观、生活方式和文化产品。文化软实力主要体现在两个层面：一是文化输出，如文化产品和服务的国际传播；二是文化交流，如各国和各地区之间在文化、教育和科学等领域的合作和交流。

（二）提升文化软实力的重要性

提升文化软实力对国家和社会发展具有极为重要的意义，具体分析如下（图1-3）。

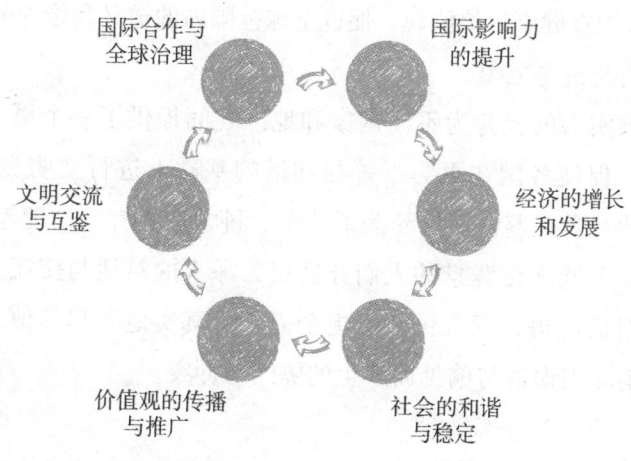

图1-3 提升文化软实力的重要性

1. 国际影响力的提升

通过文化软实力的提升，国家可以加强其在国际上的吸引力和影响力，从而在国际事务中获得更多话语权。一个国家的文化、价值观、思想和信仰能够影响其他国家和地区的人民，这可以加深他们对该国家的了解和认同，从而建立和深化国际友好关系。

2. 经济的增长和发展

文化软实力的提升也能够推动国家的经济发展。文化产业，如电影、音乐、艺术和文学等，都能够成为经济增长的动力。同时，文化交流和国际合作也能够带动旅游业的发展，吸引国际投资，促进国际贸易，从而增强国家的经济实力。

3. 社会的和谐与稳定

文化软实力能够加强国家内部的凝聚力，增强人们的国家认同感和文化自豪感。当人们对本国文化、价值观和生活方式有着深厚感情和高度认同时，更容易形成社会共识，维护社会和谐稳定。此外，文化软实力还能够推动社会道德和精神追求的发展，提升人们的幸福感和生活满意度。

4. 价值观的传播与推广

文化软实力提升也意味着一个国家的价值观、信仰和理念得到更广泛的传播和接受。这不仅能够加深国际社会对该国家的理解和尊重，还能够推广和传递积极健康的价值观，促进全球范围内的道义和伦理的提升。

5. 文明交流与互鉴

文化软实力的提升为不同国家和地区之间提供了一个更为开放和包容的平台，促使各国在更为平等与和谐的基础上进行文明交流与互鉴。这种文明的互学互鉴，不仅涵盖了艺术、科学、教育、伦理等多个层面，而且推动了不同文化背景的人们开展更为深入的对话与交流。这种深入的交流与对话使得各国人民能够更全面、更真实地了解其他文明的特色与价值，消除因误解与偏见而产生的隔阂与冲突。

6. 国际合作与全球治理

国家的文化软实力在很大程度上影响着其在国际合作与全球治理中

的地位与作用。具有较强文化软实力的国家，通常能够更为有效地传递与推广其价值观、信念与理念，获得更多国家与人民的理解、尊重与支持。这有助于构建基于共同价值与利益的国际合作关系，形成更为广泛与深厚的国际共识。

此外，文化软实力也促使国家更为积极主动地参与全球性问题的解决。无论是应对气候变化、消除贫困、解决冲突，还是推动可持续发展，都需要国际社会共同努力，协同合作。具有较强文化软实力的国家，能够更为有效地推动国际合作与全球治理，协调各方利益，推进全球性问题的解决，实现人类社会的可持续发展与全人类的共同福祉。

（三）文化自信提升文化软实力的主要途径

要提升一个国家的文化软实力，必须强化个体和群体的文化归属感，培养个体和群体的文化自信心，只有个体或群体对赖以生存的民族、国家充满信任感和归属感，对自身的文化充满自信，才会愿意理解自己的文化、向其他民族和国家介绍自己的文化，进而提升自身的文化软实力。因而在国际化的语境下，强化文化归属感成为文化自信提升文化软实力的一条主要途径。

（1）文化归属感是个体对自己所在的文化、社会和国家产生的一种深切的情感联系和认同感。这种归属感让个体感受到自己是一个更大社会体系的一部分，与之有着不解之缘。在经济全球化的冲击下，个体需要有强烈的文化归属感，以便坚守文化传统，保护文化遗产，推动文化创新。这种文化归属感能够成为个体在面对经济全球化所带来的种种不确定性和多样性时的一种精神支柱，有助于个体在全球大杂烩中保持文化自我，稳定心态，坚守原则。

（2）强化文化归属感能够增强国民间的社会凝聚力。在一个国家内，当大多数人都有着共同的文化认同和归属感时，国家的凝聚力会相应增强。这种凝聚力可以成为一股强大的力量，推动国家在政治、经济、社会等多个方面得到更为显著的发展。在这个过程中，文化自信与文化软实力的相互增强，为国家提供了一种持久、稳定的发展动力，也有助于塑造国家在国际上的形象和增强其影响力。

（3）在经济全球化的背景下，多元文化的冲击和交融也带来了文化认同的困惑和危机。一方面，经济全球化的趋势可能会导致传统文化被边缘化，甚至被摒弃；另一方面，多元文化的交融可能会导致文化同质化，进而削弱文化的独特性和多样性。因此，在强化文化归属感的过程中，也要注重文化的开放性和包容性，积极吸收外来文化中的优秀元素，加强与其他文化的交流和互鉴，共同推动人类文明的进步。

三、文化自信促进跨文化交际的有效开展

（一）跨文化交际的定义与内涵

跨文化交际指的是来自不同文化背景的人们在某种语境下进行的信息交流活动。它不仅仅涉及语言表达的差异，还包含了文化背景、价值观、思维模式、行为习惯等各个方面的差异。在经济全球化趋势日益明显的当代社会，跨文化交际变得越来越重要，它能够推动不同文化背景的人们相互理解和尊重，促进国际的友好合作和共同发展。

跨文化交际的内涵非常丰富，比如说它涉及语言表达上的差异与理解。每种语言都是其相应文化的反映，承载着该文化独特的世界观、价值观和生活方式。因此，语言交流不仅仅是词语和句子的传递，更是文化内涵和文化信息的传递。成功的跨文化交际需要参与者了解和理解对方的语言特点和文化背景，避免误解和冲突，实现真正意义上的沟通和理解。跨文化交际还涉及非语言符号的交流，如身体语言、面部表情、姿势、眼神交流等。这些非语言符号在不同文化中可能有着截然不同的解读和含义，误读这些符号可能会导致沟通障碍甚至冲突。因此，在跨文化交际中，参与者需要学会正确解读和使用非语言符号，以确保信息的准确传递。

此外，跨文化交际中还需要考虑到文化价值观、社会规范、思维习

惯等方面的差异。这些差异可能会影响人们的沟通方式、沟通内容、沟通策略等，从而影响沟通的效果。了解并尊重对方的价值观和社会规范，能够减少误解和冲突，提高沟通的有效性。

（二）文化自信丰富跨文化交际的表现形式

文化自信在促进跨文化交际的过程中具有至关重要的作用，它能够通过多种表现形式推动文化的交流和理解。

1. 促进文化传承与推广

文化自信能够促使一个国家或民族更加积极地传承并推广本土文化。在国际化的语境下，一个国家对自己的文化具有自信，会主动展示本国文化的特色与独特性，推广本国的语言、艺术、风俗、习惯等，使之成为全球文化的一部分。这不仅能够提高该国文化的国际影响力，同时也能够丰富全球文化的多样性。在推广本土文化的过程中，文化的交流与对话得以实现，各种文化能够相互借鉴与学习，从而加深不同文化之间的理解和尊重，减少文化冲突和误解，为建立和谐共生的全球文化环境奠定基础。

2. 保持开放包容心态

文化自信亦表现为保持一种开放和包容的心态。一个对本身文化充满自信的国家或民族会更加愿意接触、了解和接纳其他文化。保持开放包容的心态能够使得跨文化交际中的个体或群体愿意听取和理解来自不同文化的声音和观点，以开明的视角看待文化差异和多样性。这种心态有助于推动不同文化间的相互尊重和平等对话，减少因文化差异引起的偏见和歧视，促使各种文化在交流和碰撞中共同发展和进步。

3. 深化文化交流与合作

当一个国家对自己的文化有足够的自信时，会更加积极地进行深度的文化交流和合作。文化自信能够激发出更加积极主动的交流态度和更加开放的合作意愿，推动各国在文化、教育、科学等领域进行更为广泛和深入的合作。这种深度交流与合作有助于世界各国共同创造和分享知识，实现文化资源的共享，促进文化创新和发展。在深度文化交流与合作中，各国能够相互学习、相互启发，推动人类文明共同进步。

四、文化自信促进个人的发展与进步

（一）文化自信与个人文化素质的提升

文化自信为个人提供了在文化层面上成长和发展的坚实基础。它不仅仅是对本土文化价值的认可，更是一种自我提升的动力。当个体对自己所处的文化有着深刻的认识和自豪感时，他们更加乐于探索和学习本土文化的深层内容，从而在语言、历史、艺术等领域提升自己。这种自信促进了个人对传统和现代知识的平衡吸收，使得个体能够在国际化的环境中保持对文化的敏感度和辨识度，同时在文化多元的社会中，强化文化自信可以帮助个体在多样的文化价值观中找到属于自己的立场，形成独立的思考和判断能力。如此，个人的文化素质不仅仅局限于知识的积累，还包括对文化的深度理解和应用能力的提升，这无疑将为个体在社会中的进步和发展奠定坚实的基础。

（二）文化自信与个人思想道德素质的提升

在思想道德建设方面，文化自信作为一种深厚的文化力量，能够有效地引导个体构建积极的世界观和价值观。具备文化自信的个体往往能够在社会多元价值观的碰撞中，保持自我，不迷失方向，这对于形成健康的思想品质和道德标准至关重要。在强化文化自信的过程中，个体能够自觉筛选各种文化信息，拒绝那些消极的、有害的文化侵蚀，如无度的物质追求和道德相对主义，从而构建起符合时代要求的思想道德素质。文化自信也鼓励个体在社会实践中发挥积极作用，将个人的思想道德素质转化为社会正能量，这对于推动社会道德建设和提高公民道德水平具有重要意义。在这一过程中，个体不仅在自我修养上得到提升，也在社会互动中展现出良好的道德风貌，共同促进社会的和谐发展。

（三）文化自信与个人职业素质的提升

文化自信能够显著提升个体在职业活动中的素质和能力。这种自信源于对本土文化价值的深刻理解与认同，使得个体在职业选择与发展中，能够更好地结合自身的文化背景和社会需求。在这种文化自信的支持下，个人不仅可以在职业技能上追求卓越，而且能够在工作中展现出独特的文化魅力和专业风采。例如，设计师在作品中融入传统文化元素、程序员在开发软件时考虑本土用户的习惯，这些都是文化自信促进职业素质提升的实际体现。个体在专业知识和技能训练中积极吸纳文化知识，这不仅提高了工作效率和质量，也使得劳动者能够在职业生涯中持续成长，成为具有国际视野同时又深植于本土文化的高素质人才。

进一步而言，文化自信还助力于职业情绪的健康管理和职业道德的构建。在职业生涯中难免遇到挑战与困难，文化自信使个体具备了更强的心理韧性和适应性，能够从文化的角度解读挑战，以积极的态度应对工作中的压力和不确定性。同时，文化自信也强化了个体对于职业道德的认识，促使他们在工作中不仅遵守基本的道德规范，而且追求更高层次的职业荣誉和社会责任感。个体能在职业行为中体现出尊重他人、诚实守信、公平竞争等优秀品质，这些都是文化自信在个体职业发展上发挥作用的直接反映，最终促进了整个社会的诚信建设和道德进步。

第二章　大学英语教学中的文化教学

第一节　语言与文化的关系

一、语言对于文化的作用

（一）语言反映文化

语言不仅仅是沟通和表达的工具，更是一种文化的载体和反映。语言以其独特的方式，深刻地记录和表达了一个民族的心理、风俗习惯、生存环境。每一种语言都孕育在其特定的文化、历史和生存环境之中，而这些元素又相互交织，共同塑造了语言的结构、语法和词汇。通过各种语言表达可以窥见一个民族对世界的理解、对生活的感悟和对价值的追求。

1.语言反映民族心理

语言是民族心灵的映照，它揭示了不同民族的思维方式和心理特征。汉语中，存在着许多用以表达家庭、亲情和人际关系的词汇，如"孝""悌"，这些词反映出中华民族重视家庭和亲情的心理。而在英语中，词汇如"individualism"和"privacy"则展现出西方社会对个人主义和隐私的重视，反映了西方民族强调个体独立和自由的心理。此外，汉语的表达方式往往含蓄而隐晦，体现出中国人注重内涵和含蕴的思维方式，比如诗句"窗含西岭千秋雪"，而英语表达则往往更为直白和明确，如"We need to talk."，这可以看作直接性和明确性在西方思维中的体现。

2.语言反映风俗习惯

语言中的词汇和表达方式往往与民族的风俗习惯密切相关。在汉语中，有许多与饮食有关的成语和俗语，如"家常便饭"和"饭来张口"，这反映出中国文化中对饮食的重视。而在英语文化中，"Time is money."这一说法反映出西方社会对时间效率的极度重视，展现了他们注重实用和效率的习俗。

此外，礼貌用语也反映了风俗习惯的差异。例如，在汉语中，对于长者和上级，有着严格和多样的称呼，如使用"先生""老师"或者职务来称呼，显示了中华文化中对于长者和上级的尊重，反映出了儒家文化中"尊敬长者"的价值观。这表明了中华文化中重视家庭和社会等级的风俗习惯。而在英语文化中，尽管也有对长者和上级的尊称，如使用"Mr.""Mrs."或"Sir"，但在日常交流中，使用名字来称呼也是可以接受的，甚至有时候是首选，这展现了西方文化中相对平等和开放的交际风格。这不仅体现了西方文化中个体主义的价值观，也反映了西方文化中人与人之间相对平等的社会风气。

3.语言反映生存环境

生存环境对于语言的形成有着重要影响。汉语中有大量描述自然和环境的词汇和表达，如"江山如画"和"风和日丽"，反映了中国古代农耕文明对于自然环境的敏感和依赖。而英语中，存在着大量与海洋、航海有关的词汇，如"sail"和"anchor"，这是因为英国是一个海岛国家，航海活动在其历史发展中占据着重要地位。这些特定环境中诞生的语言形式，都在无声无息中，传达了不同民族对于自然和生存环境的独特感知和深厚情感。无论是汉语对于大自然的诗意描绘，还是英语对于海洋和航海的丰富词汇，都深刻地反映了各自文化和生存环境之间的密切联系。

（二）语言影响文化

对语言影响文化的论述不得不提到形成于 20 世纪 50 年代的"萨丕尔·沃尔夫假说"，这一假说自提出之日起就颇受争议。这一理论主要包含两个方面的内容。

1.语言相对论

语言相对论提出，人们通过语言来理解和描绘世界，而不同的语言体系可能会导致不同的世界观和思维方式。这一观点主张，语言并非对现实的直接和客观的描写，而是一种相对的表达方式，可以反映出说这一语言的社群的文化观念和价值观。因此，语言相对论主张，语言可以影响我们的思维方式，但不会决定我们的思维。不同语言和方言的使用者可能会有不同的思考方式和解决问题的策略，但这并不意味着他们的思维模式是固定且无法改变的。

这种"弱势理解"更倾向于接受不同文化之间的多样性，认为我们可以通过学习新的语言和文化来拓宽我们的思维和视野。这种理解更符合当前国际化背景下，多元文化共存和互相影响的现实情况，它更加强调文化交流和理解的重要性。

2.语言决定论

与此相对，语言决定论则赋予语言更大的权重。这一理论认为，人的思维、认知和世界观完全受到其所使用的语言的限制和决定。换句话说，如果某个概念或现象在某种语言中没有对应的词汇，那么说这种语言的人就无法理解或者认知这个概念或现象。

这一"强势理解"常常被批评为过于绝对和缺乏灵活性。尽管语言确实在某种程度上塑造了我们的思维方式和世界观，但大多数学者都认为，思维的多样性和复杂性远远超出了语言的限制。人类的思维能力和创造性不应仅仅被视为语言的副产品。

在实际研究和探讨中，大多数学者和研究者更倾向于接受语言相对论，并进一步探索语言是如何影响思维和文化的。同时，大多数人也承认，即使语言可以影响思维，但人类的认知能力和思考方式同样受到许多其他因素的影响，如个人经验、文化背景、受教育情况等。因此，语言与思维、文化的关系应该是动态、互动且多元的，而非单一且固定的。

二、文化对于语言的影响

文化是语言活动的环境，因而文化因素对语言有重要的影响作用，主要体现在以下三个方面。

（一）文化是语言发展和演变的底蕴

文化与语言之间的相互关联是千丝万缕且不可割舍的。文化不仅构成了语言发展和演变的底蕴，更在各个层面渗透着语言的表达和运用。语言在形态、句法、语义甚至是修辞层面，都充分展现了其背后的文化根基。这种深度融合使得语言成为一种文化行为，体现了文化的独特性和多样性。

以中西文化为例，文化对于思维方式、语言表达以及沟通风格的影响均非常显著。在汉语环境中，由于传统文化强调整体与和谐，人们在交流中往往更注重语境和整体意义的传递，偏好综合性、直觉性的思维模式。因此，在汉语表达中，词语的形式可能被赋予较为灵活的空间，更多地侧重于传达准确的意图和情感，而不过分追求形式的规范与严密。相较之下，西方文化中，由于强调个体独立与逻辑分析，语言表达往往更注重句法的完整和逻辑的严密。在这样的文化背景下，清晰、理性的表达被视为一种重要的价值，语言的形式和结构成为确保思想传达无误的关键。这一点表现在英语的使用中，形式的严格与句法的完整性是表达清晰、准确思想的基础。

这两种不同的文化思维方式与语言表达风格，正是由各自独特的文化背景和历史传统所塑造的。这也进一步印证了文化对于语言的深刻影响，它不仅决定了语言的内涵和表达方式，还在细节之处展现了文化的风格和特点。而对于学习者来说，深入理解语言所蕴含的文化内涵，有助于更为准确和自如地运用语言，实现有效沟通。

（二）文化赋予语言词汇多样化的象征意义

文化不仅构建了语言词汇的形式结构，更深层次地赋予了词汇丰富多彩的象征意义，使词汇成为文化表达和理解的重要载体。每个词汇都呈现出一种特定的概念框架，直观反映了某个文化群体的世界观、价值观和历史，进而揭示出不同文化之间的差异性和多样性。

词汇的多维意义，包括概念意义和比喻意义，不仅描绘了物质世界的现实图景，更进一步展现了文化对于世界理解和认知的多样性。概念意义是对客观事物基础特征的反映，而比喻意义则进一步展示了词汇的象征、指称和引申意，体现了文化背景对于语义理解的深刻影响。例如，汉语中的"龙"通常象征着权威、尊贵和祥瑞，成为一种正面和崇高的符号；而在英语文化中，"dragon"通常与邪恶、恐怖相关联，成为一种贬义的象征。这一对比反映了东西方文化在价值取向、信仰体系和传统习俗上的根本差异。

此外，文化对词汇的影响不仅仅体现在单个词汇层面，还表现在语境、修辞和语法等方面。文化塑造了一种特定的沟通方式和表达风格，对于同一事物的描述和认知也因文化背景的不同而呈现出各异的特点。这就要求我们在学习和使用语言时，更加注重文化背景的学习和理解，从而更为准确和全面地把握语言的真正意义，实现真正的跨文化沟通。

（三）文化从不同角度制约语言的运用

文化作为语言运用的制约与决定性因素，塑造了人们使用语言的方式和习惯，也决定了语言的生成与理解。文化作为语境的核心，为语言提供了丰富而复杂的背景，进而影响语言的接收与表达。理解文化的差异和特性，能够有效避免在交流过程中出现的误解、冒犯与无礼，实现更为和谐与顺畅的沟通。

1.相同文化背景下的语言影响

在共享相同文化背景的环境中，语言呈现出独特的性质与规律，例如，人们会根据文化习俗和传统避讳对某些词语或名称进行修改或替换。这样的避讳并非仅仅是语言层面的变化，更是文化价值和社会规范对语言运用的深刻影响，显示出文化与语言不可分割的联系。

2. 不同文化背景下的语言影响

当语言沉浸在不同的文化背景中时，即便是相似的表达也会产生截然不同的理解和反应。以问候语为例，汉语中的一些常见问候，转换为英语之后，可能会引发文化冲突与隐私顾虑，表明了文化对于语言表达和理解的关键作用。这类文化差异所引发的误解，反映了不同文化群体对于隐私、习俗和人际交往的独特看法和价值取向。

第二节　大学英语文化教学的概念

一、跨文化教育的起源与发展

跨文化教育作为一种教育思潮，其起源和发展有着深刻的社会和历史背景。其产生背景可追溯到 1960 年，那时，随着国际移民的增多，不同文化间的接触和碰撞变得更加频繁。起初，各国各地区更多地关注移民如何适应新的环境和文化。随着时间的推移，人们开始研究不同文化之间的融合、变迁和相互影响。这期间，许多跨文化教育理论逐渐形成，如文化融合理论、文化变迁理论和多元文化教育理论等。

1990 年前后，跨文化教育思潮在联合国教科文组织的推动下得以发展。该组织开始研究教育与文化之间的关系，尤其是教育对文化的影响。为了推广跨文化理念，联合国教科文组织提倡编写包含多元文化内容的教材，让学生能够更全面地了解世界多样性。这些努力使得跨文化教育不断发展，并且逐渐成为教育体系中的重要一环。

1990 年，跨文化教育得到了联合国教科文组织的大力推动，并在多个国家和地区得到认可和实施。联合国教科文组织在第 43 届国际教育大会上，把教育与文化的相互贡献作为焦点进行了讨论，这一举动对全球各地的跨文化教育产生了积极深远的影响。在教育大会上，联合国教科文组织明确了多项原则和目标，这些操作都是为了推动人类的全面发展，提高文化的独立性与多样性，同时加深人们对于教育与文化关系的理解。

一方面，联合国教科文组织特别强调了人的全面发展的重要性。这种发展应该通过人与人之间的多方交流和互动来实现。这种互动不仅是文化层面的，还包括教育、思维和价值观等多个方面，其核心是通过文化交流，让人们能够更加全面、深入地理解彼此，并促进各自的成长和发展。大会还明确了联合国教科文组织的核心目标，即推广教育、传播文化，并确保文化的独立性与多样性得以保持。这些原则和目标表明，每个人都应该有权利和机会参与文化互动，享受丰富多彩的文化生活，实现个人的全面发展。

另一方面，联合国教科文组织强调了不同文化之间交往和互动的重要性。这不仅保证了文化的多样性得以维持和发展，还让每一种文化的独特性得以展现和传承。为了确保这一点，教育与文化之间的紧密关系被更加明确地界定。教育被视为文化传承和发展的关键，是培养人们对文化尊重和理解的主要方式。教育不仅传授知识，还应培养学生的文化意识，使他们能够理解和尊重文化多样性，成为经济全球化时代具有国际视野和跨文化沟通能力的人才。

跨文化教育的概念、内容和范畴也在大会上得到了进一步的明确和拓展。现在，跨文化教育不仅包括各个学科的知识内容，还整合了学校媒体和系统等多个方面。这意味着，跨文化教育应该成为学校教育整体中的一部分，与社会环境紧密结合，使学校成为一个开放、包容的学习和交流平台。学校应该成为学生开阔文化视野、深化文化理解的重要场所，通过多元文化的教育课程，帮助学生建立正确的文化观念和价值观。此外，大会还提出了关于跨文化教育方法和策略的明确指导原则，包括教育课程和教育内容的设定，并主张建立跨文化教育的质量标准，推动跨文化教育在全球的进步和发展。

1994 年，联合国教科文组织在第 44 届国际教育大会上，再次突出强调了跨文化教育的重要性，并对该理念进行了更深入的探讨和阐述。会议将"国际理解教育的总结与展望"作为主题，强调了教育在促进人们、社会和文化之间相互理解与包容性方面的核心角色。其中，会议详细阐释了教育政策在推动三者和谐共存、共同发展方面的必要性和重要性。此外，该会议还明确指出，教育应该有助于提高人们的文化认知水平，为建设和平、民主的文化价值观打下坚实基础。

因此，教育机构应该努力成为一个人们互相尊重、互相了解的地方，应该对人权持开放和尊重的态度，为构建多元化的文化环境做出贡献。在这样的环境中，个人能够在相互理解和尊重的基础上发展自己的文化认知和价值观，从而实现个人和集体的全面发展。这要求教育机构不仅提供知识和技能，还需要提供一个有利于发展文化认同和文化尊重的环境，这对于推动全球和平与发展至关重要。

接着，在 1996 年，基于之前的纲领性文件，联合国教科文组织明确提出了进入 21 世纪，理解各国文化应成为跨文化教育的重要目标。为了更加有效地推动跨文化教育的实施，该组织提出了一系列具体的措施和政策方针。这些措施和方针的实施，推动了世界各国相应机构的建立，更好地推进了跨文化教育。随着这些政策方针的实施和推广，跨文化教育已经逐渐成为全球范围内的一种普遍现象，并且其重要性得到了越来越多国家和地区的广泛认可。

从这一系列的措施和实践可以看出，联合国教科文组织一直在积极推广跨文化教育理念，努力实现各种文化之间的交流和理解。通过持续努力，跨文化教育不仅有助于培养具有国际视野和文化包容性的全球公民，还为促进世界各国人民之间的和平共处和相互尊重提供了坚实基础。在当前经济全球化的背景下，跨文化教育的重要性更加凸显，其将继续在促进国际理解、尊重和包容方面发挥不可替代的作用。

二、大学英语文化教学的定义与内涵

第一，英语文化教学在大学层面是至关重要的一环，它不仅是语言学习的深化，更是一种综合性的文化学习和理解。学习英语不仅仅是为了掌握一种交际工具，更关键的是通过这种语言来理解和欣赏与之相关的文化。要想真正精通一门语言，单纯的语法、词汇和发音学习是不够的，学生还必须深入学习与这门语言相关的文化背景和语境。这样，他们才能更加自如和灵活地运用这门语言，更加准确和生动地表达思想和情感。大学英语文化教学的核心，便是帮助学生开阔视野，提高他们的跨文化交际能力，让他们更全面地了解和欣赏不同的文化价值观、思维方式和行为习惯。

第二，英语文化教学是一种对文化多样性的学习和尊重，它能够培养学生的全球视野和跨文化沟通能力。在经济全球化日益加深的今天，对英语文化的理解和欣赏变得尤为重要。这不仅能够帮助学生更加有效地与来自不同文化背景的人沟通和合作，还能够成为他们未来职业发展和国际交往的重要资本。更重要的是，这一教学符合当前社会对于国际化人才的迫切需求，能够帮助学生更好地融入国际社会，更加自信和从容地面对跨文化交际中可能遇到的挑战。

第三，英语文化教学担负着增强文化自信和促进文化传播的重要任务。在全球舞台上，具备良好英语能力的学习者不仅要学习和理解英语文化，更要有能力和责任传播本国文化。例如，中国学习者需要学会如何用英语准确、生动地表达中国文化，让世界更加全面、深入地了解中国。这不仅有助于塑造国家的国际形象，还能加深其他国家对中国的了解和友好感情。同时，通过学习和比较不同文化，学生能够更加明确自己的文化定位，更加自觉地保持对本国文化的忠诚和热爱，成为真正具有国际视野和爱国情怀的国际化人才。

第三节　大学英语文化教学的内容

正如之前提及的，语言是文化的组成部分，所以，在大学英语文化教学中，教授语言文化是必不可少的。除此之外，还包括了一些非语言文化和其他文化元素，这些都是大学英语文化教学中至关重要的部分。接下来本节将从这三个方面探讨大学英语文化教学的具体内容。

一、语言文化

（一）词汇

1.词汇形式

在进行大学英语文化教学时，词汇形式的探讨占据了至关重要的地位。汉语与英语作为两种截然不同的语言体系，各自具备独特的构词特点和规则，这为学习者带来了挑战，也为教学提供了丰富的内容。

（1）从汉语的角度看，它主要属于孤立语言，其词汇多由单一语素构成，例如"好"，而且汉语倾向于通过合成词来创造新的词汇，如"好看"，是由"好"（好的）和"看"（视觉）两个词合成的。在实际应用中，词缀的数量有限，且用法并不固定，导致词缀的应用并不广泛。这与英语中丰富的词缀和派生构词法形成了鲜明对比。英语会通过在词根基础上增加前缀或后缀来派生新词，体现了其曲折语言的特点。比如，动词"use"（使用）通过添加后缀"-r"可以派生出名词"user"（使用者），或者通过添加后缀"-d"形成被动意义的形容词"used"（被使用的）。这种差异性需要在大学英语文化教学中进行深入探讨，以帮助学生更准确地理解和掌握英语词汇的构成和变化。

（2）汉语和英语在名词、动词和形容词的使用和构造上也大相径庭。汉语名词没有数的变化，如"书"可以指一本书或多本书，而在句子中可以作为主语，如"书多"（书籍繁多），动词不是造句的核心部分。而英语则相反，动词是英语句子中的核心，具有丰富的人称、数、时态、语态等变化，例如，动词"run"可以变为"runs"（第三人称单数一般现在时）、"running"（现在分词）、"ran"（过去时）等形式。名词则有可数和不可数之分，如"book"（书）有单数和复数形式（books），而

"information"（信息）则是不可数名词，没有复数形式。这些不同之处需要在教学中详细解读，以确保学生能够准确无误地使用各种词。

（3）汉语形容词作名词的定语必须位于名词前面，大多时候需用连接词，如"的"，而英语形容词可以位于名词的前后，并且无须连接词。例如，"美丽的花园"。但在英语中，形容词直接放在名词前面，如"beautiful garden"，不需要连接词。英语的形容词也可以放在名词后面，尤其在一些固定表达或被动结构中，如"the tasks included are challenging"，这在汉语中则不常见。这使得英语的表达更为灵活多变，但也给学习者带来了一定的困难。因此，大学英语文化教学中需要将这种差异融入教学，引导学生灵活运用，习得正确表达方法。

（4）英语中的介词和动词短语也是大学英语文化教学的重要组成部分。英语拥有大量的介词短语和动词短语，这与汉语中以三字格和四字格为主的固定格式形成鲜明对比。英语的介词短语用来表达位置、时间、方式等关系，非常灵活。例如，"on the table"（在桌子上）、"at 3 o'clock"（在三点钟）、"by car"（乘汽车）。汉语中可能更倾向于使用固定短语，如"桌上""三点钟""坐车"。英语中的动词短语如"take care of"（照顾）、"look forward to"（期待）、"get rid of"（摆脱）等，也很常见，而汉语中，相同的概念可能以更简洁的形式出现，如"照顾""期待""摆脱"。这些介词和动词短语的多样性与复杂性是英语表达的重要特征，教学中应该通过实例和练习加以强调和巩固，使学生能够熟练掌握。

2.词汇意义

在大学英语文化教学中，深入研究和理解词汇意义是至关重要的，因为词汇是承载和传递文化含义的基础单元。词汇意义主要包括语境意义、联想意义和文化意义，而这三者在英汉两种语言中都有着各自独特的表现和实现方式。以下重点介绍语境意义和联想意义。

（1）语境意义。由于汉语主要由单个字组合构成，这使得汉语词义具有显著的语义扩展性。每个字都有其独立的意义，同一个字经常有多重意义,这种独立性使得汉语的语义更加丰富和多变。例如,汉字"通"有以下 9 种含义。

其一,通过,通行。吾与汝毕力平险,指通豫南,达于汉阴,可乎?(《愚公移山》)

其二,通顺。如文理不通。

其三,顺当,没有阻拦。政通人和,百废俱兴。(《岳阳楼记》)

其四,精通,通晓。遂通《五经》,贯六艺。(《张衡传》)

其五,交往。如通商。

其六,通报,传达。不肯与通。(《陈涉世家》)

其七,全部。李氏子蟠,年十七,好古文,六艺经传皆通习之。(《师说》)

其八,沟通。……通其意。(《过秦论》)

其九,量词,遍。著我绣夹裙,事事四五通。

相比之下,英语词汇对语境有极强的依赖性,即同一个词在不同的语境中可能具有不同的意义。这一特点使得英语词汇意义具有高度的灵活性和多样性。例如,英语中"set"这个词具有多种意义,它可以表示"设置""装备""一套"等概念,具体是哪种意义需要根据句子的语境来判定。因此,在教学中,教师需要通过大量实例来揭示英语词汇与其语境之间的紧密联系,帮助学生理解和掌握英语词汇在不同语境中的精确含义。

(2)联想意义。英汉两种语言中的词汇在指称意义上可能存在相似性,但联想意义可能大相径庭,这主要涉及内涵意义、风格意义、情感意义、反映意义和搭配意义。由于文化和语境的不同,即便是指称意义相近的词汇,其联想意义也可能存在巨大差异。例如,"白"在汉语中除了指颜色,还有纯洁、吉祥的含义,如"白头偕老"寓意夫妻长久;而在英语中,"white"可以有多种联想,如"white lie"表示善意的谎言,这在汉语中是没有的。这些差异在很多时候会反映出两种文化在价值观、信仰、习俗等方面的不同。

（二）句法

在大学英语文化教学中，探讨和理解汉语和英语句法结构的差异是至关重要的，因为句法结构直接关系到语言的表达和理解。汉语和英语在句法结构上的差异反映了这两种语言在表达思想和逻辑关系方面的不同方式，这些差异又与两种语言背后的文化和思维方式密切相关。

1.基本结构

汉语句子通常基于语义结构来构建，主要采用话题评论式的结构。这一结构首先提出一个话题，然后对该话题进行评论或解释。在这种结构中，话题是句子的主体，也是说话人想要说明的对象，占据句子的主导地位，并总是出现在句子的开头。话题后面的部分是评论或解释，对话题进行详细的说明和阐述。在汉语中，话题的种类是无限的，几乎任何词、词组或句子都可以作为话题。而且，汉语的话题通常是已知的、明确的，是对话双方共同关注和理解的内容。请看例句："这本书是我昨天刚买的。"在这个例子中，"这本书"是话题，位于句子的开始位置，它是句子的主体，即说话者想要强调和说明的对象。紧随其后的"是我昨天刚买的"是对这个话题的评论或解释，提供了关于话题的具体信息。

英语句子通常是基于语法结构来构建的，主要遵循主—谓—宾（SVO）的三分结构。在这个结构中，主语可能是施事或受事，是句子的语法主体；谓语表达了行为或状态，并且主语需要与谓语在人称和数上保持一致。英语句子的主语种类相对有限，而且为了确保主谓一致，英语遵循了语法一致原则、概念一致原则和相邻一致原则。例如：

The cat（主语）sits（谓语）on the mat（宾语）。

这个句子遵循了主谓一致性原则，即单数主语（the cat）搭配单数形式的谓语动词（sits）。在英语中，谓语动词的形式变化是为了匹配主语的人称和数，这是英语语法的一个关键特点，体现了其表达逻辑关系和思维顺序的明确性和严格性。

2. 主谓倒装

汉语中，由于其独特的句法结构，话题和评论之间并无严格的一致性要求，这导致了汉语在主谓倒装上的局限性。汉语句子的主谓结构一旦发生错位，可能会导致句子的句法关系混乱，因而汉语中的主谓倒装现象较为罕见和受限。此外，由于汉语没有明确的语法标记来指示主语和谓语的一致性，所以，汉语句子的主体位置和结构相对灵活，但同时也存在一定的不确定性。例如："小明昨天去了图书馆。"这个句子遵循了主谓宾结构，其中"小明"是主语，"去了"是谓语，"图书馆"是宾语。如果尝试使用主谓倒装，句子可能会变成"去了图书馆小明昨天。"这样的倒装在汉语中是不自然的，可能会导致混乱，因为它打破了句子原有的逻辑和流畅性。

相对于汉语，英语的句法结构则更为严谨和明确。英语中，主谓一致性是通过谓语动词的语法形式来显现的，这一形式是明确标记主谓一致性关系的关键因素。一旦确定了这一关键因素，主语的位置便能迅速锁定。这一鲜明的句法特点使得英语在一定的语境和结构下能够自由地进行主谓倒装，使得这种倒装结构在英语中变得极为常见。例如，在一些疑问句或某些特定强调句型中，主谓倒装是常见的。比如：

Rarely（副词）have（倒装的助动词）I（主语）seen（谓语）such a beautiful sunset（宾语）。

这种句子结构的多样性反映了英语在表达方式上的灵活性和多变性。

3. 扩展机制

汉语和英语在扩展机制上表现出明显的不同。汉语采用的是逆线性扩展机制，即其扩展方向是从右向左。在这一机制下，汉语句子的句首位置是可以被开放和扩展的，而句尾则呈现出一种收缩和闭合的特性。在汉语中，修饰语通常会被放在被修饰语的前面，展现出一种"头重脚轻"的结构特点。这种特点意味着，汉语句子在组织结构上更加集中和紧凑。请看下面这句话。

"那个穿红衣服的小女孩正在公园里玩耍。"

这个句子中，"那个穿红衣服的"是修饰语，位于被修饰语"小女孩"之前。汉语中经常采用这种结构，即将描述性的信息（如形容词、定语从句等）放在被描述对象的前面。在这个例子中，句子的开头部分（"那个穿红衣服的"）较为复杂，而末尾（"正在公园里玩耍"）则相对简单。这体现了汉语"头重脚轻"的结构特点，即句首复杂、句尾相对简单。

与汉语不同，英语采用的是顺线性扩展机制，其扩展方向是从左到右。在英语的句法结构中，句尾位置是开放的，允许各种词、短语和从句的添加和扩展，而句首则相对固定和收缩。请看以下示例。

The little girl, who is wearing a red dress, is playing in the park.

在这个英语句子中，修饰性的信息（"who is wearing a red dress"）是作为插入语放在句中的，位于主语"the little girl"之后。因此，英语句子往往呈现出"左短右长"的特性，句末的分量相对较重。

这两种截然不同的扩展机制，反映了中西文化在思维逻辑和表达习惯上的差异。这些差异体现了文化对语言形式和内容的深刻影响。在教学内容中，不仅要求学生理解这些语言学的基本概念，还需要学生能够深入探讨这些差异背后的文化和思维方式，以更全面、更深入的方式理解两种语言。

（三）语篇

汉语的语篇组织模式往往呈现出螺旋形的结构。这种结构方式在语篇中以循环往复的模式逐渐展开和深入主题，多层次、多角度地探讨和反复论述主题内容。这种模式倾向于通过细致入微的探讨和多方位的论证，逐步深化读者对主题的理解，使得整个语篇呈现出一种层次分明且深入浅出的特点。以一篇关于中国茶文化的文章为例。文章可能首先介绍茶的历史，然后讲述不同朝代的茶文化，接着探讨茶在现代社会的意义，最后再回到茶的起源和历史，深化读者对茶文化的理解。这种组织方式不是直接前进，而是通过反复的探讨和深入，从多个角度和层次讨论同一主题。文章可能在不断回顾和前瞻中展开，使读者逐渐深入理解茶文化的各个方面。

与此相反，英语的语篇结构通常采用直线型的组织模式。在这种模式下，中心思想通常会在文章的开头清晰地呈现出来，随后的各个部分则围绕中心思想，按照逻辑顺序进行分点阐述。这种直线型的组织模式强调清晰、准确和有条理的表达，使得读者能够快速地抓住作者的中心思想，明确地理解各个论点。以一篇关于全球变暖的英文文章为例。文章可能首先明确提出全球变暖的问题，然后依次阐述其原因、影响和可能的解决方案。每个部分都紧扣中心主题，按照逻辑顺序展开，使得读者能够清楚地跟随作者的思路。文章结构清晰、有序，每个部分都是对中心主题的直接补充和扩展，使得读者能够迅速把握文章的主旨和关键论点。

这两种不同的语篇组织模式反映了东西方在思维逻辑和表达习惯上的差异。理解这些差异将有助于学生更加有效地进行跨文化交流和理解，更加灵活地运用语言进行有效沟通。同时，这也有助于学生更加明确地把握英语写作的技巧和方法，更好地理解和运用各种不同的写作策略和组织模式。

二、非语言文化

非语言文化即指无须语言表达的沟通方式，主要表现为肢体语言。它主要是通过各个身体部位的动作和姿势来传达思维和感情。实际上，在人与人之间的沟通中，绝大部分信息是由肢体语言所传达的。因此，为了确保沟通的流畅性，沟通者需要理解并掌握肢体语言的用法。肢体语言在不同的文化背景下，所承载和传递的意义各不相同。

（一）目光语

目光语是一种重要的非语言交流方式，它通过眼神的接触与避免、眼睛的睁开程度、目光接触的时间长度、视线的定向等手段来传递信息。目光语的运用在交际中至少展现了六个核心功能：显示关注、兴趣或激动程度；影响态度并促成说服；调节人际互动；表达情感；定义权利和身份关系；为印象管理奠定核心角色。

目光语不仅仅是个人行为的体现，还是文化价值、信仰、习俗和社会结构的反映。不同文化对目光语的解读和运用展现了文化背后深层的价值观和信仰体系。正因如此，这种跨文化之间的差异需要在大学英语文化教学中进行深入探讨。学生应该了解到目光语在不同文化中的表达和解读方式，以及不同文化中目光语的含义和使用。这不仅有助于学生更加全面地理解不同文化中的交际习俗，也有助于他们在实际交际中更加得体地运用目光语，避免可能发生的文化冲突。

目光语作为一种文化元素，在不同文化中的运用和理解各有差异。例如，一些文化中，直视对方的眼睛可能被视为侵略性的行为或挑衅；而在其他文化中，直视可能被视为诚实和自信的象征。在一些文化中，如地中海文化中，人们更为擅长并倾向于利用目光来传递信息，他们的目光接触通常要比西欧和北美地区的人多。然而，在北欧、印度、中国、日本、朝鲜、韩国和印度尼西亚等地区和国家，人们的目光接触通常较少，尤其在日本，人们通常认为过多的眼神交流是失礼的，目光接触的时间过长可能会被视为粗鲁和不尊重。

（二）表情语

表情作为一种无声的沟通方式，在人类的社会交流中扮演着至关重要的角色。面部表情不仅是情感和思想的直观反映，还具有传递信息、调解对话、构建社会形象的功能。尽管人类表情在传达基础情感，如快乐、悲伤、恐惧、惊讶、愤怒和厌恶等方面具有普遍性，但在不同文化背景下，表情的使用和理解却各自呈现出独特性。

文化背景会影响个体在特定场合下选择表达何种情感，以及表达情感的程度。例如，有些文化可能会鼓励个体在公共场合表达情感，而其他文化可能会倾向于更为保守和内敛的情感表达。这种文化差异会导致相同表情在不同文化中被赋予不同的意义和价值。因此，学生应该学会理解和识别不同文化中的表情语言，以更好地进行跨文化交流。

大学英语文化教学应深入探讨表情在不同文化中的共性和个性。全球各地的人在经历基本的情感状态时，往往会展现出相似的表情，这表明人类在表情交流上存在着一种通用性。但同时，文化差异也导致了表情在各个文化中呈现出独特的风格和特征，这些差异不仅体现在表情的形式上，还反映在表情的含义、使用场合和表达强度上。

大学英语文化教学还应该强调，尽管表情具有一定的普遍性，但其意义和用途却会受到特定文化环境和社会习俗的影响。因此，理解文化背景对表情的影响是至关重要的。这不仅可以帮助学生更加准确地解读他人的情感和意图，还可以指导他们在与不同文化背景的人交流时，如何更加得体和适切地表达自己的情感。理解和掌握表情语文化不仅有助于丰富跨文化交际的多样性，还有助于培养学生的全球视野和跨文化交际能力。学生应该被鼓励去探索、理解和欣赏不同文化中表情的丰富多样性，以及这些差异背后所反映的文化价值和人类共通性。这将使他们能够更加开放和包容地对待文化差异，更加有效地参与到国际化的沟通和合作中。

（三）手势语

手势语有模仿型、代表型和指挥型三种类型，每一种类型都有其独特的意义和用途。而在各个不同的文化环境中，手势语的使用和理解也有着各自的特色和规范。在大学英语文化教学中，引导学生了解不同文化中手势的频率和强度是非常有必要的。例如，有的文化群体倾向于在交流中频繁并且有力地使用手势，视其为情感的自然表达，而其他一些文化群体可能更加内敛、保守，较少使用或者使用较为轻微的手势。这种差异不仅揭示了各个文化在沟通风格上的多样性，还反映了不同文化对于情感表达和自我展示的独特价值观和期望。

大学英语文化教学还应该强调，不同环境和社会条件也会影响手势语的使用。例如，气候、习俗甚至社会的教育制度都会影响人们使用手势的习惯。这种对手势语文化的全面理解，有助于学生构建更加宽广和全面的文化视野，增强他们的跨文化沟通能力和文化适应能力。为了真正掌握手势语文化，教师应引导学生学习和反思各种不同的手势及其在特定文化背景下的意义和用途。他们需要学会如何在多元文化环境中正确、恰当地使用手势，避免可能出现的文化冲突和误解，从而更加自信和有效地参与跨文化交流。这不仅能够促进文化的理解和尊重，还能够拓宽学生的国际化视野，为他们未来在国际化环境中的学术、职业和社会生活奠定坚实基础。

（四）姿势语

姿势语文化是大学英语文化教学的重要组成部分，深入研究不同文化中的姿势语能够帮助学生更好地理解跨文化沟通中的细微差异和不同手势语深层次含义。各国和地区由于历史、地理、社会结构以及价值观等因素的不同，对于姿势语有着不同的认知和规范，这在一定程度上塑造了各个文化的独特性。

1.站姿和坐姿

不同文化对于坐和站的姿势有着明显的差异和要求。例如，在一些文化中，人们在坐和站时，都需要保持正式和端庄，体现出一种尊重和礼貌；而在其他一些文化中，人们在这些方面可能更为随意和放松，强调自在和友好。这种对于姿势语的不同认知和期望，反映出了各个文化在价值取向、社会期望以及人际交往等方面的不同。

2.走路的姿势

不同文化对于走路的姿势也有不同的规范和偏好。一些文化可能更加倾向于小步慢走，显示出一种柔和和稳重；而另一些文化可能更加推崇大步快走，展现出一种自信和活力。这种在行走姿势上的差异，不仅仅是个人习惯的体现，更是文化特性和社会价值的反映。

三、其他文化

（一）观念文化

1. 世界观

（1）中国文化世界观。中国文化的世界观深植于儒家、道家和佛家等传统思想。中国传统世界观强调"天人合一"的思想，即人与自然应和谐共处。中国哲学中的"中庸之道"提倡在对立面之间寻求平衡和谐，这反映了中国文化中对平衡和整体性的重视。在国际关系上，中国传统倡导"和为贵"，即在国与国之间应寻求和平共处和相互尊重。近代以来，随着经济全球化的推进，中国文化也在吸收和融合西方的世界观，如更加重视科技创新和实用主义，同时维护自己的文化特色和价值观。

（2）西方文化世界观。西方文化的世界观深受启蒙时期理念的影响，其核心是开放性、多元性和实用性。西方社会倾向于将世界看作一个充满多样性和变化的舞台，强调不同文化、信仰和价值观的共存。在西方文化中，理性和逻辑思维被视为理解和解释世界的主要工具。这种世界观鼓励个体探索未知，追求创新，促进了科学、技术和艺术的飞速发展。在国际关系方面，西方国家通常主张通过外交、合作和对话来处理国际冲突和促进全球治理，这体现了他们对多样性和复杂性的尊重。

2. 人生观

（1）中国文化人生观。中国文化的人生观更加重视集体利益、家庭责任和社会和谐。在传统中国文化中，个人的价值和成功常常与其对家庭和社会的贡献相联系。这种观念深受儒家思想的影响，儒家思想教导人们要忠于家庭、尊敬长辈，并积极为社会的和谐与稳定做出贡献。因此，个人的职业选择和生活决策常常需要考虑对家庭和社会的影响。与西方文化的个人主义不同，中国文化更强调个体与社会的联系和责任，认为个人的幸福和成就不仅仅来自个人的努力，还来自他们与家庭成员和社会其他成员的和谐关系。在现代化和国际化的背景下，中国文化的人生观也在发生变化，越来越多的中国人开始追求个人的梦想和自我实现，同时努力保持传统价值观中对家庭和社会责任的尊重。

（2）西方文化人生观。在西方文化中，人生观往往与个人主义和自我实现紧密相连。这种观念认为个人的成功和价值主要取决于他们的个人努力、成就和自我实现。这导致了西方社会对创新、个性表达和个人成长的高度重视。个人的激情和梦想被视为决定职业选择和生活方式的关键因素，人们被鼓励去追求自己的兴趣和梦想。此外，这种人生观也强调了个人责任和道德的重要性，认为个人应为自己的行为和选择承担责任。在这样的文化背景下，个人幸福、心理健康和情感满足常常被视为比物质财富更重要的目标。西方社会还强调终身学习和不断自我提升，认为个人应不断探索、学习和成长，以达到自我实现的最高境界。

3. 价值观

（1）中国文化价值观。中国文化的价值观更加注重集体主义、和谐与社会秩序。在传统中国文化中，家庭和社会的和谐被视为个人行为的指导原则。儒家思想强调"仁爱"和"礼"的重要性，倡导个人应将家庭和社会的利益放在自己的利益之上。这种价值观影响了中国的社会结构和政治体系，如重视家族纽带、尊重长辈和领导者的权威。然而，在现代化进程中，中国社会也在逐步引入和融合西方的价值观念，如更加重视个人权利和自由，同时努力在传统和现代、集体与个人之间寻求平衡。

（2）西方文化价值观。在价值观方面，西方文化特别强调个人主义、自由、平等和人权。这些价值观深深植根于西方的历史传统和社会结构中，如古希腊的民主思想、启蒙时期的理性主义，以及近代的自由主义和民主制度。在西方社会，个人权利和自由被视为至高无上的原则，这影响了他们的法律体系、政府治理和社会政策。例如，言论自由、选举权和公平的司法系统是西方文化中不可或缺的部分。此外，西方社会还倡导平等主义和社会正义，力求在性别、种族和社会阶层之间实现公平和平等。

（二）风俗文化

在大学英语教学中，风俗文化的研究占据着重要的位置。风俗文化一词包括一个国家或地区的传统习俗、节日庆祝、日常礼仪、饮食习惯等各个方面，它是一个民族文化特色和生活方式的集中体现。例如，传统习俗与节日庆祝，常常是一个国家文化和历史传承的重要表现，如英国的圣诞节、美国的感恩节，这些传统节日与庆祝活动均蕴藏着丰富的历史文化内涵与民族精神。学习和理解这些风俗，能帮助学生更加深入地理解目标语言国家的文化底蕴和社会价值观念。例如，通过研究英国人对圣诞节的庆祝方式与相关风俗，学生可以领略到英国文化中重视家庭、友爱与和平的价值观。同样，学生也能通过美国的感恩节，理解到感恩与分享在美国文化中的重要地位。这样的学习，不仅仅是对文化知识的了解，更是一种文化意识与跨文化交际能力的培养。

在大学英语教学中，将中国的风俗文化融入课程同样具有重要意义。中国的风俗文化是其悠久历史和深厚文化传统的直观展现，涵盖了中国传统节日、日常礼仪、饮食习惯等多个方面。例如，中国传统节日，如春节、中秋节、端午节等，不仅是家庭团聚和庆祝的时刻，更是中国文化和历史传承的重要载体。春节的庆祝活动，如贴春联、放鞭炮、拜年、吃团圆饭等，不仅体现了中国人对家庭和睦与团圆的重视，也蕴含了对新一年好运和幸福的祈愿。中秋节的赏月和吃月饼，则反映了中国人对团聚渴望和思念家人的深厚情感。

日常礼仪与饮食习惯也是风俗文化教学中的重要组成部分。它们在日常生活中无处不在，且与人们的行为和价值观紧密相关。例如，英语国家中，握手是一种常见的问候礼仪，而餐桌礼仪更是英语国家文化中礼仪规范的一部分。中国的日常礼仪，如茶道、尊老敬贤、礼貌待人等，也是风俗文化教学的重要组成部分，反映了中国社会的价值观念和行为规范。在这方面的学习中，学生能更直观地看到文化差异所带来的影响，并学会不同文化背景下的行为规范与交流方式。饮食文化作为风俗文化的一部分，蕴含着深厚的文化传统和民族特色，如中国的八大菜系、英国的下午茶、美国的快餐文化等，都反映了各自国家的生活节奏、价值取向与人际关系的特色。通过深入研究和理解这些日常风俗和饮食文化，学生不仅能更加全面地掌握中国与英语国家的生活习惯与人文特色，同时也能更好地适应并参与到跨文化交流中来，培养出真正具备国际视野和跨文化交际能力的全球公民。

（三）物质文化

在大学英语教学中，物质文化也是一个不可或缺的重要内容，它主要涵盖了一个国家或地区的艺术、建筑、科技、传统工艺等多个方面。这些方面是一个国家文化和历史传承的重要组成部分，并且反映了一个国家或地区的发展水平和人们的生活方式。例如，英语国家的建筑艺术不仅展现了各自国家的审美观念和艺术成就，也体现了各自国家的历史变迁和文化底蕴。通过学习英语国家的建筑艺术，学生可以更加深入地理解这些国家的文化特色和历史背景，如古希腊罗马的柱式建筑，反映了古希腊罗马文明的审美标准和建筑技艺。科技方面的学习，可以帮助学生了解英语国家在科学研究和技术发展方面的成就和优势，这对于学生了解这些国家的发展水平和科学研究具有重要意义。另外，物质文化教学中还包括了对英语国家传统工艺的研究。传统工艺是一个国家文化的独特表现，它通过人们的手工艺活动，展现了一种独特的文化美学和工艺技术。例如，英国的陶瓷工艺和地毯织造技术都是英国物质文化的重要代表，它们以其独特的设计和精湛的工艺，展现了英国人的艺术追求和生活情趣。在这一环节中，学生可以更直观地感受到英语国家的文化魅力和艺术价值。

在物质文化的学习中，中国的艺术、建筑、科技和传统工艺同样具有丰富的内容和深远的意义。中国物质文化的独特性体现在其悠久的历史和独特的文化传统中，如中国古代建筑的飞檐翘角、园林设计的精巧，以及城市和皇宫的宏伟布局都是中国建筑艺术的重要组成部分。这些建筑不仅展示了中国古代的建筑技术和审美理念，也反映了中国古代社会的制度和文化价值观。例如，北京的故宫和苏州的古典园林，都是中国传统建筑艺术的杰出代表。

科技方面，中国古代的四大发明（造纸术、指南针、火药、印刷术）对世界文明的进步产生了深远影响。这些发明不仅展现了中国古代科技的发展高度，也是中国对全人类文化和科技进步的重要贡献。在传统工艺方面，中国的丝绸、瓷器、茶艺、书法和绘画等都是中国物质文化的重要组成部分。中国瓷器以其精美的造型、绚丽的色彩和卓越的工艺闻名于世，如景德镇的瓷器就被誉为"国宝"。书法和绘画不仅是艺术表现形式，更是中国文化哲学和审美观念的体现。学习中国的物质文化，不仅是为了让学生更好地欣赏和理解中国文化的美学价值和艺术成就，更是为了让他们掌握如何用英语表达此类文化的方法和技巧。

第四节　大学英语文化教学的模式

大学英语文化教学模式有几种主要的形式，这些模式的设计目标都是为了帮助学生更全面、更深入地理解英语文化，从而更有效地提高英语学习效果和跨文化交际能力。

一、建构主义教学模式

（一）建构主义教学模式的内涵

建构主义教学模式倡导以学生为中心，建构主义模式理论视学习为一个积极、主动的过程，学生通过与环境的互动来建构知识。该教学模式的中心思想是，学生不是空白的画布，等待知识的涂写，而是积极地、主动地参与知识的建构和理解。学生在学习过程中，需要反思、分析和解释新信息，将其与已有的知识和经验结合，以构建新的、更完善的知识结构。在这个模式中，学习环境至关重要，它为学生提供了丰富的资源和多种情境，允许学生通过实际操作和实践来探索和学习。学生被鼓励在真实世界的情境中进行学习，这种情境学习有助于学生更好地理解和应用知识。因此，教学过程不再是单纯的知识传授，而是以学生的学习经验为基础，通过对话、反思和实践来实现知识的深入理解和长久记忆。

另外，这一模式强调协作与会话的重要性。通过与他人合作，学生能够分享、交流和讨论各种观点，对自己的思维进行批判性的反思，并通过这一过程来深化和拓宽对知识的理解。这种教学模式鼓励学生开展有意义的对话，探讨不同的观点和理念，通过这种互动来发展他们的批判性思维和问题解决能力。

建构主义教学模式强调学生的主体性和主动性，但其基础是教师与学生之间的相互尊重和理解。教师在这一模式中，是学生学习的引导者、组织者和助手，而不仅仅是知识的传递者。教师可以创建一个富有挑战性和支持性的学习环境，鼓励学生进行探究、实践和反思，帮助他们建构自己的知识并理解。

（二）建构主义教学模式的构建

大学英语文化教学融合了理论探讨与实际应用，这门课程鼓励学生积极投身于实践活动中，这一教学理念与建构主义的核心观点高度一致。因此，在英语文化的教学过程中，教师应当以建构主义为理论支柱，构建轻松和愉快的学习氛围，采用与学生的实际学习需求相适应的教学策略，目的是激发学生的学习积极性，推动他们的个人成长与发展。在实施建构主义教学模式以塑造英语文化教学的结构时，主要运用了三种策略：直观呈现、案例研究和比较分析。这些方法均在不变更原有意义的基础上，为学生提供多样化的学习途径与视角，这样可以更好地引导学生进行深入的学习和探索。

1.直观呈现

直观呈现策略是建构主义教学模式中的一种重要方法，此策略凸显了建构主义教学有目的性和建构性的特点。通过运用现代化和直观的教学手段，如视频、PPT 和图片等多媒体，教师能够营造丰富多彩的教学活动。此策略通过引入学生的多感官体验，协助他们更为深刻地掌握和理解教学内容，并深化对学习内容的印象。

在大学英语教学的课堂中，此策略可以激发学生的思考和讨论。例如，可以通过提出具体的问题，如"人们是否能够通过观察个体的非言语行为来发现某些真相？"这种基于问题的学习方式是建构主义强烈推崇的，因为它能够激励学生积极地思考和锻炼思维能力。接下来，教师可以展示具有故事性的视频片段，这样的内容通常会吸引学生的注意力，激起他们对非言语交际的浓厚兴趣。例如，可以播放一些描绘角色如何通过观察对方的非言语行为来推测信息的视频。随后，教师可以运用多媒体资源，展示各种手势和姿势的图片，引导学生大胆推测在不同文化背景下这些非言语行为的可能含义。通过生动的语言、动作和表情，教师可以更为形象地呈现不同文化中的非言语行为，使学生对这些行为背后的文化内涵有更深入的理解。

2. 案例研究

案例研究策略是一种将建构主义的实用性和建构性巧妙结合的教学方法。建构主义教学模式强调的"情境""协作"和"会话"在学习中起到至关重要的作用，它们共同促使学生在一定的情境下，运用各种学习资源，进行积极、主动的学习。

其中，"情境"的创建是教学的重要环节。通过分析和探讨实际案例，教师为学生提供了学习活动的实际背景和前提，为学生的积极学习打下坚实基础。例如，在探讨不同文化下的年龄观念时，教师可以利用特定的案例来激发学生对不同文化中年龄观念的思考。教师可以展示相关纪录片的片段，其中的情景可能包括询问年长者年龄的不同表达方式，以引导学生深入思考文化差异。通过对这种特定情景的分析，学生可以更加深刻地理解不同文化之间的差异，并学会尊重。

案例研究策略不仅促使学生学习相关概念和原理，更加强了他们独立思考、分析和解决问题的能力。在这个过程中，学生将自己的经历和经验作为学习的基础，对新的信息进行意义的构建，并且整合新旧知识。这种整合有助于学生更好地理解和掌握新知识。与此同时，教师可以将案例研究策略与其他教学策略结合，如小组讨论或者角色扮演，以更全面地展示不同文化之间的差异。这样的方法有助于学生在互动中构建和发展他们的知识结构，激发他们对学习的热情，从而在实践中获得深厚的学术收获。

3. 比较分析

比较分析策略在建构主义教学中具有至关重要的作用，它能够体现该教学理论的目的性、真实性与建构性。通过比较分析中英文化及语言之间的差异，学生能更为深入地理解并吸收新的知识，进而构建更加全面且精确的知识体系。此策略透过对比和反思，使学生意识到不同文化间存在的多样性，并学会在多元文化中进行有效沟通。例如，在探讨饮食文化差异时，教师可以引入中餐与西餐的餐桌礼仪进行比较分析。中餐文化中，共享式的用餐方式及重视和谐与平衡的饮食方式，在与西餐一人一份、重视主食与配菜搭配的饮食方式相对比时，表现出深刻的文化差异。学生可以通过这些具体例子，来观察、分析并体会到中西文化在饮食观念、餐桌礼仪及食物准备等方面的不同。

又如，通过对"时间观"的比较分析，学生能够感受到中西文化中对时间的不同认知和价值观。例如，西方文化中，人们通常更加重视时间的效率和宝贵，遵循"时间就是金钱"的理念，而在中国文化中，时间被视为一种可以流动和周期性重现的自然现象，人们往往更加注重人际关系的和谐与平衡。通过这些比较，学生不仅能更好地理解中西文化在时间观上的差异，还可以基于这些理解，进行更为深入的文化反思和价值判断。

同时，比较分析策略也促使学生联结新旧知识，通过自我反思与实践来进行深层次的学习。教师应引导学生从自己的文化背景出发，运用已有知识，以开放的心态来理解和接受不同文化之间的差异与多样性。

通过反复对比和实际案例分析，学生能够更好地理解和吸收新知识，并在此过程中不断完善和丰富自己的知识体系。

二、翻转课堂教学模式

（一）翻转课堂教学模式的内涵

在互联网技术盛行的今天，翻转课堂的教学方式得到了迅猛的发展。翻转课堂是一种创新的教学模式，其中，教师主要通过教学视频等多媒体资源来向学生传授知识，学生则需在正式上课前预习这些知识，完成初步学习。而在课堂上，学生会与教师一同深入探讨预习中遇到的问题，并进行互动与合作学习。

此教学模式充分体现了信息化教学环境下的自主学习原则，与当前大学英语教学中倡导的自主学习模式相得益彰。翻转课堂强调学生的主动性和参与性，使得学生有更多的时间和机会在教师的指导下对学到的知识进行深度探讨和实践应用。这不仅有助于激发学生的学习兴趣和提高学习效率，还能培养学生独立思考和问题解决能力。

通过这种教学模式，学生可以在课前通过网络平台自主获取学习资源，形成初步的知识体系；而在课堂上，教师则更多地扮演着引导者和协助者的角色，帮助学生巩固知识、解决疑惑。这种模式有效地整合了在线学习和面对面交流的优势，使得教学更加灵活和多元。翻转课堂所体现的自主、互动与合作的学习原则为英语教学带来了新的视角和思考，这也为英语教学模式的革新提供了新的方向和可能性。在这样的教学环境中，学生能更加积极地参与到学习过程中，而教师也能更加精准地满足学生的学习需求，共同推动英语教学的质量和效果达到新的高度。

（二）翻转课堂教学模式的构建

1.优化课堂资源分配

在大学英语文化教学中，通过优化课堂资源分配来构建翻转课堂，是提升教学效果的关键一环。教师应以学生为中心，调整课程内容和教学策略，确保学生能在翻转课堂模式下更有效地学习。例如，教师可以通过网络平台提供丰富多样的学习资源，如教学视频、在线讨论区和互动测验，帮助学生在课前自主学习和掌握基础知识。以文化元素为中心，教师需要提供多样化的文化素材，如视频、文章和图片，来展现不同文化背景下的英语使用。例如，教师可以提供一些描述英美等国家日常生活、风俗习惯和历史文化的素材，帮助学生更加直观全面地理解英语文化。同时，教师应重点策划和设计课堂活动，确保课堂时间用于深入探讨、实践应用和解决学生疑惑。此外，教师应定期收集和分析学生的学习数据和反馈，以便不断优化资源分配，更好地满足学生的学习需求。

2.搭建开放性学习平台

开放性学习平台的建设是大学英语文化教学中翻转课堂教学模式的重要组成部分。开放性学习平台应集合各种学习资源、工具和服务，以支持学生的自主学习和合作学习。这种平台可以包含多媒体学习材料、在线测试、讨论论坛和项目协作工具，使学生可以按照自己的学习节奏和需求进行学习，同时也能与同学和教师进行有效的交流和合作。例如，平台上可以设计一些包含关于英语国家的文化、社会、历史的多媒体教学内容，让学生能在多元化的学习环境中，自主探究英语文化的丰富内涵。通过平台，学生可以参与到讨论英国皇家文化、美国多元文化等具体文化主题的讨论中，与其他学生和教师进行交流，加深对英语文化的理解。通过持续地更新和完善学习资源，开放性学习平台能够为学生提供个性化和多元化的学习体验，从而激发学生的学习兴趣和学习动机。

3.展示自主学习成果

为了更好地展示学生的自主学习成果，教师可在大学英语文化教学中设计多样化的展示活动。例如，学生可以通过报告、演讲、项目展示等方式，将他们在翻转课堂中学到的知识进行整合和呈现。这不仅能够让学生有机会展示和分享他们的学习成果，还可以通过他人的反馈和评价,促使学生反思和改进自己的学习过程和学习策略。例如,学生可以组织一次关于英语国家节日的主题展示,通过幻灯片、海报等方式,向同学介绍英语国家的传统节日和庆祝方式,如圣诞节、感恩节等,从而深入探讨这些节日背后所蕴含的文化价值和社会意义。此外,多样化的展示方式还可以帮助教师更全面、更深入地了解学生的学习情况,从而更精准地指导学生学习,提高教学质量。

4.优化课程评价方式

优化课程评价方式是实施翻转课堂教学模式的重要环节。在翻转课堂模式中,评价不应仅仅集中于课堂考试和期末考试,而应更多地关注学生的学习过程、参与度和学习成果。可以采用形成性评价和综合性评价相结合的方式,例如,学生可以通过分析英语国家的文化符号、文化传统等来展示他们对英语文化的理解程度。同时,也可以通过实际操作,比如组织英语文化主题活动,来评估学生将文化知识应用于实践中的能力。这种多元化的评价方式能更真实、更全面地反映学生的学习情况,促使学生更加主动、更加深入地参与学习,从而更好地实现学习目标。同时,教师也可以根据评价结果及时调整教学策略和教学内容,以更好地支持学生的学习。

三、"交际—结构"模式

在当前大学英语文化教学中,"交际—结构"模式逐渐成为一种主流教学模式,其特色在于强调语言学习中语言结构的学习以及交际能力的培养。

1.语言结构的学习

在"交际—结构"模式中,结构学习扮演着至关重要的角色。这一学习方法不仅将语言技巧视为核心目标,还强调将语言结构作为教学的重点内容。这一方法的中心思想是,通过深入理解和掌握语言的内在结构,来优化语言文化的学习和应用过程。语言是一种高度系统化的表达方式,通过对这一系统的有效利用,可以发现并应用教学和学习中的规律,以更加科学、系统的方式进行语言文化的学习。

2.交际能力的培养

在"交际—结构"模式中,交际能力的培养被置于核心地位。交际能力并不仅仅指的是语言表达能力,更包含了听、说、读、写全方位的语言运用能力,以及理解和生成语言的能力。为了实现交际能力的培养,设计与现实生活密切相关的教学活动变得尤为重要,如可以将商务谈判、日常社交等多种场景融入教学中,这样学生便有机会在多样化的或真实或模拟的环境中应用英语。实际生活中丰富多彩的场景可以让学生更加直观地感受到语言的活力和实用性,更好地理解和掌握语境中语言的具体含义和适当用法。

为了让学生更加深入地理解和学习,教师可以借助各种教学资源,如多媒体、网络等,来模拟真实的交际环境,让学生在这些模拟的实际场景中练习和运用英语。这种基于真实场景的语言实践可以使学生更加直观地理解语境,更准确地把握语言要点,从而更加自信地与他人进行英语交流。通过不断地实际练习,学生的交际能力会逐渐加强,他们会更加熟练和灵活地运用英语进行有效沟通。而且,学生在多样化的交际场景中会遇到各种不同的人和事,会遇到各种各样的问题和看法,这些都会促使学生不断地思考和反思,激发他们的创新思维和批判性思维。这不仅有助于提高他们解决问题和应对挑战的能力,也有助于培养他们的人际交往能力和团队协作能力。同时,这也有助于学生更加全面地了解多元文化,更加宽容和包容地看待不同文化背景的人。

四、"4+2+1"文化教学模式

在当前的教育背景下,大学英语文化教学的创新模式之一,即"4+2+1"模式,呈现出对传统教学方法的补充和扩展特点。这一模式的核心在于其多元化和互动性,旨在通过综合的教学策略,提高学生的文化意识和英语能力。

"4"代表的是一个有序的四步教学模式,这个过程包括对文化现象的介绍、文化内涵的深入探讨、文化差异的比较分析,以及文化理解的应用实践。例如，教师可以首先介绍英美国家的基本国情和常见文化现象，进而引发学生对文化现象背后所蕴含的文化内涵的讨论，接着通过比较分析英美和中国在节日庆祝、饮食习惯等方面的不同，引导学生深入思考文化差异产生的原因。最后，通过角色扮演、情景模拟等实践活动，让学生在实际语境中应用所学文化知识，以增强其文化适应能力和跨文化交际技能。

"2"指的是课内外教学的双轨并行。课内教学侧重于系统性的文化知识传授和语言技能训练，而课外教学则更多地利用学校的多元文化资源，如国际文化节、英语角等，为学生提供真实、自然的语言使用环境。例如，学校可以定期举办英语演讲比赛、英语戏剧表演等活动，让学生在实际应用中学习和体验不同文化。这种模式不仅丰富了学生的学习体验，还提高了学生的学习动力和参与感。

"1"则强调将网络多媒体技术融入文化教学。现代信息技术尤其是互联网和多媒体资源，为文化教学提供了丰富的教学内容和灵活的教学形式。通过在线课程、互动论坛、虚拟现实等技术，学生可以在互动和沉浸式的学习环境中更深入地理解和体验不同的文化。例如，利用虚拟现实技术模拟不同国家的文化场景，让学生在虚拟环境中体验外国节日的庆祝方式，还可以通过在线交流平台与外国学生进行文化交流和语言实践，这些都大大提高了学生的学习兴趣和文化理解能力。

第三章 "文化自信"视域下大学英语文化教学的转向

第一节 "文化自信"视域下大学英语文化教学的改革要求

在"文化自信"视域下，大学英语文化教学的改革变得尤为重要。教学改革不仅涉及对教学目标、内容、方法等各个方面的综合性改革，而且需要更加注重文化元素的融入与传承，为学生提供更加丰富和多元的学习资源和环境。

一、大学英语文化教学目标的改革要求

（一）树立学生的文化自信心

在教学目标的设定上，树立学生的文化自信心应作为核心。这意味着，教学目标应更加强调学生对本国文化的深入理解和价值认同。学生应该学会欣赏和尊重本国的文化遗产，并能够自信地表达和推广本国的文化价值观、信仰和传统。此外，教学目标应该包括培养学生的批判性思维能力，使他们能够理性地评价不同文化的优劣，进而加深对本国文化的理解并增强文化自信。

（二）培养学生的文化传播能力

关于文化传播能力的培养，教学目标的改革要求强调，学生应具备通过各种方式和手段传播本国文化的能力。这不仅包括使用英语语言来表达和交流，更重要的是，能够在国际舞台上展示本国文化，展现本国文化的独特性和多样性。此外，教学目标旨在培养学生的文化包容性和开放性，使他们在传播本国文化的同时，能够欣赏和接受其他文化的美好。

（三）增强学生的跨文化交际能力

在增强学生的跨文化交际能力方面，教学目标应明确指向学生在多元文化背景下的沟通和交流能力。这包括学生能够理解和适应不同文化背景下的交际规范和行为模式，能够在跨文化交际中准确、有效地传递信息和情感。教学目标应促使学生发展出高度的文化敏感性和文化适应性，能够在多文化环境中展现出良好的沟通和协作能力。

二、大学英语文化教学内容的改革要求

"文化自信"视域下的大学英语文化教学内容需要进行一系列改革，以实现新的教学目标。下面介绍四种大学英语文化教学内容方面的改革要求。

（一）增加本土文化的教学内容

在"文化自信"视域下，教学内容应强调加深对本土文化的理解和认同。这需要在教学内容中融入丰富的本国历史、文化、艺术、传统以及价值观，从而使学生能够更好地理解和欣赏本国的文化。例如，可以将中国古代文学、哲学、艺术、音乐、戏剧等纳入教学大纲，使学生能够深入学习和体验中华文明的博大精深。这一方面有助于培养学生的文化自信和自豪感，另一方面有助于培养他们的文化传播能力，使他们成为本土文化的传播者和推广者。

（二）增加培养全球视野和国际化素养的教学内容

虽然强化本土文化的教学内容至关重要，但同样需要培养学生的全球视野和国际化素养。教学内容应涵盖各种国际话题和全球问题，使学生能够从全球角度思考，培养其国际视野和跨文化理解能力。通过研究不同国家和地区的文化、社会、经济、政治和环境问题，学生可以更加全面地理解全球多元文化的复杂性和多样性。例如，教学内容可以包括全球气候变化、国际贸易、人权、多元文化主义等议题，帮助学生建立全球化和多元化的思维模式。

（三）增加强调跨文化沟通和理解的教学内容

在教学内容中，应加强跨文化沟通和理解的培养。通过学习不同文化的沟通方式、价值观、行为习惯和社会规范，学生可以更加有效地参与跨文化交际，更好地理解和尊重文化差异。教学内容可以包括各国文化的比较研究，通过实例和案例分析深入探讨文化差异和相互影响，帮助学生建立文化敏感性和文化适应性。这不仅能增强学生的跨文化交际能力，还可以促进他们成为具有包容性和多元性的人才。

（四）增加促进文化平等对话的教学内容

"文化自信"视域下的大学英语文化教学内容还应旨在实现文化的平等对话。这要求教学内容不仅仅是西方中心主义的，而是要包含多元文化，推广文化多样性和平等性。例如，可以讨论各国的文化传统和价值观，强调文化相对主义和尊重文化差异的重要性，以及如何在尊重差异的基础上进行文化的交流和对话。这有助于学生更加开放和包容，能够平等地对待、尊重和理解不同文化，实现真正的文化对话和交流。

三、大学英语文化教学模式的改革要求

"文化自信"视域下大学英语文化教学模式的改革需综合考虑教学内容、方法、目标以及学生的需要。下面从四个方面探讨这一主题。

(一)开展交互式学习与实践

1.开展理论与实践相结合的交互式学习

在"文化自信"的视域下，交互性和实践性已成为教学模式改革的核心。为了塑造学生全面而均衡的文化认知和理解，大学英语文化教学需创设更为开放、包容的学习环境。学生在这种环境中应被激励积极参与、主动探索。通过各种讨论和活动，他们可以自由地表达对不同背景文化的看法和理解，与他人分享文化见解和经验。这一改革方向使得课堂不再局限于传统的教学模式，而是成为一个文化交融、碰撞的平台，学生可以在这个平台上亲身参与，直接实践，从而获得更真实、更直接的学习体验。

具体而言，教学活动可以涵盖更多元化的形式，如案例研究、小组讨论、文化项目和国际交流等，这些活动可以帮助学生更加深入地将理论知识与实际经验相结合。这种实际体验对于加深学生对文化差异和文化交流的理解是至关重要的。通过实际体验，学生能更直观地感受到文化的多样性和复杂性，更好地理解不同文化的特点和价值观。例如，组织文化沙龙和国际论坛，可以为学生提供一个与来自不同文化背景的人直接交流的机会，让他们可以在交流中感受和理解文化的差异和共性。

2.搭建多样化的实践平台

进一步而言，教学模式还应通过开展多样化的文化实践活动，如跨文化工作坊，来开发学生的文化实际应用能力。这样的活动能使学生更加直观、更加深入地理解和感知文化的内涵和外延，体验文化的多样性与丰富性，同时，也使他们有机会对所学知识进行实际运用，加深对文化知识的掌握。同时，这种多样化的实践平台也有助于培养学生的创新

意识和实践能力，推动他们在实际活动中发现问题、分析问题和解决问题，进一步提高他们的文化素养和跨文化交际能力。

更重要的是，这些实践平台不仅仅是学术性的展示，更是文化交流和文化认知的现场。在这些平台上，学生可以更加直观、更加全面地了解不同文化的深度和广度，更加客观、更加理性地看待文化差异，从而培养出更加开阔的国际视野和更加包容的文化心态。这样，学生在增强文化自信的同时，也将更加尊重和欣赏其他文化，为未来成为具有国际竞争力和全球化视野的人才奠定坚实基础。

（二）施行跨学科整合

1.跨学科整合的重要性

跨学科整合无疑是"文化自信"视域下教学模式改革的核心方向之一，它强调了在英语教学中融入其他学科知识的重要性，如历史、社会学、人类学和国际关系方面的知识等。这一整合不仅拓宽了学生的学习视野，提供了多元化、全面性的文化学习内容，还使学生有机会在多个层面、多个维度上去理解、探究文化现象。这样的多维度融合有助于学生更全面、更深刻地把握文化的多样性和复杂性。通过跨学科的学习，学生能够从不同角度出发，更全面地理解和评价不同文化，从而形成更为全面、更为客观的文化观念。例如，将中国历史文化融入英语教学，不仅能够帮助学生更好地掌握英语，还能使他们更好地理解和欣赏中华文化的深度和广度。这种融合有助于学生在学习语言的同时，深入探索和理解文化内涵和外延，对中华优秀传统文化有更深的体悟和认同，进一步增强文化自信和文化自豪。

2.跨学科整合的实践策略

在实际操作中，跨学科整合应该着眼于实际效果，灵活运用各类资源和教学策略。比如，教师可以设计一些集语言学习和文化探讨于一体的教学活动，引导学生在学习英语的同时，去探讨和思考相关的历史、社会学、人类学和国际关系等方面的问题。通过深入讨论和实践探究，学生可以更加清晰、全面地了解文化的多样性和复杂性，从而更好地把握文化与语言之间的紧密联系。此外，通过实例分析、案例研究、主题讨论等多样化的教学方法，教师可以帮助学生构建跨学科知识体系，激发学生的学习兴趣和探究欲望，从而更好地将各学科知识融会贯通，形成系统而全面的文化知识体系。这种跨学科的教学模式能够更好地培养学生的创新思维和独立思考能力，为他们未来在国际化背景下更好地进行文化交流和文化理解打下坚实基础。

（三）文化因素互动模式

文化因素互动模式不仅重点强调了文化学习在语言学习中的核心地位，而且强调了中西文化交融的重要性，目标是培养学生具有国际视野和跨文化沟通能力，同时也维护和传承本土文化，符合大学英语文化教学改革的目标。

文化因素互动模式的引入能有效应对目前英语教学中过度偏向西方文化的问题。在当前的大学英语文化教学中，基本上所有的教学内容都与英语文化相关，这导致许多学生在学习英语的过程中缺乏对中国传统文化的了解和认识。这种文化教学的不平衡性不仅限制了学生对文化多样性的认知，还可能导致学生对本土文化价值的忽视。因此，在当前的大学英语文化教学中融入本土文化，进行文化因素的双向互动，是保持文化多样性和实现文化传承的重要手段。

文化因素互动模式能提升大学英语文化教学的系统性，使大学英语文化教学不局限于零散和表面的文化元素的传授。这一模式提倡全面深入地探讨文化的精髓和底蕴，使学生能够更全面、深刻地理解中西方文化的差异和共通之处，更加客观公正地评价不同文化。这一全方位的文化学习有助于培养学生的文化包容性和跨文化交际能力，使他们在国际舞台上更加自信、从容。

文化因素互动模式还能激发学生的文化学习兴趣和积极性。通过平等对话和交流，学生不仅可以更加客观地理解西方文化，也能更加自豪地展示和传播中国文化。这种双向的文化交流和学习有助于提高学生的文化自觉和文化自信，推动他们在保持本土文化特色的同时，更好地融入国际多元文化环境，实现文化和语言的双向增益。

（四）技术整合与远程学习

1. 现代教育技术的利用

现代教育技术和远程学习平台，为大学英语文化教学提供了更为广阔的空间和无限的可能性。在线教育平台、多媒体资源和社交媒体等不仅极大地丰富了教学方法，而且为学生提供了更为多样化、丰富的学习资源，使学生能够更加灵活和深入地学习。这种技术的引入，无疑提升了教学的多样性和灵活性，为学生提供了更为广阔的学习视野和更为丰富的学习体验，促使他们更加主动、更加深入地投入学习中。

例如，通过视频会议、在线讨论和国际合作项目，学生有机会在虚拟环境中与世界各地的学生和专家进行直接的、实时的互动和交流。这不仅能够加深学生对不同文化背景、不同价值观的理解和认识，还能够锻炼和提升他们的跨文化交际能力，拓宽和增强他们的全球视野和国际意识。在这种交互式的学习环境中，学生能够更加直观、更加深刻地感受到文化的多样性和国际化的影响，从而更好地培养他们的文化自信和文化包容性。

2. 远程学习平台的发展与应用

远程学习平台的发展与应用，是教育技术发展的重要体现，也是教育资源优化配置的关键方式。通过这些平台，学生不受时空的限制，可以更加方便地接触和利用世界各地的优质教学资源，更加自主地安排学习时间和学习内容。这种学习方式的灵活性和自主性，无疑使学生更能够根据自己的学习需求和学习节奏，进行有效的学习。

通过各种远程学习平台，学生可以与全球的知识和文化进行直接对话和交流，可以更加广泛、更加深入地理解和掌握各种文化知识和文化精粹。例如，学生可以参与到国际的合作项目中，与来自不同文化、不同背景的人共同学习、共同探讨,这无疑为他们提供了一个更为开放、更为多元的学习环境。这样的环境有助于培养学生的文化敏感性和文化适应性,使他们在未来的生活和工作中,更能够自如地应对各种文化差异和文化冲突,更好地实现文化的融合和共享。

上述四个方面的教学模式改革,目标是构建一个多元化、开放性和互动性的学习环境,既强化学生对本土文化的自信和认同,也培养他们的国际视野和跨文化交际能力。通过这样的教学模式改革,学生可以更加全面和深入地学习文化知识,成为具有文化自信和全球素养的现代人。

第二节 "文化自信"视域下大学英语文化教学的原则

在"文化自信"视域下开展大学英语文化教学,教师要注意遵守以下几个方面的原则(图3-1),以确保后续教学活动的顺利开展。

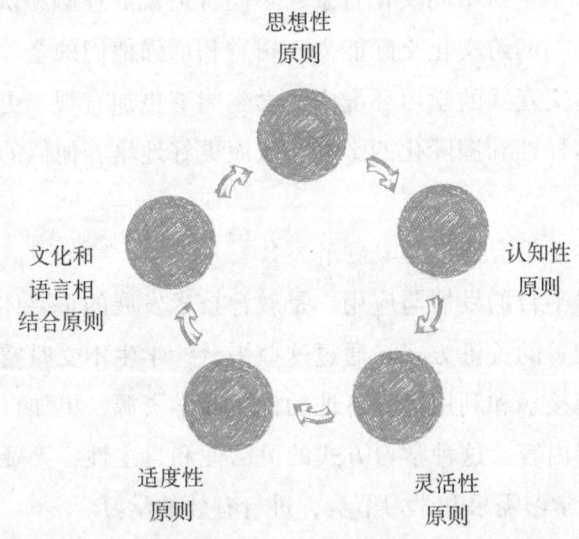

图3-1 "文化自信"视域下大学英语文化教学的原则

一、思想性原则

在"文化自信"视域下,大学英语文化教学的原则应该着重于学生的全方位发展,不仅仅局限于语言知识和技能的学习,更要在文化层面引导学生树立正确的世界观和价值观。要实现这一点,教学过程中必须深入贯彻思想性原则,将其融入教学材料的选择、教学活动的设计以及教学目标的设定中。

一方面,文化自信的培养需要通过深入而全面的文化学习来实现。教材和教学活动应该囊括世界各国各地区的文化精华,同时着重展示中华文化的深厚底蕴和独特价值。教师应当设计一系列能够帮助学生深入理解中外文化差异和共通点的教学活动,引导学生在了解外国文化的基础上,更加自觉地认识和珍爱本土文化,从而培养对中华文化的自信和自豪。另一方面,教学内容的选择应该紧贴学生的生活实际,以保证文化教学的实效性和学生的学习兴趣。通过选择一些与学生生活紧密相关的教学主题和材料,可以激发学生的学习热情,使他们在轻松愉快的学习氛围中自然而然地吸收文化知识,进一步强化对本土文化的认同感和自信心。

在实际的教学过程中,英语教师应该重视学生个性和心理的健康发展,帮助他们形成积极健康的性格和心理。教师应该注重培养学生的文化鉴别能力,引导他们在尊重和欣赏外国文化的同时,更加坚定地信任和尊重本土文化。通过开展多样化的教学活动,教师可以帮助学生树立正确的人生观和价值观,培养他们的民族自尊心、自信心和自豪感。

二、认知性原则

认知性原则在大学英语文化教学中占据核心地位,尤其是在"文化自信"的视域下,其重要性更为凸显。这个原则强调了对英语文化和社会知识的理解与掌握,同时也涵盖了对观察力、识别力等核心能力的培养。认知性原则的实施不仅有助于学生更为准确、更为深刻地理解语言本身，而且有助于学生在国际化的背景下，更好地认识和理解不同文化，进一步增强文化自信。

在英语教学中，许多词汇、表达方式、习语和典故都深深植根于特定的文化、神话和文学作品中。学生若不能全面而深入地理解这些文化元素，就无法完全领会语言所承载的丰富内涵。因此，教师在培养学生的语言技能时，更应引导他们探索、分析和总结目标文化，使他们能够更全面地把握西方文化在价值观、生活习俗等方面的特征，以及中西方文化的差异性和共通性。这一过程将有助于学生建立坚定的文化自信心，更为积极地接触、理解和欣赏中华优秀传统文化。

三、灵活性原则

灵活性原则在"文化自信"的视域下同样具有重要意义。文化教学的目标不仅仅是让学生理解文化知识，更重要的是使他们能够在跨文化交际中灵活运用这些知识。为了更有效地培养学生的跨文化交际能力和增强他们的文化自信，教师应该灵活运用多种教学方法，针对不同学生的需求，制定出不同的教学策略，激发学生对学习文化的兴趣，并调动他们学习文化的积极性。

教师需要意识到文化内容是广泛而复杂的，而且教师的讲解无法涵盖所有内容。因此，教师应该将文化教学延伸到课堂之外，开展课内外实践活动，为学生提供丰富多样的学习机会，帮助学生提高文化的实际运用能力。在这个过程中，学生能够更加直观地体验和理解文化，这将进一步加深他们对自身文化的认同和尊重，从而树立更为坚定的文化自信。在开展这些活动时，重点应该放在弘扬中华优秀文化上，使学生能够更加深刻地理解中华文化的博大精深和无穷魅力。

四、适度性原则

在"文化自信"的视域下，适度性原则成为英语文化教学的一个核心考量。这一原则着重于教学方法和教学材料的适度性，其中，教学方法的适度性强调了为学生创造探究式、研究式学习的机会；而教学材料的适度性则强调选择能够代表主流和普遍性文化的材料，避免过于偏向个别和特殊的文化。适度性原则在文化教学中的运用，不仅能够有效避免文化冲突和误解，还能够在增强学生对本土文化自信的同时，帮助他们更为全面和深刻地理解和接纳其他文化。

适度性原则中，教学方法和材料的选择都应以消除"当前文化障碍"为主要目标，同时也要适度考虑到"未来文化障碍"的可能性。当教学中遇到文化障碍时，教师应该根据当前情境的需要，进行必要的背景文化介绍，而不是深入探讨每一个文化细节，以避免占用过多宝贵的教学时间。这种适度性原则的实施有助于确保教学内容的针对性和有效性，使学生能够在有限的时间内获得最为核心和重要的文化知识。在国际化日益加深的当下，文化自信成为一种国家和民族自我认同和自尊心的重要体现。因此，适度性原则在实施过程中，还应该更多地考虑如何在教授外国文化的同时，加强对本土文化的弘扬和传承。在选择教学材料和设计教学内容时，教师应该更加重视本土文化的价值和重要性，通过合理的文化对比和分析，使学生能够更为自觉地认识到本土文化的独特性和无可替代性，从而进一步树立和加强文化自信。

适度性原则还意味着，教师应该对英语文化教学占用的教学时数进行合理控制。如果过于深入地探讨外国文化，而忽略了对本土文化的教学，这将可能导致学生在接受新文化的同时，逐渐淡忘和丧失对本土文化的理解和尊重。因此，教师在进行文化教学时，应该秉持文化平衡的原则，既要介绍外国文化，也要强调和重视本土文化的教学，使学生能够在更为广阔的视野下，更为全面和客观地理解和评价不同文化，进一步巩固和提升他们的文化自信。

五、文化和语言相结合原则

在当今的英语教学实践中，文化和语言相结合原则逐渐成为教学核心的一部分。这个原则表明，学习一门语言不仅仅是学习语法、词汇和句型结构，更重要的是，还要学习这门语言所承载的文化。这种结合不仅丰富了学生的语言知识，更加深了他们对目标语言文化的理解。在这一过程中，"文化自信"的概念成为重塑和完善文化教学原则的关键因素。

在"文化自信"视域下，英语教学应该更加强调目标文化和本土文化的对比与对话，以加深学生对自身文化特性和价值的理解和认识。教师应该设计一些与学生的日常生活息息相关的教学内容，使得学生在学习英语的同时，能够更加直观和深刻地了解和体会到本土文化的独特性和价值。通过对比本土文化和英语文化的不同，学生能够更加自觉地认识到文化的多样性，进一步加强他们对本土文化的信任和自豪感，树立文化自信。

当然，在开展教学的各个阶段，教师都应该以学生的语言水平为依据，设计适合他们水平的文化教学内容。例如，在初级阶段，应该选择一些简单、具体且与学生生活相关的文化主题，以确保学生在掌握基础语言知识的同时，也能够初步了解和接触一些基础的文化知识。而在中、高级阶段，随着学生语言能力的提高，教师可以逐渐引入一些更为复杂和抽象的文化主题和知识，深化学生对目标文化的理解，并引导他们进行更为深入和全面的文化探讨和反思。

第三节　"文化自信"视域下大学英语文化教学的策略

在国际化的今天，文化交流变得日益重要。文化自信是一个国家、一个民族自信心的体现，是文化软实力的一种表现。大学英语文化教学作为培养国际化人才的重要手段，应该把培养学生的文化自信作为教学的一项重要任务。在教学过程中，教师需要从文化引入策略、外教辅助策略、师生互动策略和附加形式策略四个方面来探讨如何更好地进行文化教学，以提高学生的文化自觉和文化自信。

一、文化引入策略

（一）说明策略

说明策略是文化引入策略中的重要组成部分，它有助于学生更加全面深入地了解目标文化，提高文化认知能力和跨文化交际能力，并最终达到提升文化自信的目的。在这个过程中，教师不仅是知识的传授者，还是学生学习的引导者和促进者，而学生则需积极主动地参与到文化学习中来。

对于长期处于母语环境中的中国学生而言，由于周围的英语环境相对缺乏，英语学习中的文化背景知识成为他们学习英语的一大障碍，此时，英语教师就可以采用说明策略帮助学生了解英语学习中的文化背景知识。说明策略要求教师在教学前对文化背景知识进行深入的研究和准备。通过对教学材料中的文化元素、事件背景、人物特点等进行详尽解读，帮助学生建立准确的文化认知，从而更好地理解学习材料中的内容。例如，当学习一篇描写英国茶文化的文章时，教师需提前准备相关的英国历史文化、饮食习俗等方面的知识，为学生学习提供丰富的文化背景。

此外，教师还需创设实际的语境，将文化背景知识和语言学习紧密结合，通过实际的语言环境让学生亲身体验，从而加深对文化的理解。例如，通过角色扮演、模拟对话等方式，将文化背景知识融入语言学习实践中。教师还可以引入跨文化交际的知识，让学生了解不同文化中的交际规则、价值观念和行为习惯，培养学生的跨文化交际能力和文化适应能力。通过比较不同文化中的交际差异，学生可以更加客观、全面地看待自己的文化和他人的文化，从而提升文化自信。说明策略不仅强调教师对文化知识的传授，还注重鼓励学生进行自主学习，探索和发现文化知识。例如，教师可以布置与文化相关的研究任务，引导学生利用网络资源进行学习，或者进行小组讨论、案例分析等，多角度、多层次地探讨文化背景知识。

（二）比较策略

在"文化自信"视域下，大学英语文化教学中的文化比较分析策略是一种能够全面提升学生文化自信、文化敏感性和跨文化交际能力的有效方法。中国和西方国家由于历史、地理、社会等方面的差异，形成了各自独特的文化，这些文化差异经常成为学生学习英语的难点。针对这种情况，英语教师应该采用比较分析策略，帮助学生理解和分析母语文化和英语文化之间的异同，从而深化学生对两种文化的认知。

比较分析策略有助于提高学生的文化敏感性和文化适应能力。当学生能够清晰地意识到中西文化的差异时，会更加尊重他人的文化，更加妥善地处理跨文化交际中可能出现的冲突。以问候方式为例，汉语中常问"你吃了吗？"而西方则常用"How are you？"理解这些差异有助于学生更加得体地进行交际。与此同时，比较分析策略也可以提升学生的反思能力。通过比较，学生不仅可以看到其他文化的特性，同时也能更加深入地了解和反思自己的文化。这种反思有助于学生更加自信地走向世界，更加成熟地看待文化差异和多样性。

在具体的文化教学过程中，英语教师应该精心设计教学活动，引导学生进行深入的文化比较和反思，帮助他们构建正确认知，成为具有国际视野和文化素养的人。例如，中西方餐桌礼仪的不同，可以成为比较分析的内容，中餐习惯使用筷子，而西餐则多用刀叉；中式餐桌上大家共享菜肴，而西式餐桌上则主张个人份。这种比较可以帮助学生更清晰地认识中西文化差异，进一步理解文化背后的价值观和行为准则。此外，英语教师在运用比较分析策略时，应该注意避免刻板印象和文化偏见，努力提供全面、客观、多元的文化视角，鼓励学生以开放的心态接纳和理解不同文化。

（三）讨论策略

在"文化自信"的视域下，讨论策略在大学英语文化教学中占有重要地位，因为这个策略不仅强化了学生在学习过程中的主动性，也提升了他们对文化差异和多样性的认知和理解。此策略以学生为中心，通过深入讨论和交流，使学生得以更加直观全面地了解并对比各种文化。

讨论策略使学生有机会亲身参与到文化学习中来，而不仅仅当一个被动的知识接受者。例如，学生可以围绕中西方节日文化进行讨论，比较中西方在节日庆祝方式、传统习俗等方面的差异。这种互动式的学习方式更有利于激发学生的学习兴趣和积极性。文化讨论策略中涉及的讨论环节更是学生展示文化理解和自我表达的舞台，学生可在讨论中分享对各类文化元素的看法和理解，从而加深记忆，提高对文化知识的理解与应用。通过争论和辩证，学生可以构建和完善自己的文化观念，进一步强化文化自信。同时，文化讨论策略还能锻炼学生的团队合作和交流能力。在讨论中，学生需要倾听他人的观点，清晰地表达自己的思考，以及学习如何更有效地与他人合作。这些技能都是现代社会非常重视的能力，它们有助于培养学生成为有能力、有文化敏感性的国际化人才。

在实施文化讨论策略时，教师可设定多样化的讨论主题，如人生观、价值观、教育理念等，以引发学生对不同文化背景下价值观和生活方式的思考。教师还需确保讨论的多元性和包容性，鼓励不同观点的表达，促使学生从多个角度和层面去思考问题。为了达到最佳的教学效果，教师可提前设计好讨论题目和内容，确保讨论的深度和广度。同时，教师还应该引导学生进行充分的准备和预习，使得讨论更加有深度和针对性。此外，教师还应在讨论中发挥引导和调解的作用，确保讨论的秩序和效率，帮助学生总结讨论要点，深化对文化知识的理解。

二、外教辅助策略

客观条件优越的学校可以适当地聘请一些外籍教师授课，外教的到来对"文化自信"视域下英语文化教学的开展从不同角度来看有不同作用。

（一）学生视角

从学生的角度看，外教在英语教学中扮演了无可替代的角色。他们不仅丰富了教学内容，增添了学习乐趣，更是实实在在地推动了学生跨文化交际能力的发展。外教通常具有不同的文化背景，他们的存在满足了学生对异国文化的好奇心，激发了学生的学习兴趣和学习动力。借助外教举办的英语角和交流活动，学生有机会沉浸在地道的英语环境中，这无疑对提升学生的英语听说能力和文化适应能力大有裨益。此外，外教为学生提供了一扇观察和理解异国文化的窗口，使得学生在接触和了解外国文化的同时，更加深刻地思考和认识本土文化。在这个过程中，学生会发现不同文化间的异同，学会尊重文化差异，也会增强对自身文化的认同和自信。

（二）教师视角

对于教师而言，外教的存在也带来了诸多益处。虽然很多英语教师具有丰富的英语学习和教学经验，但是由于实际语言运用环境的限制，他们在英语口语和实际在语言运用方面可能存在着一些不足。通过与外教的交流和合作，中国教师不仅有机会提升自己的语言实际运用能力，还能学习和借鉴外教更加活泼、灵活的教学方法和思维方式。外教的教学模式和方法可为中国教师带来新的教学灵感。例如，他们常常使用更多实际生活情境和真实语言环境的教学方法，这无疑有助于提升教学效果，也更能激发学生的学习兴趣。这样的教学模式在传递知识的同时，也加深了学生对于两种文化中价值观、思维方式等深层次差异的理解，使得学生能够更加自信和从容地在多元文化中定位自我。

（三）学校与国际交流视角

外教可能会成为推动学校与国际教育机构交流的桥梁。当外教在学校的工作体验积极、愉快时，他们可能会介绍更多的国外教育机构和专业人士与学校建立联系。这样的国际交流和合作不仅能够为学校带来更多的教学资源和教育理念，也会进一步提高学校的国际化水平和影响力。通过与国外教育机构的交流和合作，学生和教师都将有机会更直接、更深入地了解和学习国外的教育理念和教学模式，这将有助于提高他们的跨文化交际能力，加深对多元文化的理解和尊重，同时也会增强对本土文化的自信和自豪。

三、师生互动策略

在大学英语文化教学中，师生互动策略是一个关键组成部分，它强调了教与学的双向性和交流的重要性。在"文化自信"的视域下，师生互动策略能够更好地推广和深化文化教学，从而培养学生的文化认同和文化交际能力。

（一）培养平等对待文化的心态

教学互动的首要任务是培养学生平等对待各种文化的心态。这要求教师在教学中体现出尊重和包容的态度，以示范作用引导学生尊重文化多样性，接受和欣赏不同文化。教师应该创造性地引入不同文化背景的实例，来深化学生对文化差异的理解，让学生从多个角度看待问题，加深对本土文化和国际文化的理解，从而增强文化自信。

（二）营造积极的互动氛围

为了有效实施互动策略，教师需要建立一个积极、开放、包容的学习环境。这种环境能够鼓励学生积极参与，使他们愿意表达自己的想法和看法。在这样的教学氛围中，学生能够自由探讨、比较和评价不同文化的价值观、习俗和信仰，从而更深入地反思自己的文化，更加理解和尊重多元文化。

（三）角色扮演与文化理解

在互动过程中，教师可以设计多样化的活动，如角色扮演，来使学生更好地理解外来文化。通过扮演不同文化中的角色，学生可以亲身经历和体验不同文化环境中的交流和行为模式，这会增强他们对不同文化下行为准则和交流策略的理解。同时，这也是一种重要的方式，使学生更加深入、全面地认识和理解本民族文化的独特性和价值，建立起文化自信。

四、附加形式策略

在"文化自信"的大背景下，附加形式的英语文化教学策略能够作为一种多样化且灵活的教学手段，对学生的文化认识和文化价值观产生积极的影响。这种策略可以通过各种各样的形式将文化知识融入英语学习中，使学生在学习语言的同时，更好地理解和接纳不同文化。

（一）多样化的附加形式

在大学英语文化教学中，采用多样化的附加形式来实现教学效果已经变得至关重要。这些附加形式，包括文化专栏、文化展览、主题讲座等，不仅为学生展现了文化的多样性，在实际操作中，也使学生有机会更全面、更直观地体验和理解各种文化。这样的实践活动，使学生在亲身体验中获得深刻的文化印象，推动他们形成对文化的全方位理解。例如，组织文化表演能够让学生从参与中学习、从实践中认识，这种学习过程比单纯的理论学习更具影响力，更能引发学生的学习兴趣。

这种多样化的附加形式的实施，不仅加深了学生对于各类文化的认识和理解，而且培养了他们对于本国文化和国际文化的尊重与欣赏。这种尊重与欣赏的建立，会使得学生对本民族文化充满自信，而这种文化自信是推动学生进行跨文化交流与学习的重要动力。只有深刻了解和热爱本国文化的学生，才会更加积极地去学习和理解其他国家和民族的文化，从而实现文化的多元共融。

此外，这种多样化的附加形式还促使学生思考，促使他们去更加深入地研究文化的深层含义，去挖掘文化的源流与发展，以及文化之间的相互影响。这不仅有助于培养学生的文化审美和文化批判能力，还助力学生形成对各种文化的全面、多角度的看法。

（二）深入讨论与文化误读的纠正

在附加形式策略中，深入的文化讨论和知识竞赛成为一种有效的学习方式。通过选择一些优质但传播度较低的英语书籍，学生可以在讨论和戏剧表演中体验不同文化，这样的学习方式使他们有机会在实践中发现和纠正文化误读。这些活动允许学生在实际操作中发现自己对于某些文化信息的误读或误解，然后通过反思和研究，去纠正这些误读和误解，进而深入地理解文化的多样性和复杂性。

文化误读的纠正过程，是一个自我反思和自我提升的过程。学生需要在实践中不断地检视自己对于文化的理解，不断地修正自己的文化观念，这不仅有助于他们建立正确的文化价值观，还能够加深他们对于本国文化和其他文化的理解。而这种理解的深化，会使得学生对本国文化更加自信，更加自豪。他们会更加热爱本国文化，更加尊重其他文化。通过这些深入的讨论和文化误读的纠正，学生能够建立起一种文化共鸣，形成一种文化共识。他们会学会如何在不同文化之间进行有效沟通，如何在不同文化的交流中实现真正的理解与认同。这种文化交流的能力和文化认同的建立，都有助于学生在国际化的背景下，更好地与他人交流与合作，更加有效地参与国际社会的各项活动。

第四章 "文化自信"视域下大学生综合素质的培养

第一节 "文化自信"视域下大学生跨文化意识的培养

一、跨文化交际意识基本认知

（一）跨文化交际意识的理论支撑

跨文化交际意识的理论支撑由文化适应模式理论与迁移理论两部分组成。

1. 文化适应模式理论

（1）文化适应概念的提出。美国一位著名的民族学家罗伯特·雷德菲尔德（Robert Redfield）最初提出了文化适应这一概念，他主张，为了实现文化适应，个体需在接触和理解两个不同的种族文化后，发展出新的文化思维、信仰和感知，这些新的元素将以一种融合或顺应的方式表现出来。[①] 也就是说，作为文化学习者的个体在融入新的文化环境时，需经历一个调整和适应的过程。从个体心理和社会环境的角度分析，学习

---

① 雷德菲尔德，林顿，赫斯科维茨，等. 文化适应研究备忘录[J]. 美国人类学家,1936(38): 149-152.

第二语言便是一个文化适应的具体实例。在这一过程中，文化适应并非孤立发生，而是在本土文化与异国文化双方作用下进行，它在心理和社会两个维度上对交际个体产生影响。

在这一适应性过程中，学习者不仅要理解和适应新的社会环境，而且要从心理层面上进行深度的调整和变革。学习第二语言的过程便是这种适应性调整的明证，这一过程需要学习者在本国文化和外来文化之间找到平衡，形成一种综合性的文化认知。这一文化适应过程不仅涉及个人心理层面的转变，还会在社会层面上产生一系列连锁反应，影响个体与他人进行有效交际。成功的文化适应将促使个体更好地融入新的文化群体，更加积极地参与各种社会活动，更好地与周围的人进行交流和合作。

（2）文化适应模式。文化适应模式针对学习者学习第二语言时的文化融入程度进行了深入的探讨和分类。该模式将学习者的适应目标分为两大类。第一类是指学习者不仅希望掌握目标语言，还希望通过改变个人的生活方式和价值观，实质性地融入目标语言的文化中。而第二类是指学习者学习并使用目标语言，但在心理上仍然将其视为一种第二语言，个人的生活方式和价值观并未完全同化。

两种适应方式都能促使学习者在第二语言上实现学习和进步，但在文化适应模式中，不同的人在学习和适应第二语言及其文化的速度上存在显著差异。因此，在学习过程中，学习者需保持积极、主动的学习态度，从而在语言学习的早期和中期实现全方位的发展。例如，在英语教学实践中，即便学生置身于一个纯粹的英语环境中，也可能与英语文化有一定的距离。在这种情况下，教育者就可以运用文化适应模式理论，为学生创造最佳学习环境。例如，教师可以通过提供原声英语学习环境、提供英语杂志、引入英语歌词学习等方式，来激发学生的学习动机。这些方法能够帮助学生从社会和心理两个层面上缩短与第二语言的距离，促使他们树立正确的学习态度，并最终在第二语言学习中取得成功。

2.迁移理论

在第二语言习得领域，迁移理论描绘了学习者如何运用他们的第一语言来学习第二语言。该理论主要包括正向迁移与负向迁移两个方面。正向迁移是指第一语言对第二语言学习具有促进作用，而负向迁移则涉及第一语言对第二语言学习产生的阻碍。

正向迁移成立于当第一语言和第二语言之间存在相似性时，这些相似性可能涉及语法、词汇或语音等方面。当学习者能够找到这些相似性时，他们可以更快地掌握第二语言。例如，在学习英语的过程中，一些汉语和英语表达的相似性可能会使学习者更容易学习和记忆相关内容，从而加快语言习得的进程。与之相反的是，负向迁移发生在第一语言和第二语言之间存在差异时。这些差异可以是句法的、语义的、语音的等。当学习者尝试用他们的第一语言规则去学习第二语言时，可能会遇到困难和误解。例如，在汉语和英语学习中，由于两者在句子结构、表达形式和书写方式等方面的差异，学习者可能会遇到理解和应用上的障碍。这些差异可能会导致学习困难，影响学习速度，甚至影响学习者的学习自信心。

从更广泛的角度来看，迁移理论不仅仅涉及语言学习，也包含了文化层面的考虑，因为语言和文化是紧密相连的。学习者在习得第二语言的同时，也需对相关的文化背景和社会语境有所了解和适应。这一过程涉及如何融合、理解和适应不同的文化规范和价值观。因此，正向迁移和负向迁移也可以影响学习者如何看待、理解并适应第二语言文化中的社会规范和价值观。

（二）跨文化交际意识的内涵解析

跨文化交际意识是一个多层次、多维度的概念，它涉及语言、文化、沟通策略和个人发展等多个方面。语言不仅仅是一套符号系统，它还蕴含着丰富的文化内涵和价值观。这些文化元素影响着人们的交际方式和沟通策略。全球经济一体化和文化多元化推动了社会的发展，让不同文化背景的人们可以通过共同的语言进行沟通和交流。这种现象对国际贸易、学术研究、旅游等方面都有着重大意义。

跨文化交际意识主要是指个人在进行国际交流和沟通时，能够认识到文化差异，并具备一定的文化适应能力和文化包容性。这一概念强调的是在国际化背景下，个人应该具备一定的文化灵敏度和文化共鸣，以便更好地在不同文化背景下进行有效沟通。当人们具备跨文化意识时，他们能够更加敏感地察觉文化差异，并运用这种意识来指导交际行为，加深对交际对象的理解。由于来自不同文化背景的人存在着差异，彼此之间的尊重和包容成为实现有效交际的关键。强化跨文化交际意识可以促进不同文化间的和谐与共同发展。

跨文化交际意识还强调了个人应该持续学习和发展，以适应不断变化和发展的国际化世界。个人需要持续提高自己的文化适应能力和交际策略，以便在不同的文化环境中进行有效沟通。通过培养这种意识，人们能够更好地理解不同文化的价值观和行为模式，从而减少文化冲突和误解。

二、跨文化交际意识的培养

在文化自信视域下培养学生的跨文化交际意识对于发展学生的英语综合应用能力和文化自信心来说有着重要的现实意义，接下来本书就从跨文化交际意识培养的目标、原则、阶段与方法四个方面出发讨论如何培养学生的跨文化交际意识。

（一）跨文化交际意识培养的目标

1.培养学生获取目的语语言与文化信息的能力

要实现跨文化交际意识的培养，学生必须具备探究和理解目的语言与文化信息的能力。这涉及对语言知识和背后的文化价值与社会观念的深入理解。而文化自信在这一过程中是极为重要的。学生需要有自信，相信自己的文化价值观，同时开放心态去接受和了解新的文化。这样的自信心有助于学生更积极主动地通过文学、媒体和艺术等途径获取和学习目的语的文化信息，加深对目的文化的理解和尊重。

2. 培养学生文化感知与文化理解能力

文化感知与理解能力要求学生能够洞察并理解文化之间的差异及其背后的逻辑和原因。在这个过程中，文化自信可以帮助学生更坚定地反思并比较不同文化，加深对自身文化与目的语文化的理解。有了文化自信，学生会更有动力深入探索文化的深层结构和意义，并更容易建立文化相对论观念和文化敏感性。

3. 培养学生对目的语文化客观评价的能力

能够客观公正地评价不同文化是跨文化交际的一个重要环节。文化自信可以使学生更加客观地对待其他文化，更加积极地欣赏和尊重文化多样性，而不是陷入文化优越感和偏见中。这样的文化自信有助于构建更为积极、健康的跨文化交际态度，推动不同文化间的理解与交流。

4. 培养学生学习和研究两种语言和文化知识的能力

深入学习和研究语言和文化知识是一个持续的过程。这需要学生具备强烈的学习动机和持续学习的意愿。文化自信能够鼓励学生更加主动、更自信地拓展他们的知识视野，并且有勇气面对与自身文化不同的观念和价值。当学生具备了文化自信，他们就更可能通过实际的文化体验和实践活动更全面、更深刻地了解两种语言和文化，更好地实现跨文化交际的目的。

（二）跨文化交际意识培养的原则

文化对人们的价值取向、生活方式和思维方式均会产生一定的影响，不同文化下社会规范有所不同，风俗习惯和言语习惯直接反映出人的价值观念。交际活动与阅读文本对话不同，要求人遵守相应的文化准则和交际行为规范。在语用迁移的前提下，交际者需要在学习第一语言的同时，应用第二语言与对方进行沟通和交流，这就要从多角度着手，提升自身的跨文化交际意识，从而保证交际活动的顺利进行。一般来说，跨文化交际意识的培养原则由以下四个部分组成，即系统性原则、相关性原则、实用性原则以及主流性原则（图4-1）。

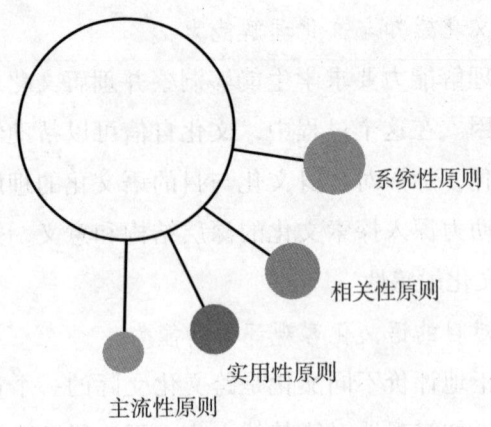

图 4-1　跨文化交际意识的培养原则

1. 系统性原则

　　在文化自信的视域下，跨文化交际意识的培养显得尤为关键。系统性原则在这一培养过程中具有重要指导意义，它要求在教学过程中将语言教学与文化教学紧密融合，以确保学习者在掌握语言知识的同时，能够深入了解和领会相关的文化背景和价值观。这需要教育者制定详尽而全面的学习大纲，明确跨文化知识学习的核心内容、原则和方法，以及制订实际可行的学习计划，定期检查学习者的学习进展和目标完成情况。同时，教育者应从文化背景、价值观、交际规则和思维方式等多角度导入跨文化交际知识，这有助于减少文化学习和语言学习中的随意性和片面性，帮助学习者在掌握语言知识内容的同时，更加明确学习目标和学习计划，更全面地培养跨文化交际意识。

　　文化自信的加强无疑可以促使个体在跨文化交际中更加自信、得体和得心应手。在这一视域下，系统性原则更加强调实际操作和实践的重要性。这意味着，教育者不仅要让学习者在理论层面上具备扎实的跨文化知识基础，还要引导他们将所学知识应用于实际的跨文化交际场景中，通过实际的交流和对话，使他们能够更加灵活和准确地运用跨文化交际策略和技能。

2. 相关性原则

相关性原则在文化自信视域下对跨文化交际意识的培养有着至关重要的意义。这一原则认为,学习者的跨文化交际意识培养应与其语言应用能力的提升密切相关。在国际化背景下,建立文化自信不仅需要对本土文化有深厚的了解和尊重,同时还要有宽广的国际视野和对多元文化的理解和包容。在这样的视野下,培养跨文化交际意识不仅要求学习者能够了解和掌握目的语文化,更应引导他们从更宏观、更国际化的角度来欣赏和理解文化多样性。通过这样的培养,学习者不仅能够深化对目的语文化的理解,更能够在实际交际中更加自信、更加敏感地应对和处理跨文化交际中的各种问题并应对各种挑战,实现不同文化间的平等对话和有效沟通。

3. 实用性原则

实用性原则着重强调跨文化交际意识的培养需满足学习者的实际交际需求,以实际应用为目标。在现今多元文化并存、国际交流频繁的环境中,学习者需要具备足够的能力去应对来自不同文化背景的交际场景。这就要求教育者在教学过程中,依据学习者的需求和实际应用场景,进行有针对性的教学设计和实践活动。例如,可以通过模拟实际交际情景,引入真实的跨文化交际素材,帮助学习者更加直观地理解和掌握跨文化交际的策略和技巧,提高他们的交际效率。这样的教学不仅能够提升学习者的文化适应能力和跨文化交际能力,更有助于他们在全球多元文化的背景下,建立正确的文化价值观和文化自信,实现文化的有机融合和共生发展。

4. 主流性原则

在文化自信的视域下,主流性原则在跨文化交际意识培养中尤为重要。该原则强调,在吸收和学习外来文化的同时,个体应保持对本国主流文化的理解、尊重和自信。这一点不仅涉及个体如何处理和评价来自不同文化背景的信息,也关乎如何在全球多元文化背景下保持文化的连续性和稳定性。文化自信是每个国家文化独特性和价值的体现,是个体在全球交际中表现本国文化特色和价值观的基础。在接触和学习外来文化的过程中，学习者需在认同本国文化的基础上，开放心态，理性接纳有益的外来文化，这有助于推动文化的创新和发展，使之更具活力和包容性。

同时，主流性原则还强调个体在跨文化交际中的主动性和独立性。学习者在吸纳外来文化的过程中，应保持独立思考的能力，辩证地看待不同文化间的差异和冲突。这不仅使学习者在跨文化交际中更加自信和从容，也有助于他们建立更加全面和深入的文化认知。学习者应该深入学习和了解本国主流文化的核心价值，这将成为他们在全球交际中传递本国文化和价值观的基础。只有在充分理解和尊重自己的文化的基础上，个体才能更加开放和包容，更加深刻和全面地理解和接受其他文化的多样性和丰富性，实现文化之间的和谐共生和共同发展。

（三）跨文化交际意识培养的阶段

跨文化交际意识的培养可以分为五个阶段，即旅游者心态、文化休克、理性分析、主动了解和自觉适应（图4-2）。通过这五个阶段的培养，个体不仅能够逐渐适应和理解不同的文化，更能积极参与到跨文化交际中，与他人建立起有效与和谐的交流关系。这五个阶段构成了一个连续的发展过程，反映了个体从浅层次的文化接触到深层次文化融合的逐渐转变，从而促使个体在多元文化背景下实现个人成长和文化共融。

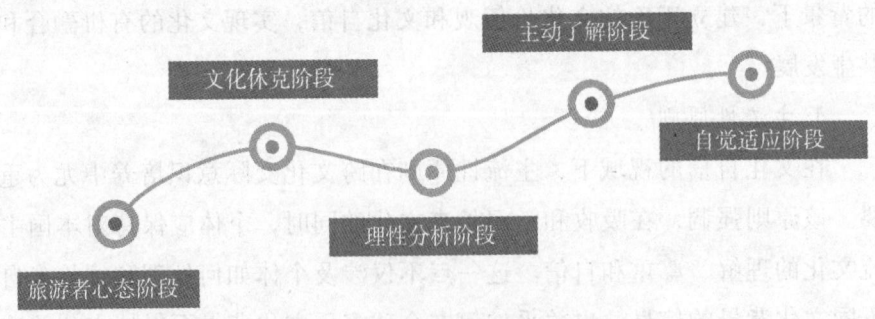

图4-2　跨文化交际意识培养的阶段

1.旅游者心态阶段

在跨文化交际意识培养的初始阶段，学习者常常处于一种"旅游者心态"阶段。这一阶段中，学习者会依赖自身已有的文化知识对其他文化进行观察与分析。由于对他族文化的未知和不熟悉，学习者对文化的理解和认识往往仅停留在表层，难以触及文化现象背后的深层含义和内在逻辑。在这一层次中，学习者容易将所观察到的个别文化现象概念化，并将其视为某一文化的普遍现象，从而导致文化刻板印象的产生。这种表面化和模式化的文化认知阶段常常会妨碍学习者对于多元文化的全面理解。而在文化自信视域下，学习者更应该对自己的文化保持自信，采取开放和包容的心态，以更加深入、全面、客观的方式去理解和学习他文化，努力超越表面现象，探求文化的深层内涵和丰富多样性。

2.文化休克阶段

随着跨文化交际实践的深入，学习者逐渐接触到其他文化的更多层面。由于缺乏对其他文化的深入了解和适应能力，学习者可能会遭遇文化误解和冲突。一些学习者可能会选择逃避或反抗，陷入一种"文化休克"的状态。这种状态会严重阻碍正常的交际活动，甚至导致对跨文化交际的极度抵触。在这一阶段，学习者需要强化文化自信，坚定文化信仰，以积极、理性的态度去解读、消化和融入他文化，克服由于文化差异带来的困惑和冲突。加强文化自信，不仅要求学习者深入了解并坚定本文化价值，还要求在尊重和理解他文化的基础上，积极构建包容性的文化观念，推动文化的交流和互鉴。通过正面的文化交流和互动，学习者可以更全面地认识文化多样性，更深入地理解和尊重不同文化背后的价值观和信仰，进而促进文化共融和人类文明的共同进步。

3.理性分析阶段

经历了文化休克阶段后，学习者逐渐适应并理解了新的文化环境，开始能够更加理性和客观地看待和分析不同文化。这一阶段的学习者开始深入学习和理解目的语文化，愿意主动去适应和接受新的文化。理性分析意味着学习者不再单纯地排斥或盲目接受新文化，而是能够分辨不同文化之间的优劣，并在理解和尊重差异的基础上，进行深入的学习和反思。在文化自信的视域下，这一阶段更加强调在保持对本文化自信和骄傲的同时，开展多元文化的深度对话和交流，以求在相互理解和尊重的基础上寻求共同发展。这要求学习者不仅要深化对本文化的理解和认同，还要拓展对他文化的认知和理解，构建更为开放和包容的文化观念，推动文化间的平等、互敬和互学。

4. 主动了解阶段

主动了解阶段是跨文化交际意识培养中的一个阶段，学习者在这一阶段通常会表现出强烈的学习兴趣和动机，愿意投入更多的时间和精力去探究和理解新的文化。这一阶段的学习者会积极探索和研究目的语文化背后深层次的思维方式、价值体系和文化传统等。学习者通过对不同文化的主动了解，逐渐打破初始阶段可能存在的刻板印象和偏见，以开放的心态去理解和接纳文化多样性。文化自信在这一阶段表现为学习者在深入了解他文化的同时，更加明确和坚定本文化的价值和意义，形成对本文化的深厚感情和积极认同。

5. 自觉适应阶段

自觉适应阶段是跨文化交际意识培养的更高层次。在这一阶段，学习者不仅能够理解不同的文化，还能够将所学的文化知识和理念融入自己的行为和思维中，实现真正意义上的文化适应。学习者在自觉适应阶段会积极调整自己的行为模式和思维方式，以更好地融入不同的文化环境，实现文化间的和谐共处。文化自信在这一阶段显得尤为重要，它帮助学习者在保持本文化特性的同时，以包容和开放的心态对待他文化，促使个体在多元文化环境中实现自我价值和个性发展，为全球文化的互鉴与共融提供了有力支持。

（四）跨文化交际意识培养的方法

1. 加强学生对跨文化知识的学习

各个民族和地区都有其独特的语言和文化，这些特色构成了一个民族的文化身份和个性。在文化自信的基础上，学生能更加坚定地走向世界，更全面、更深入地学习和理解不同的文化，培养跨文化交际意识，发挥跨文化交际的作用。

在学习英语等外语时，教师应引导学生认识到语言和文化之间的内在联系，以及不同文化之间的多样性。在实际的教学过程中，教师应该运用科学对比法，针对词汇、句法、语用和思维等，对中西方文化进行对比研究。这种方法有助于学生直观地理解不同文化间的异同，更加明确地把握语言和文化的内在逻辑，提高其跨文化交际意识。教师还应引导学生深入探讨和反思自己的文化，以及其他文化的深层含义，提升他们的文化认知和自信。通过文化自我反思，学生可以更好地理解和欣赏不同文化的价值，形成更加全面和客观的世界观。

2.举办文化活动与论坛

通过举办各种各样的文化活动和论坛，学校可以为学生提供一个展现和学习多元文化的平台。这些活动通常会邀请来自不同文化背景的嘉宾、专家和学者，他们的演讲和讲座将为学生带来多种文化视角和丰富的知识。文化活动与论坛允许学生直接参与到文化交流中，他们可以通过这些活动直接与不同文化的代表进行互动。这种直接的交流方式可以极大地提升学生的文化敏感性和文化适应能力。通过亲身参与，学生能更加清晰地理解其他文化的核心价值和特色，从而更加自信和自如地在多文化环境中交流和协作。

这类活动还提供了一个开放性和多元性的学习环境，鼓励学生开放思维，勇于表达，乐于探索。学生可以在这样的环境中学习如何理解和尊重不同文化的观点和价值，如何更加有效地与来自不同文化背景的人沟通和合作，如何更加全面和深入地认识这个多元化的世界。

3.鼓励学生参加国际交流项目

国际交流项目是跨文化交际意识培养的重要方法之一。这种方法可以使学生亲身体验不同的文化，从而有助于拓宽视野，提升文化适应能力。鼓励学生参加这类项目，可以让他们直接与来自其他文化背景的人交流，更加深入和全面地理解他们的生活方式、价值观念和行为规范。

通过国际交流项目，学生可以更加明确地认识到，不同文化间的差异并不意味着某一文化优于另一文化。这种直接的、实际的体验有助于他们发展出一种更加包容和多元的世界观，能够更加自信地与来自不同文化背景的人沟通和交流。这些实际的国际经历将强化学生的文化自信，让他们意识到文化差异的价值，并学会尊重和欣赏这些差异。此外，国际交流项目还可以帮助学生发展出一套有效的跨文化沟通和协作的策略和技能，使他们在未来的学术和职业生涯中更加适应国际化的工作环境。这不仅能够增强学生的文化交际意识，也能够进一步提升他们的全球竞争力和国际影响力。

第二节　"文化自信"视域下大学生跨文化交际能力的培养

一、跨文化交际能力的定义与内涵

跨文化交际能力是一个多维度、复杂的概念，它涵盖了个体在不同文化背景下进行交际时所展现的知识、理解、技能和态度。这个能力的核心是能够在不同文化的语境中进行恰当和有效的交流。即使跨文化交际能力的定义因学者而异，但其主要观点是相似的，即在多元文化的环境中恰当且有效地沟通。从广义的角度看，跨文化交际能力不仅仅涉及语言交流的能力，更是一种全面的、跨学科的能力，它涉及文化意识、文化知识、文化理解和文化适应等多个方面。个体要实现跨文化交际，必须具备对所处语境的理解，能够识别和适应文化差异，使用恰当的沟通策略和技巧，以及表现出开放和尊重的态度。

跨文化交际能力还表现在文化交际的得体性和有效性上。得体性意味着个体的言行需要符合目的语文化的价值观、社会规范和行为模式，需要展现出对不同文化的尊重和理解。有效性则意味着个体能够通过跨文化交际实现自己的交际目标,达成交际共识。这需要个体具备良好的文化交际策略和技巧,能够在不同文化的语境中进行准确和清晰的沟通。

西方学者以施皮茨贝格(Brian Spitzberg)为代表,从广义角度对跨文化交际能力进行了定义,认为跨文化交际能力体现在某一特定语境下恰当而又有效的交际行为。[①]施皮茨贝格的定义强调了特定语境的重要性,即跨文化交际能力是在特定的文化语境中展现出来的。在这个前提下,恰当和有效成为评价交际者跨文化交际能力的两个关键标准。这意味着个体需要具备丰富的文化知识和文化意识,能够理解和解读不同文化的价值观、信仰、行为规范和交际风格,从而在交际中做出恰当的响应。

而韦斯曼对跨文化交际能力的看法更加全面,他认为这一能力是一种综合性能力,包含了知识、动机和技能三个方面。[②]强调了个体在跨文化交际中不仅需要具备相关的知识和技能,还需要有与人沟通和交流的意愿和动机。有了这样的动机,个体才会主动学习和掌握跨文化交际所需的知识和技能,愿意去理解和适应不同的文化,积极参与到跨文化的交流中。

本书认为,跨文化交际能力是一种全面而深入的能力,它不仅仅是对文化知识的掌握,更是对文化差异的理解、文化冲突的处理和文化交际的实践。这一能力的培养需要个体在理论学习和实践经验中不断摸索和提高,需要建立在对多元文化的尊重和理解的基础之上,更需要通过有效的跨文化交际来实现文化的交流和融合。

二、跨文化交际能力的构成要素

施皮茨贝格为跨文化交际能力的分析和构成提供了一个全面的视角,

---

① SPITZBERG.A model of intercultural communication competence[M]//SAMOVAR,PORTER. Intercultural communication: a reader.Belmont: Wadsworth, 2000 : 375.
② WISEMAN.Intercultural communication competence[M]//Gudykunst.Cross-cultural and intercultural Communication.Canada: Sage Publications, 2003 : 195.

明确指出这一能力是由知识、动机、技巧和非言语表达四个要素共同构成的（图4-3）。知识是跨文化交际的基础，它包括对不同文化背景、信仰、价值观念、社会规范和行为模式的理解和认知。动机是推动个体进行跨文化交际的内在驱动力，它影响着个体学习新文化知识、调整交际策略和改进交际技巧的意愿和态度。技巧则涵盖了在跨文化交际中实际应用知识和动机的具体方法和策略，它直接影响着交际的效果和质量。而非言语表达则是跨文化交际中不可或缺的一环，它通过肢体语言、面部表情、目光接触等传达信息和情感。这四个要素彼此间是相互影响、相互依存的，缺一不可，共同构成了个体的跨文化交际能力。

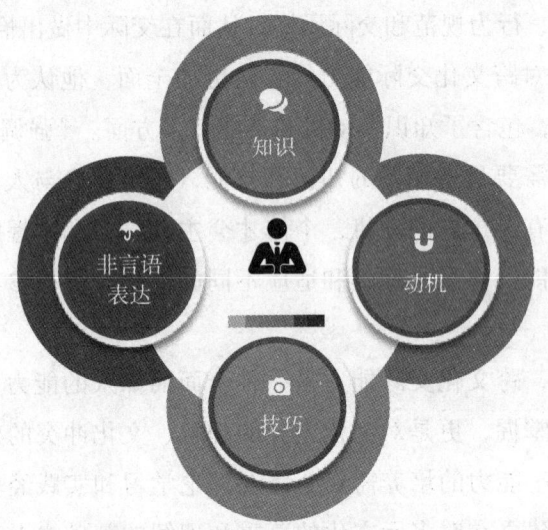

图4-3 跨文化交际能力的构成要素

（一）知识

知识是跨文化交际的基石，指导着交际者对交际伙伴的文化、环境和适当行为的基本理解，从而形成与交际伙伴的初步语言和非语言交际基础。这涉及在交际中选择适当和得体的行为。如果交际者缺乏这样的跨文化交际知识，他们可能会在交际过程中遇到困难，难以判断在特定文化语境中何为得体和有效的表达。

　　文化知识可以被划分为广义和狭义两类。广义的文化知识包括对多种文化的理解和认知，而狭义文化知识则专注于特定语言群体的文化知识。广义的文化知识具有全局视野，它可以为交际者提供跨文化交际行为的指南。例如，通过学习不同国家的文化模式和交际规则，交际者可以提高文化敏感性，更好地理解人际交往模式和跨文化语境中的隐含表达。掌握广义文化知识还意味着需要了解和理解多个国家的代表性文化和地区特性，及其主导文化模式和发展动向。而狭义文化知识则更为具体，专注于特定场合下的文化知识。比如，在国际商务交流中，交际者需要了解相关的商务文化常识；对于留学生来说，他们需要了解所在国家的文化规范和常识。这种具体的文化知识使交际者能够更加精确地在特定的文化环境中进行交际，实现更为顺畅和得体的沟通。

（二）动机

　　在跨文化交际能力的构成要素中，动机要素占有核心地位。动机要素主要关注交际者在跨文化交际过程中所展现出的预期情感反应和意愿。这一要素与知识要素一样，具有直接影响交际者在跨文化交际中的效果的能力。具体而言，动机要素涉及交际者在不同文化背景下，所表现出的情感状态、文化敏感性和对不同文化的态度。

　　情感状态在跨文化交际中具有关键性的作用。每个人都有其特定的情感状态，如快乐、悲伤、愤怒和幸福，这些情感状态在交际过程中都有所表现。交际者对文化的敏感性和对某一文化的态度是情感的表达，反映了他们的心理和情感反应。对于不同文化背景的交际者来说，他们的情感反应和态度往往受到文化差异的影响。对于很多交际者来说，在跨文化交际中可能会面临陌生和不熟悉的环境和事物，这些都可能会引起他们的恐惧和逃避，阻碍了跨文化交际的进行。例如，不熟悉的环境、不同的声音和味道，都可能成为他们回避跨文化交流的因素。勇于面对和接受不熟悉的文化环境和事物，可以加深交际者对新文化的理解，增强其跨文化交际能力。愿意体验和学习新文化的交际者通常能更好地理解不同文化间的差异，更加适应多样化的文化环境，从而实现更为有效和得体的跨文化交际。因此，培养和激发交际者对新环境和新事物的接受能力和体验动机是至关重要的。

（三）技巧

技巧作为跨文化交际能力的关键要素，贯穿于跨文化交际的全过程，它可以使交际者的行为更为得体和高效。有效的跨文化交际行为不仅仅需要知识和动机的支持，更需要实际的交际技巧，以确保信息的正确、清晰和有效传达。交际技巧包括但不限于语言运用能力、非语言交际能力和解码能力。例如，一个人要在不同文化背景下有效沟通，他需要掌握并娴熟运用目标语言，同时还需要理解和解读不同文化背景下的非语言符号、手势、表情等。这些技巧的运用，可以帮助交际者更好地避免误解和冲突，实现交际目标。

在跨文化交际活动中，具体的交际技巧包括如何调整语速、音量和语调，如何运用得体的礼貌用语，以及如何利用非语言手段，如身体语言、目光交流和姿势来加强信息的传达等。掌握这些技巧，可以使交际者在多元文化环境中更为灵活、自信和得体。此外，文化适应性也是一项重要的交际技巧，它涉及交际者如何在不同文化环境中调整自己的行为模式和沟通方式，以满足不同文化背景下的交际需求和期望。文化适应性的提高，可以帮助交际者更好地融入新的文化环境，减少文化冲突和误解，增强跨文化交际的效果和满意度。

（四）非言语表达

非言语表达作为跨文化交际能力的一部分，涉及许多与文化、习俗和传统紧密相关的表达方式。非言语表达包括肢体语言、面部表情、目光接触、触觉交流、空间距离、时间观念等，在不同文化中具有各自特定的意义和用途。这些都构成了人们在沟通中传达和理解信息的方式。例如，一些文化中，直接的目光接触被视为诚实和坦率，而在其他文化中，这可能被视为无礼或挑衅。此外，非言语表达还和文化价值观、信仰和态度紧密相连。为了更全面地理解非言语行为的内涵和含义，交际者需要对比研究不同文化的价值观和信仰体系，理解它们如何影响个人的行为和交际方式。这种深入的文化学习和反思，不仅有助于建立和培养交际者的跨文化理解和共鸣，还有助于提高他们跨文化交际的敏感性和反应能力。

掌握非言语交际技巧需要实际经验和实践。例如，交际者可以在准备访问其他国家之前，通过观察和学习，了解目的地国家人们的日常行为、礼节和习俗。实地体验和互动则是进一步深化这些理解的重要途径。通过观察、模仿和实践，交际者可以逐渐掌握和应用非言语符号，更自如地融入不同文化的交流环境中。

三、跨文化交际能力培养的维度

在现今多元文化的共同发展的背景下，跨文化交际能力的培养显得愈发重要。跨文化交际能力不仅仅关注行为和表达，更深入心智和认知层面的发展。它涵盖了认知、情感和行为三个核心方面，目的是形成全方位、多层次的文化交际能力。

（一）认知维度

在认知维度中，学习者需要深入研究和理解文化差异和相似性，探寻文化背后的价值观、信仰和思维方式。一方面，学习者需要获取广泛的文化知识，建立多文化的视野和全球意识，包括对文化的深层次主题，如人与自然、时间观念、个体与社会的关系等有深刻理解。这些普遍的文化知识为学习者提供了与不同文化成员交流的基础。另一方面，学习者还需要深入特定文化中，学习和理解该文化特有的思维方式和行为模式，这有助于学习者更精准、更自然地进行文化交流。

此外，批判性思维在此维度也占有重要地位。通过对比和反思不同文化，学习者可以发展更加全面、客观的文化认知，这种从宏观到微观的学习过程有助于学习者更加全面地理解文化多样性和复杂性，避免文化刻板印象和偏见。

（二）情感维度

情感维度强调个体的情感、态度和价值观。学习者需要发展对多样性文化的尊重和欣赏，培养开放、包容的心态，建立文化自信和文化同理心。正面的情感态度有助于学习者更积极地参与跨文化交流，更愿意理解和接纳不同的文化。学习者也需通过反思和批判性思维，深入理解自己的情感反应和价值观，从而更好地调整自己在不同文化交际场景中的情感反应和行为。同时，情感管理和情感调节在跨文化交际中也非常重要。学习者应学会识别、理解和适当表达自己的情感，以及理解和接受他人的情感表达。这需要学习者具备高度的自我意识和自我调节能力。

（三）行为维度

行为维度涉及具体的交际策略和行为表达。学习者需要掌握和应用有效的交际策略，例如，积极倾听、采取友好态度和展现宽容大度。这要求学习者不仅要学习普遍的文化行为准则，也要了解特定的文化行为规范和习俗，从而在实际交际中灵活运用，实现有效交际。实践和经验在行为维度中尤为重要。学习者通过不断的实际交流和互动，可以加深对交际策略的理解和应用，不断完善和提高自己的交际技能，实现真正意义上的跨文化交际。

四、跨文化交际能力培养的策略

（一）增强学生的本民族文化意识

在跨文化交际能力培养的过程中，增强学生的本民族文化意识是一个基础而关键的环节。本民族文化意识不仅是个体认同的核心，更是与他人有效交流的基础。强烈的本民族文化意识能够帮助个人更深入地理解其他文化，形成更加全面、平衡和多元的价值观，从而在多文化背景下实现更为和谐和有效的交流。

1.深入理解与反思本民族文化

要真正提高跨文化交际能力，学生需要深入理解和反思自己所处的文化。这不仅包括对本民族文化的历史、传统、价值观和社会规范的学习，还包括对个人在本民族文化中的定位和角色的思考。每个人都是在特定文化背景中成长的，由此形成了一定的思维方式、行为模式和价值观念。通过深入学习本民族文化，学生能够更好地理解这些思维方式和行为模式是如何形成的，为何存在，并且如何影响着他们的日常生活。同时，反思本民族文化中的不同元素，诸如信仰、习俗、道德观念和价值取向，可以帮助学生更加客观、全面地看待自己的文化。

2.本民族文化自豪感与跨文化尊重

增强本民族文化意识意味着要培养学生本民族文化的自豪感和跨文化尊重。在强调个人文化价值的同时，也要教育学生学会尊重和欣赏其他文化。有了深厚的本民族文化基础，学生将更有信心和勇气去探索、理解并接受来自其他文化的知识和价值。强烈的文化自信与对多样性文化的尊重是跨文化交际能力培养中不可或缺的两个方面，它们相辅相成，使学生在全球多元文化的交流中更加自信、从容。

3.实践与交流中的文化融合

学生需要通过实际的跨文化交际实践来不断加深对本民族文化的理解和认同。这包括与来自不同文化背景的人进行交流、参与多文化活动和体验不同文化传统等。在这个过程中，学生将有机会亲身体验和比较不同文化中的行为模式和价值观念，从而更好地认识、理解和融入本民族文化。在多元文化的交流与碰撞中，学生会更加深刻地意识到文化的相对性和多样性，更加尊重和欣赏文化差异，更加灵活和创造性地运用各种交际策略。

（二）引导学生理解西方文化知识

1.文化开放性与多元理解

在跨文化交际能力培养中，引导学生理解西方文化知识是至关重要的一环。西方文化具有其独特性，这需要学生以开放的心态和多元的视角去理解。学生需具备文化开放性，愿意接受和尊重西方文化中与本族文化不同的价值观、信仰和行为模式。这种开放性可以帮助学生超越文化局限性，理解和欣赏不同文化中的多样性和丰富性。多元理解则需要学生从多个角度和层面来探讨西方文化，不断地对西方文化的各个方面进行深入的学习和思考，如西方的历史、哲学、艺术、宗教等。

2.学术研究与实际体验

为了更全面地理解西方文化，学生应该结合学术研究和实际体验两个方面来学习。学术研究能够提供理论性和系统性的知识，帮助学生建立完整和深厚的文化理解。通过阅读西方的经典文献、学术著作、艺术作品等，学生能够深入了解西方文化的核心价值和基本理念。而实际体验则是通过参与和体验来深化对西方文化的感性认知。学生可以通过参加文化活动、交流项目、语言学习等方式，亲身感受西方文化的生活方式、交际习惯、思维方式等。

3.跨文化交流与语言学习

跨文化交流是促进学生理解西方文化的有效途径。在与来自西方的人们交流的过程中，学生能够直接观察和体会西方文化中人们的行为规范、交往模式、价值取向等。此外，语言学习是连接不同文化的桥梁，掌握一门外语，特别是西方语言，可以帮助学生更加直观和深入地理解西方文化。语言不仅仅是交流的工具，还承载了文化的精髓，反映了一个民族的思维方式、价值观念和生活态度。因此，学习西方语言是深入理解西方文化的重要途径。

（三）培养学生多方位的交际能力

提高跨文化交际能力不仅仅是学习不同文化知识的过程，更是一个培养多方位交际能力的全面发展的过程。学生需要培养维持交际关系的能力，学会最大程度减少交流失误，并具备协同合作以达成共识或达到共同目标的能力。为此，教师应注重学生综合素质的全面提升，包括语言表达与听说能力、人际互动与社会适应能力、团队协作与协同创新能力等多个方面。

1. 语言表达与听说能力

语言是交际的基础工具，学生必须具备清晰、准确、得体的语言表达能力，并能够有效地理解他人的言语，这对于减少交流失误至关重要。我们应通过各种语言实践活动，如演讲、辩论、讨论等，来培养学生的语言能力和听说技巧，使他们能够在跨文化环境中进行顺畅的沟通和交流。

2. 人际互动与社会适应能力

跨文化交际中，学生需要具备良好的人际互动能力，以建立和维持与他人的交际关系。我们要培养学生的社会适应能力，使他们能够理解和尊重不同文化背景下的行为准则和价值观念，更加包容和接纳文化差异。通过模拟实际情境，如角色扮演、小组讨论等，学生可以在实践中学习如何与来自不同文化背景的人建立良好关系，并学会在差异中寻求共通点。

3. 团队协作与协同创新能力

在多元文化的环境中，团队协作成为实现共同目标的重要途径。学生需学会在团队中发挥自己的优势，与团队成员协同合作，共同解决问题。教育者应设计多样化的团队合作项目，以培养学生的协同创新能力和团队协作精神。同时，学生还应学会如何在团队中表达自己的意见和建议，并学会听取和尊重他人的意见，以实现团队的和谐与统一。

第三节 "文化自信"视域下大学生学习能力的培养

一、学习能力的定义与重要性

（一）学习能力的定义和主要内容

大学生的学习能力通常涉及一系列的技能和策略，旨在使学生能够有效地获得、理解、应用和记忆新的信息和知识。学习能力并不仅仅是学术成绩的反映，而是一个更为全面和深入的概念，包括认知能力、自主学习能力、合作学习能力、应用能力等方面（图4-4）。

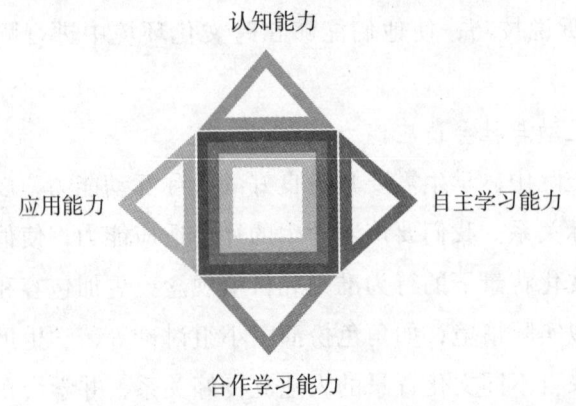

认知能力

应用能力　　自主学习能力

合作学习能力

图4-4　学习能力的主要内容

1.认知能力

认知能力是学习能力中最核心的一部分，它包含了理解与消化、分析与评价以及创造性思维三个子能力。

（1）理解与消化是基础，学生必须具备快速并准确吸收新知识和信息的能力，这包括对文献、讲座和实际应用中的信息的理解。只有深入理解了知识的基本结构和内容，学生才能够进一步进行应用和创新。这也涉及从多个源头获取知识，然后综合这些信息，形成完整、准确的理解。

（2）分析与评价能力则让学生能够对接收到的信息进行深入的思考，形成自己的见解和判断。这需要学生运用逻辑和批判性思维，分析各种观点和论据的合理性、一致性和有效性。较强的分析与评价能力使学生能够在复杂和不确定的情境中做出明智的决定，能够从中发现潜在的问题和机会。

（3）创造性思维是在理解与消化、分析与评价的基础上产生新的思考和见解，提出创新性的问题解决方法。这要求学生具备跳出现有认知框架的勇气和能力，提出和尝试新的可能性。创造性思维是推动知识发展和科学进步的重要动力，也是应对未来挑战的关键。

2.自主学习能力

自主学习能力是个人能够独立管理和控制自己的学习过程的能力。这包括自我管理、自我激励和自我评价。

（1）自我管理能力要求学生能够设定明确和可实现的学习目标、制订合理的学习计划，以及有效管理学习时间和资源。一个具备良好自我管理能力的学生可以在多任务和压力中保持学习的动力和专注度，更高效地完成学习任务。

（2）自我激励是指个体能够调动内在的动机，克服学习中的困难并勇于面对挑战。一个具备自我激励能力的学生，会在遇到困难时保持积极乐观的态度，寻找解决问题的方法，而不是逃避。这使得他们更容易适应不断变化的学习环境，更容易实现学习目标。

（3）自我评价是学生反思和评价自己学习过程和学习结果的能力。它涉及对学习策略、学习方法和学习成果的持续性评价和调整。通过自我评价，学生可以更好地了解自己的学习状态，发现自己的优点和不足，并根据反馈调整学习策略，实现持续改进。

3.合作学习能力

合作学习能力是指学生与他人一起，通过协作来实现学习目标的能力。这包括团队协作和沟通交流。

（1）团队协作要求学生能够理解和接受团队成员的不同观点和工作

127

方式，共同制订和实施工作计划，共同解决问题，达成团队目标。这要求学生具备与人沟通、协调、合作的能力，能够在团队中发挥积极作用，推动团队的发展和成功。

（2）沟通交流是合作学习中至关重要的部分。有效的沟通可以帮助团队成员更好地理解彼此的想法和需求，更加顺利地协作。一个具备良好沟通能力的学生，不仅能够清晰、准确、有说服力地表达自己的观点，还能够倾听并理解他人的意见，适时给予反馈，这对于团队的协作和目标的实现至关重要。

4. 应用能力

应用能力是学生将所学知识和技能运用到实际工作和生活中的能力。实际运用涉及知识和技能的转化和应用，是学生证明其学习成果的重要方式。通过将所学内容应用于实际情境中，学生可以加深对知识的理解，发现知识的价值和意义。在现实的应用中，学生需要将理论知识与实际需求相结合，找到解决实际问题的最佳方案。这可能涉及多学科的知识结合、创新性思维的运用以及团队协作的实施。通过实际应用，学生不仅可以实现知识的价值，还可以提高自己的问题解决能力、创新能力和团队协作能力。

（二）学习能力的重要性

1. 提高个体适应能力

在这个快速变化的时代，适应能力成为每个人都必须具备的。良好的学习能力是提高适应能力的关键。它帮助个体更快地理解和掌握新的知识和信息，更好地应对不断出现的新情况、新问题和新挑战。适应能力强的个体可以更轻松地适应环境的变化，找到在新环境中生存和发展的方法。快速的科技进步和社会变革要求个体不断学习和更新知识，不断提高自己以满足时代的要求。良好的学习能力让个体能够在变化中发现机遇，在挑战中找到解决方案。这不仅使个人能够在职业和生活中取得成功，还有助于个体的持续成长和永续发展。

2.有利于促进职业发展

在职业生涯中，学习能力显得尤为重要。它是个体获得新技能、适应新角色、实现职业发展和晋升的关键。随着工作环境的不断变化，个体需要不断地学习新知识和新技能，以满足不断升级和转变的职业要求。具备优秀学习能力的员工能够更快地适应工作变化，更有效地完成新的任务，因此更有可能获得职业成功和晋升。学习能力不仅关系到个人的职业成就，也影响着组织和企业的竞争力。在知识经济时代，企业的成功越来越依赖员工的知识和技能。员工的学习能力直接决定了企业的创新能力和市场竞争力。因此，个人的学习能力也是其对企业和社会做出贡献的重要影响因素。

3.为终身学习奠定基础

终身学习是当今社会的一项基本要求。学习能力是终身学习的基石，是个体在整个生命周期中不断追求知识积累和个人成长的保障。终身学习意味着个体在不同的生命阶段、在不同的环境中，都保持对知识的渴望和追求，不断学习、不断成长。这种持续的学习和成长使个体能够更好地理解世界，更有效地应对生活中的各种问题和挑战。终身学习不仅提高了个体的知识水平和生活质量，还增强了个体的适应性和竞争力。在快速发展和变化的社会中，终身学习成为个体保持职业竞争力、实现自我发展和价值的重要手段。它推动个体持续成长，不断刷新知识和技能的边界，使个体在不断变化的环境中保持活力和创造力。

4.有利于服务社会

学习能力还体现在个体对社会的贡献上。通过持续学习，个人不仅能够提高自己的知识和能力，还能够更好地服务于社会，推动社会的发展和进步。个人的学习和成长会带动社会价值观的提升和社会文化的发展，形成积极向上的社会氛围。个体通过学习获得的知识和技能，可以用于解决社会问题，推动社会创新。这使得每个人都成为社会进步的参与者和推动者。而社会的发展和进步又反过来为个体提供更好的学习和发展环境，如此形成了一个积极的良性循环。因此，提高个人学习能力也是推动社会持续发展和进步的重要途径。

二、影响学习能力的主要因素

（一）主观因素

1.智力因素

智力因素是自主学习的基础。所谓智力，指的是掌握和使用各种学习技巧的能力。本书探究的智力因素主要是指语能，即语言智商。智力通常包括个体一般性的学习能力、理解能力和推理能力，而语能作为智力的重要组成部分，是个体特殊的语言认知能力。心理学家卡罗尔（Carol）将语言的认知能力归纳为以下几种。

（1）语音编码能力。语音编码能力是学习者对不同语音进行辨别、记忆和理解的能力。在英语学习中，这种能力至关重要，因为英语中存在许多音素和语音现象，如元音和辅音的区别、重音和连读等，这些对于母语非英语的学习者来说，可能是全新的。例如，英语中的"th"音在许多其他语言中并不存在，因此能够正确地辨别并发出这个音是英语学习的重要部分。学习者通过训练自己的语音编码能力，能更准确地理解和模仿英语发音，从而提高语言的准确性和流利度。

（2）语法敏感能力。是指学习者识别和运用语法规则的能力。英语语法有其特定的规则和结构，如时态、语态、从句结构等。具有高度发达的语法敏感能力的学习者能够快速识别语句中的语法结构，并正确地运用它们。例如，学习者能够区分现在完成时和一般过去时，并知道在不同情境下如何正确使用它们。这种能力对于写作和口语都极为重要，因为它直接影响到语言的准确性和表达的清晰度。

（3）语言学习的归纳能力。这种能力使得学习者能通过观察和分析具体的语言实例，归纳出一般性的语言规则。例如，在接触一系列不规则动词变化的例句后，学习者能够自行归纳出一些变化规律，而不是单纯依赖于记忆。这种能力对于理解英语的复杂性和灵活性至关重要，因为英语中存在许多例外和变体，仅仅依靠死记硬背是不够的。

（4）语言的记忆能力。记忆能力在语言学习中尤为关键，因为学习者需要记住大量的词语、短语和语法规则。良好的记忆能力使得学习者能够迅速记住新单词和短语，并在需要时准确地使用它们。例如，一个拥有强大记忆力的学习者能够快速扩充词汇量，并在交流中流畅地运用这些词语。此外，记忆能力也对长期的语言维护和能力提升非常重要，尤其是在学习过程中间歇性地接触英语的情况下。

2.非智力因素

影响学习的非智力因素如图 4-5 所示。

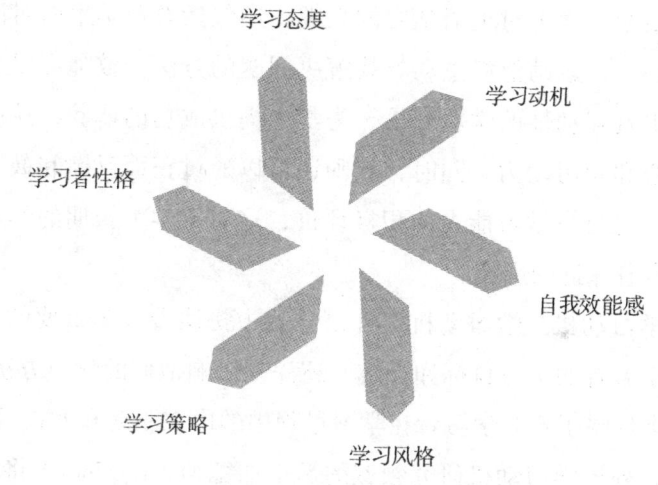

图 4-5 影响学习能力的非智力因素

（1）学习态度。学习态度作为影响大学英语学习能力的一个重要非智力因素，其影响深远。学习态度不仅影响学生对学习内容的接受度，还决定了他们面对学习挑战时的态度和反应方式。

一方面，学习态度决定了学生的学习动机和参与度。积极的学习态度使学生更愿意投入时间和精力去学习英语，这种态度往往源于对学习英语的兴趣和对其重要性的认识。例如，一个认为英语学习对其未来职业发展有重大意义的学生，可能会更积极地参与到课堂活动和课外学习中。他们的求知欲和内在动力通常更强，因此在学习过程中能更持久和深入地探索，遇到困难时也更有可能坚持下去。

另一方面，学习态度还影响学生面对挑战和困难时的应对策略。具有积极学习态度的学生在遇到学习中的难题时，更倾向于积极地寻求解决方案，而不是放弃或逃避。这种积极应对的方式不仅帮助他们克服当前的困难，还能够在这个过程中提升自身的学习能力和适应能力。例如，当一个学生在理解英语语法规则遇到困难时，积极的态度可能促使他去寻找额外的学习资源，如参加辅导课程、咨询老师或同学，甚至使用线上教育平台，而不是简单地放弃。

因此，对于大学英语教师而言，培养学生的积极学习态度至关重要。这不仅包括激发学生对英语学习的兴趣，还包括教育学生面对困难时保持积极的心态，鼓励他们主动寻找解决问题的方法。教师可以通过创设更有趣和更具互动性的学习环境，为学生提供成功的体验，从而提升学生的自信心和学习动力。同时，教师还可以通过正面反馈和鼓励，帮助学生建立起对自身学习能力的积极评价，这对于学生长期的学习动机和学习成效有着深远的影响。

（2）学习动机。学习动机在外语学习中扮演着极为重要的角色，它不仅影响学习者的学习目标和兴趣，还深刻影响他们的学习方法和效果。动机的分类反映了不同学习者在学习过程中的内在驱动和外在目的。

其一，外语学习动机研究领域的鼻祖加德纳（Gardner）将学习动机细分为四个方面：学习某种语言的目标、实现学习目标的愿望、学习中做出的努力和对学习某种语言的热爱程度。这种分类方式考虑了从目标设定到目标实现整个过程中的动机因素。例如，一个学生学习英语可能是为了去英语国家留学（目标），对此抱有强烈的愿望（愿望），愿意为之付出相应的努力（努力），并且对英语学习抱有浓厚的兴趣（热爱）。这种分类方法帮助我们理解动机是一个涉及多个方面的复杂构成，从理想的设定到实现这些理想的过程，动机都在发挥作用。

其二，心理学家布朗（Brown）对学习动机的分类则更侧重于动机的类型，他将其划分为整体动机、情境动机和任务动机。整体动机关注的是长期的、全面的学习目标，如为了更好地融入英语社区而学习英语。情境动机则是由特定环境或情境触发的动机，如一个学生可能因为即将去美国旅游而开始学习英语。任务动机则关注具体的学习任务，如为了完成某个英语项目而学习。这种分类强调了动机的多样性和可变性，指出学习者的动机可能因具体任务和环境的变化而发生变化。

其三，加德纳和兰伯特（Lambert）的观点则将动机分为融合型动机和工具型动机两大类。融合型动机源于学习者对目的语言文化群体的兴趣和希望成为其中的一部分，这通常涉及较深层次的文化和社会因素。例如，一个学习者可能因为对英国文化的热爱而学习英语，希望能更深入地理解和融入这种文化。工具型动机则是出于实际利益考虑，如为了获得更好的工作机会或提高职业技能。例如，学习英语可能是为了在国际化的商业环境中获得竞争优势。

语言学习动机在语言学习过程中扮演着核心角色，并对学生的自主学习能力产生重大影响，同时与学习成果密切相关。作为一个教育心理学的概念，学习动机本质上是驱使学生获取知识的内心驱动力和渴望。研究指出，学习者对英语学习的动机多种多样：有些人学习英语是为了满足职业需求，有些人则是希望在英语环境中进一步深造，还有些人仅仅是为了应对考试，或者是为了国外旅行的需要。这种动机对语言学习者的学习过程有着显著的影响，是推动自主学习的关键因素之一。当学生具备了学习动机，他们会更倾向于自发地制订学习计划，主动思考学习内容和方法，以实现个人学习目标。在面临挑战和困难时，这种动机会激发学生积极寻求解决方案，而不是轻易放弃，从而在积极寻求解决方案的过程中不断提升自己。

（3）自我效能感。自我效能感是指个体对自己是否有能力完成某一行为所进行的推测与判断。自我效能感是由美国著名心理学家、社会学习理论的创始人班杜拉（Bandura）最早提出来的。班杜拉认为，人们对自身能力的判断在其自我调节系统中起着至关重要的作用，并提出了自我效能感的概念。自我效能感是影响英语学习的一个重要动机性因素，具体体现为以下几个方面。

其一，自我效能感影响英语学生选择学习任务的倾向。高自我效能感的学生更倾向于挑战自己，如选择难度较高的英语阅读材料或尝试进行复杂的英语口语交流。他们认为这些挑战性任务能够促进自己的语言能力提升，而且他们相信自己有能力完成这些任务。相反，自我效能感低的学生可能倾向于选择简单的英语学习活动，如基础词汇学习，避免进入更具挑战性的英语学习领域。

其二，在设定英语学习目标方面，自我效能感高的学生往往设定更高的目标，如达到一定的英语水平、能够流利地进行英语对话或完成高难度的英语写作。他们愿意通过独立学习或参加英语课程来实现这些目标，而自我效能感低的学生可能只满足于基础水平的英语学习。

其三，自我效能感在英语学习中对学生的努力程度和持久性有显著影响。具有高自我效能感的学生在学习英语时表现出更大的努力和坚持。面对难以掌握的英语语法规则或复杂的发音问题时，这些学生不会轻易放弃。相反，他们会采取积极的方法，如查阅额外的学习材料、参加辅导班，或求助于老师和同学。他们相信通过持续的努力可以克服这些困难。例如，在学习英语中不规则动词变化时，他们可能会制订详细的复习计划，反复练习，直至完全掌握。这种坚持和努力通常导致更好的学习成果，反过来又进一步增强了他们的自我效能感。

其四，高自我效能感的英语学生在面对学习中的挑战时，如口语表达和听力理解的困难，能够更有效地管理自己的情绪。他们通常能保持冷静和沉着，不会轻易被挫折击败。这种情绪控制能力使他们能够更加专注于学习任务本身，而不是被焦虑和紧张感困扰。例如，在准备英语口语考试时，他们可能会通过冥想、深呼吸等方法来减少紧张感，或者通过模拟考试来增强自己的信心。这种积极的情绪管理不仅提高了学习效率，也使学习过程更加愉快和富有成效。

其五，在英语学习策略的运用方面，具备高自我效能感的学生更倾向于使用有效且多样化的学习策略。例如，他们可能会主动扩充词汇量，通过多种方法记忆新单词，如制作闪卡、编写句子等。在提高听力技能方面，他们可能会运用元认知策略，如主动寻找并听不同口音的英语材料，反思自己在理解上的困难，并寻求改进方法。此外，面对学习中的困难，他们更有可能持之以恒，并在必要时调整学习方法，以确保达到学习目标。这种对学习策略的有效运用不仅提升了他们的英语能力，也增加了学习的自我驱动力和满足感。

（4）学习风格。一直以来，学习风格都是二语习得、教学心理学等学科共同关注和探讨的一个重要课题。尽管不同学者对学习风格的定义各不相同，但它们在本质上存在着某些共同点。

学习风格是一个个体在长期学习过程中逐渐形成的独特行为模式。这种模式体现了个体在学习过程中的个性化偏好，如他们倾向于以何种方式吸收和处理信息；学习风格的实质是学习者偏好的学习策略、方式或倾向。这些策略和方式反映了学习者如何选择、组织、理解和记忆信息；此外，学习风格常常受到社会、家庭和教育方式的影响，不同的社会和文化背景可能促进不同类型的学习风格的形成。

在英语学习中，学生的学习风格对其学习效果和效率有着显著影响。例如，冲动型和思考型学生在英语学习中的表现可能截然不同。冲动型学生可能更倾向于通过直接交流和实践活动来学习英语，而思考型学生可能更青睐于通过深入分析和理解英语语法规则来学习。同样，视觉型和听觉型学生在英语学习中也表现出不同的偏好。视觉型学生可能更喜欢通过阅读和观看英语视频来学习，而听觉型学生可能更倾向于通过听英语歌曲和参与口语对话来提高自己的英语能力。

因此，了解和尊重学生的学习风格在英语教学中至关重要。教师应认识到不同学生具有不同的学习风格，并尝试提供多样化的教学方法来满足不同学生的学习需求。例如，为视觉型学生提供图表和视觉辅助材料，为听觉型学生提供听力练习和英语歌曲。此外，教师应鼓励学生探索和利用自己的学习风格，帮助他们建立有效的学习策略，以提高他们的英语学习效率和效果。通过这样的方法，教师可以为学生创造一个宽松、自主的学习环境，从而促进他们的英语学习。

（5）学习策略。学习策略是指学习者在获取知识过程中使用的一系列具体技巧和方法。这些策略不仅涉及学习者的外部行为，如笔记制作、信息整理等，还包括内在的心理活动，如信息加工、记忆策略等。学习策略的核心特征是其灵活性和可变性，即它们可以根据学习情境和学习者的需要进行调整和变化。此外，学习策略是可以通过实际学习实践获得和发展的，意味着学习者可以通过不断地学习经验积累和自我反思来优化和调整自己的学习策略。学习策略对学生的学习过程有着重要影响。有效的学习策略可以帮助学生更好地理解和掌握学习内容，减少学习过程中的困惑和焦虑。学习策略的运用不仅使学习者保持学习热情和动力，还可以改善学生的学习态度，提高学习效率。在最终效果上，它促进了自主学习的顺利进行，帮助学生在学习过程中取得更好的成绩并获得更好的体验。

现代认知心理学通常将学习策略分为两类：认知策略和元认知策略。认知策略主要关注学习内容的直接处理，如通过重复、归纳、总结等方法来加深对学习内容的理解和记忆。而元认知策略则涉及对自己学习过程的监控和调节，包括计划学习任务、监控学习过程中的理解和注意力、评估学习成果等。这两类策略相辅相成，共同构成了学生在学习过程中的整体策略体系。通过合理运用这些策略，学生能够更有效地进行学习，达到更好的学习效果。

在英语学习的过程中采用多样化的学习策略可以极大地丰富学习体验并提高学习效果。如听、说、读、写，还要在每个方面尝试多种不同的策略。这是因为英语学习是一个综合性的过程，包括语音、词汇、语法、阅读理解、口语表达等多个层面。因此，单一的学习策略往往无法满足所有学习需求。例如，在面对发音问题时，可以采用语音学习策略，通过模仿、练习和纠正错误来提高发音准确性。同时，要通过大量的听力练习来增强对英语语音的感知能力，这有助于提高听力理解水平。此外，通过口语练习与其他学习者或母语人士对话，可以提高口语表达能力，以便流利地进行口语交际。对于词汇和语法知识的扩展，可以采用阅读策略。阅读英语材料，如英语小说、新闻或学术论文，有助于扩展词汇量和提高语法理解能力。同时，可以使用词汇卡片、词根词缀法等记忆策略来加强单词记忆。

此外，根据具体的学习任务来选择策略也是至关重要的。如果正在准备英语口语考试，可以通过模拟口语考试和与其他学习者练习对话来提高口语能力。如果需要提高写作水平，可以采用写作策略，如写作大纲、反复润色和寻求写作反馈等。

（6）学习者性格。学习者的性格也是影响学习的非智力因素之一。性格在英语学习中扮演着关键的角色，不同性格类型的学生可能在学习策略、学习动机和学习效果方面有所不同。

从心理学角度上讲，性格分为外向型和内向型两种。人们普遍认为，外向型性格的学生由于练习外语的机会多，其学习成绩要优于内向型性格的学生。然而，事实并非如此。外向型学生通常具有社交性强、健谈和外向的特点。他们更愿意参与口语互动，与他人交流，因此在口语表达方面可能具有一定的优势。然而，他们有时可能会忽略语言的形式和细节，注重交流的流畅性而不是准确性。相反，内向型学生通常更加沉静、深思熟虑，更擅长进行细致的分析和规划。他们可能更注重语言的准确性和规则，倾向于深入学习语法和词汇。在学习英语时，他们可能更容易注意到语法错误或发音细节，并努力提高语言的准确性。

然而，这并不意味着外向型学生比内向型学生更有优势。实际上，不同的学习任务可能适合不同性格类型的学生。在口语交流和实际应用中，外向型学生可能更流利和自信，而在语言分析和写作方面，内向型学生可能更细致和有耐心。因此，性格类型不是决定学习成就的唯一因素，而是影响学习策略选择的因素之一。教师在教学中应该认识到学生的不同性格特点，并为他们提供适合其性格类型的学习机会和环境。同时，学生也可以通过了解自己的性格类型，选择适合自己的学习策略，充分发挥自己的优势，提高英语学习效果。

（二）客观因素

1. 教师

教师是英语学习过程中的关键外部因素之一，他们在学生的学习中发挥着重要的作用。教师的教学态度、教育理念、教学方法和教材选择都可能对学生的英语学习产生深远的影响。

（1）教师的教学态度和理念对学生的学习产生重要影响。如果教师积极鼓励学生、信任学生的学习能力，并传达对知识的热爱和追求，学生更有可能积极参与学习并建立自主学习的意识。相反，如果教师对学生持消极态度，对学生缺乏信任，或者将学习视为单纯的知识传授，学生可能失去对学习的兴趣和动力。

（2）教师的教学方法也至关重要。不同的教学方法可以适应不同类型的学生和学习任务。教师应该灵活运用多种教学方法，包括互动式教学、合作学习、问题解决等，以满足学生的多样化学习需求。教师的指导和引导也是至关重要的，他们应该帮助学生建立学习策略，培养学习技能，提供学习反馈，以便学生能够更好地自主学习。

（3）教师所选择的教材也可以对学生学习产生深远的影响。教材应该符合学生的水平和需求，并提供丰富的学习资源。它们不仅仅是传递知识的工具，还能够激发学生的学习兴趣和动力。在选择和使用教材时，有几个关键方面需要考虑，这些方面都可以深刻地影响学生的学习经验。

其一，教材应该与学生的水平和需求相匹配。举例来说，如果学生的英语水平处于初级阶段，这时选择了过于复杂的教材，可能会让他们感到沮丧，降低学习积极性。因此，教师需要根据学生的水平选择适当难度的教材，这样可以确保学生的学习既有挑战性，又不至于过于困难。

其二，教材应该提供多样化的学习资源，包括文本、练习题、听力材料、视频等多种形式的学习材料。例如，一个包含真实对话和听力练习的教材可以帮助学生提高听力理解能力，而一个生动有趣的故事教材可以激发学生的阅读兴趣。多样化的资源可以满足不同学生的学习需求，让他们更全面地发展英语技能。

其三，教材的组织和呈现方式也至关重要。清晰的结构和合理的呈现逻辑可以帮助学生更好地理解和掌握知识。教材应该有条理地组织内容，从基础知识逐步深入，确保学习过程有序而流畅。

其四，教材的选用也应考虑教学目标和学生的兴趣。如果教材内容与学生的实际生活和兴趣相关，他们更有可能对学习产生浓厚的兴趣，积极参与课堂活动。

2. 同伴

学习既是个体的行为又是社会的行为，它既不会发生在真空中，也不是完全独立的，同伴之间的协商、合作能够有效地促进个体的学习。学生的学习至少在以下方面会受到同伴的影响。

（1）同伴的学习行为对学生的学习有着榜样示范的作用。根据社会认知理论，学习能力的发展是个体将外部学习技能内化为自己能力的过程。这一过程包括观察、模仿、自我控制和自我调节四个阶段。因此，同伴可以成为学生学习的榜样，激发他们的学习动力和兴趣。当学生看到同伴积极参与学习、勤奋努力时，他们更有可能受到启发，也会更加努力地投入学习，从而提高学习能力。

（2）学生对自身学习能力的评估受到同伴学习行为和学习成绩的影响。个体通常通过内部比较和社会性比较来评估自己的学习能力。社会性比较主要是将自己的能力与同伴的能力和成绩进行比较。研究表明，同伴的能力和成绩在学生评估自己学习能力时起着重要作用。这意味着同伴的学习行为和表现可以影响学生对自己学习能力的认知和信心。如果学生看到同伴取得成功，他们更有可能相信自己也能够取得好成绩，从而提高学习能力。

（3）同伴关系对学业求助产生影响。学业求助是学生学习的重要社会互动过程和适应性学习策略。在情感和谐、相互亲近、团结互助的同伴关系中，学生更倾向于互相帮助和合作，而不是竞争。这种积极的同伴关系有助于学生更好地理解和掌握知识，同时提供了一种积极的学习环境。学生在这样的同伴关系中可以更自由地寻求帮助，而不担心被排斥或受到负面评价。因此，同伴关系的积极性和亲近性对学业求助的效果至关重要，它可以促进学生学习能力的提高。

3. 环境

（1）家庭环境无疑是影响学生学习能力的一个重要因素。家庭经济条件、家长的受教育水平和价值观，以及家庭的教育环境和氛围都会深刻地塑造一个人的学习习惯和态度。例如，一个经济条件优越、文化水平较高的家庭可能会提供更多的学习资源和机会，如图书、培训班等，从而促进学生学习能力的发展。而在一个注重学习和知识的家庭中，孩子通常会受到更多的鼓励和支持，从而形成积极的学习动机和正向的学习态度。相反，在一个学习环境和条件较为匮乏的家庭中，学生可能会遇到更多的学习困难和挑战，缺乏足够的学习支持和引导，这可能会对他们的学习能力和学习成绩产生负面影响。

（2）良好的学习环境对于学生学习能力的发展至关重要。这包括物理环境和心理环境两个方面。在物理环境方面，学生需要一个宁静、舒适、有助于集中注意力的学习场所，这将大大增强他们的学习效率。适宜的温度、适度的光线和适当的噪声水平都是需要重视的因素。心理环境方面，一个积极、和谐、支持性的学习氛围能够激发学生的学习兴趣和学习动力，有助于知识的吸收和理解。教师与同学之间的互动和关系也将对学生的学习态度和学习成绩产生影响。因此，创造和维护一个良好的学习环境是学校、教师、学生和家长共同的任务。

（3）社会环境包括社会风气、社会价值观和社会期望，这些都会深刻地影响学生的学习动机和学习态度。在一个注重教育、尊重知识和学问的社会中，学生更容易培养积极的学习动机和积极的学习态度，更愿意全身心地投入学习中。同时，社会的期望也会影响学生的学习目标和学习方向。举例而言，社会对不同学科和职业的期望和评价将会影响学生的专业选择和学习目标的设定。如果社会环境强调功利和物质追求，可能会导致学生形成不正确的价值观和学习目标。因此，塑造积极健康的社会环境是整个社会的共同责任，对于培养学生的学习能力和形塑他们的人格特质具有深远的影响。

三、培养学习能力的主要方法

（一）制订并实行有效的学习计划

在文化自信的背景下，制订并实行有效的学习计划在大学英语学习中至关重要。学生需要明确他们的学习目标，这些目标应该是具体而实际可行的，有助于他们保持学习的动力和方向。这一步骤体现了对自身学习需求的了解，也是文化自信的一部分，因为学生需要自信地追求自己的学习目标。接下来，学生应该制订一份详尽而实用的学习计划，其中包括每天的学习时间、学习内容以及预期的学习成果。这个计划不仅有助于学生更好地组织学习时间，还能够帮助他们量化学习任务，使学习过程更加可管理。这个步骤反映了学生在文化自信下，对自己学习的掌控和计划能力的信心。

然而，制订计划只是第一步，严格执行学习计划才是成功的关键。当学生遇到困难和挑战时，他们需要保持积极的学习态度，这体现了他们的自信和决心。他们可以积极寻求帮助，如请教老师或同学，也可以自我调整学习策略，以克服困难。另外，有效的时间管理也是培养学习能力的重要组成部分。学生应该学会如何分配学习、休息和娱乐的时间，避免时间浪费。这体现了他们对学习资源的充分利用，同时也反映了他们对学习任务有信心处理的能力。

（二）培养深入思考和批判性思考能力

在文化自信的背景下，培养深入思考和批判性思考能力在大学英语学习中具有重要意义。深入思考能力帮助学生更好地理解和吸收新知识。这是文化自信的一部分，因为学生需要自信地探索和理解英语语言和文化。通过深入思考，学生可以超越表面的知识点，深化对语言背后文化和历史背景的理解。这不仅有助于提高语言的运用能力，还可以丰富学生的跨文化意识。批判性思考能力使学生能够分析信息、评价观点，并形成独立的见解和判断。这对于大学英语学习尤为重要，因为英语作为一门国际性语言，涵盖了各种各样的文化和观点。通过批判性思考，学生可以更好地理解不同文化背景下的文本和观点，同时也能够批判性地思考和表达自己的看法。这有助于培养学生的学术素养和批判性思维，使他们能够更好地适应复杂多变的国际社会。

为了培养深入思考和批判性思考能力，学生应该积极参与学习过程，如参加讨论、提出疑问和解决问题。这可以通过与教师和同学的互动来实现，也可以通过独立研究和探索来加强。大学阶段，学生不仅仅应该追求知识的记忆和理解，还应该注重知识的应用和创新。通过反思、探索和实践，学生可以不断提高深入思考和批判性思考的能力，从而形成更加独立、成熟和全面的世界观，为个人发展和未来为社会做贡献奠定坚实基础。在文化自信的引领下，培养这些能力将有助于学生更好地应对国际化和多元文化的挑战，为建设更加和谐和多元的世界贡献自己的智慧和力量。

（三）加强实践和应用能力的培养

在文化自信的背景下，加强实践和应用能力的培养在大学英语学习中具有重要意义。实践能力的培养可以帮助学生更好地将英语语言应用于实际情境中。英语作为一门国际性语言，其应用领域广泛，涵盖了商务、科技、文化交流等多个领域。通过实践，学生可以学会如何有效地使用英语进行沟通、解决问题，这有助于提高他们的英语应用能力。此外，实践也可以促进跨文化交流和理解。在国际化的背景下，学生需要能够与来自不同文化背景的人交往和合作。通过参与实际项目或国际交流活动，学生可以更好地理解不同文化的差异，培养跨文化沟通和合作的能力，增强文化自信。

应用能力的培养则强调学生如何将英语知识应用于实际问题的解决。这包括解决跨学科问题、分析复杂情境、提出创新解决方案等能力。通过项目研究、案例分析等活动，学生可以锻炼自己的问题解决和创新思维能力，这对于他们未来的职业发展和社会参与至关重要。

（四）加强心理素质的培养和心态的调整

在文化自信的背景下，加强心理素质的培养成为提升大学生学习能力的不可或缺的一环。心理素质的培养有助于学生保持积极的学习状态并积极应对学习中的压力。文化自信鼓励学生自信地面对自己的文化和语言，而积极的心态是实现自信的关键。通过心理健康教育和咨询服务，学校可以帮助学生建立健康的心态，提高他们的自我认知和情绪管理能力。这将有助于学生更好地处理学业压力和挫折，保持稳定的学习状态。

积极的心态和心理素质培养还有助于学生更好地应对学习中的挑战和困难。在学习过程中，学生难免会面临各种难题和挫折，但通过积极的心态调整，他们可以将这些挑战看作成长的机会。这种积极的心态能够激发学生的学习动力，使他们更加努力地克服困难，不断提高自己的学习能力。最重要的是，心理素质和积极的心态有助于学生形成终身学习的习惯和追求。在文化自信的推动下，学生会认识到学习不仅仅是为了应付考试，更是为了不断提高自己的综合素质和为社会做贡献。通过培养积极的心态，学生可以将学习视为一种持续的追求，这将伴随他们的整个学习和职业生涯，使他们成为有文化自信的终身学习者。

（五）培养多元化的学习方法和个性化的学习路径

培养多元化的学习方法是提升学生学习能力的另一关键。不同的学生有不同的学习风格和偏好，因此，应该鼓励学生探索和尝试多种学习方法，找到最适合自己的学习方式。这可以通过多元化的教学方法来实现，如讨论、项目、实验、实践等，这些方法能够满足不同学生的学习需要，激发他们的学习兴趣和潜能。同时，学生应该被鼓励确定个性化的学习路径。这意味着学生可以根据自己的兴趣、目标和潜能，选择适合自己的课程和学习内容，制订符合自己发展需求的学习计划。个性化的学习路径有助于学生更加明确自己的学习目标，更加有动力地去追求学术和职业的成功。此外，个性化学习也更有利于培养学生的创新思维和批判性思考能力，这将使他们在未来的学习和职业生涯中更加卓越和成功。通过多元化的学习方法和个性化的学习路径，学生不仅可以提高学习效率和学习成绩，还可以更好地实现自我发展，更加积极、主动地参与到社会的建设和发展中。

（六）营造激发学习热情的学习环境

一个良好的学习环境对于大学生学习能力的提升至关重要。首先，学校和教师要创造一个正面、积极、包容和开放的学习氛围。这样的学习氛围可以鼓励学生积极参与学习，发挥他们的创造性。通过这样的氛围，学生能够在积极的互动和讨论中，更好地理解和掌握知识，更加自信和勇敢地表达自己的观点和想法。

其次，物理环境同样能够发挥重要的作用。一个安静、整洁和舒适的学习空间可以帮助学生更加集中注意力，更好地吸收和记忆信息。学校应该提供足够的学习空间和资源，如图书馆、阅览室、实验室等，以满足学生多元化的学习需求。同时，学生也应该学会如何为自己营造适宜的学习环境，如合理安排学习空间、减少干扰、保持良好的学习秩序和纪律。

最后，现代教育技术也是学习环境中不可忽略的一环。现代教育技术可以为学生提供更丰富和个性化的学习资源和方式。教育技术可以帮助学生更加灵活和便捷地获取信息，更加深入和全面地理解知识。学校和教师应该积极探索和应用新的教育技术，为学生提供多样化、互动化的学习体验。学生也应该学会利用现代教育技术来丰富自己的学习，如使用网络资源、学习软件、在线课程等。

第四节 "文化自信"视域下大学生思辨能力的培养

一、思辨能力的定义与特征

（一）思辨能力的定义

西方国家围绕"思辨能力"这一概念的研究主要存在于心理学、认知学、哲学等学科。基于研究学科、具体方向和侧重点，各个领域对思辨能力有着不同的认识。国内学术界对思辨能力的研究始于 20 世纪 80 年代。自从"思辨能力"一词被引入国内以来，思辨能力这一概念吸引了不同领域研究者的兴趣，其中教育学、心理学、逻辑学、认知科学、哲学与教育等学科对思辨能力的研究较多。国内外关于思辨能力有很多种不同的定义，在此选取几个有代表性的定义进行介绍。

1. 国外学者和机构对思辨能力的定义

华生（Watson）是思辨能力研究的领军人物之一，他强调了思辨思维是一种集态度、知识和技能于一体的综合能力。在他的理论体系中，合格的思辨者需具备批判和质疑的态度、能够深入探讨和阐明的知识基础，以及强大的分析、综合和评价认知结果的能力。华生的定义揭示了思辨能力不仅仅是一种理性的认知过程，更是一种涉及个体全方位发展的多维能力。

恩尼斯（Ennis）是美国思辨思维运动的开拓者，他给出的定义侧重于个体决定信仰和行动的合理性和反省性。他认为，思辨能力是"为决定相信什么或做什么而进行的合理的、反省的一种思维"。这种定义揭示了思辨能力中包含着认知技能和情感倾向两个方面，表明了思辨能力在形成个体信仰和行动决定中的核心地位。

约翰孙（Johnson）是加拿大思辨能力研究的代表性人物，强调了思辨能力是判断智力产品的能力，其基础是适当的标准或规范。他将思辨能力定义为"以适当的标准或规范为基础判断一个智力产品的能力",这包括对信念理论、假说和论证的评价。约翰孙的定义突出了思辨能力在客观标准和个人判断之间的关系,强调了逻辑判断和评价的重要性。

保罗(Paul)教授是国际公认的研究思辨能力的权威专家,他认为思辨能力是一个积极和熟练的过程,涉及解析、应用、分析、综合、评估信息。他的定义强调了思辨能力在处理信息、形成信念和行为方面的全方位应用。

1990年,《特尔斐报告》通过美国和加拿大46位专家的共同努力,提出了思辨能力的综合性定义。报告描述思辨能力为"有目的的、自我调控的判断",这种判断包括了解释、分析、评价、推断等多个层面,同时涵盖了论据、概念、方法、标准和语境的多个维度。这一定义凸显了思辨者应具备的气质和倾向,包括寻求真理、开放思维、具有分析和系统化能力、自信和好奇心。

2.中国学者对思维能力的定义

在中国,思辨能力的研究与讨论源远流长,这与中国丰富多彩的文化传统和哲学思想有着密不可分的关系。儒家经典之一的《礼记·中庸》即提出了思辨能力的原初概念,通过"博学之,审问之,慎思之,明辨之,笃行之"这些层层递进的学习过程,凝练出了思辨能力的精髓,它强调了明确辨别和慎重思考的重要性。这表明,自古以来,中国就已经提出并强调了培养学生的思辨能力。

20世纪80年代以后,中国学者开始接触和研究国外关于思辨能力的理论,并逐渐在国内引发了对思辨能力主题的研究热潮,特别是20世纪90年代以来,国内的英语教育者和研究者都加大了对学生思辨能力的重视和研究,形成了几个具有代表性的科研团队,如北京外国语大学的文秋芳教授团队、华中科技大学的董毓教授团队。

国内众多学者也对思辨能力的定义提出了自己的理解和见解。林崇德将思辨能力视为一种在思维活动中能够进行严格估计和精细检查的智力品质，强调了其在解决问题和创造思维中的关键性作用。[①]他的定义反映出思辨能力是一种独立分析和批判的程度，是思维活动中的一部分。而王习胜强调了思辨能力在对信念和行为进行自觉、合理评判方面的重要性，突出了它在个体行为和信仰决定中的核心地位。[②]杨武金从逻辑层面对思辨能力进行了深入探讨，他认为，思辨能力在基础上是一种逻辑能力，不仅仅注重信息的理解、识别、分析、综合、比较、判断，更着重于推理和论证的作用。[③]

此外，谷振诣则从广义和狭义两个角度对思辨能力进行了详尽的定义。[④]在广义上，思辨能力是发展和完善人们的世界观，并将其高质量地应用在生活各个方面的能力。而在狭义上，思辨能力是指人们在面对尚待解决的问题时，能够做出合理判断并最终形成决定的思维能力。他的定义强调了思辨能力在提出问题和进行合理论证方面的核心价值。

3. 本书对思辨能力的定义

综合国内外学者对于思辨能力的多元化定义，本书认为，思辨能力是一种涵盖了多个维度的复杂能力。它包含了分析、评价、推断等一系列的认知活动，使个体能够在多种情境下进行深入且独立的思考。此外，情感倾向也是思辨能力的一部分，表现为个体在面对信息或观点时的开放性、好奇心和对真理的追求。

思辨能力不仅仅是一种纯粹的逻辑推理能力，更是一种综合性能力，融入了个体的价值观、信念和情感。在实践中，个体需要运用自己的知识和经验，结合情感和价值判断，对所接触到的信息和问题进行独立、客观、全面的思考。思辨能力使个体能够超越表面现象，洞察事物的本质，提出恰当的问题，并基于合理的证据和论据进行判断和决策。

① 林崇德. 我的智力观 [M]. 北京：北京师范大学出版社，2021：161.

② 王习胜. 批判性思维及其技能研究 [J]. 扬州大学学报（高教研究版），2006（2）：6-9.

③ 杨武金. 论逻辑和批判性思维的作用 [J]. 宜春学院学报，2007（S1）：4-7.

④ 谷振诣. 批判性思维辨析 [J]. 逻辑研究专辑，2003（00）：91-95，112.

（二）思辨能力的特征

思辨能力的特征如图 4-6 所示。

图 4-6　思辨能力的特征

1.逻辑性

思辨能力的逻辑性是其核心特质之一，它不仅涉及个体如何处理和分析信息，还包括如何进行有效推理和做出理智决定。逻辑性使得思辨能力与日常思维有着本质的区别，它要求我们在面对问题和决策时，能够运用逻辑推理进行深入分析，而非仅仅依赖直觉或者经验。掌握和运用逻辑推理是实现高层次思辨的基础和前提，没有逻辑推理，思辨能力便无法得以充分发挥。

逻辑性在思辨过程中主要体现在推理和评价两个方面。有效的推理能力使个体能够从现有的信息出发，通过逻辑分析和推演，得出合理的结论。而评价能力则要求个体能够对所接收到的信息和得出的结论进行批判性的思考，以判定其真实性和合理性。这两者缺一不可，缺乏推理能力会导致结论的不准确，缺乏评价能力则会导致对信息的盲目接收。逻辑性的运用不仅限于科学研究或数学推理，它贯穿于我们日常生活的方方面面。无论是在学术研究、职业决策还是日常生活中，逻辑性都是一个关键因素，它指导我们如何更加明智、更加理性地思考和做决定。逻辑性思考可以促使我们更加深入地理解世界，更加清晰地认识自己，以及更加有效地解决问题。

2.可迁移性

思辨能力中的可迁移性是一种至关重要的特性，它涉及个体在吸收、整合并应用知识的过程中展现出的能动性和创造性。这种能力强调了知识与思维方式的灵活运用，从而实现在不同情境下解决问题的能力培养。可迁移性是思辨能力的核心组成部分，是推动个体发展和学习的重要动力。它要求学习者能够在面对新的学习环境和问题时，快速、准确地调整自己的思维模式和应用策略，将已有的知识和经验运用到新的、未知的领域。

3.可测量性

可测量性特质对于思辨能力的理解和评估具有至关重要的作用。思辨能力一直以来都是一个学术讨论的焦点，主要研究它是否可以量化和测量。一方面，有观点表示，由于思辨能力涉及多个抽象和模糊的概念，它缺乏明确的定义和测量标准，因此很难被量化。这种看法强调思辨能力的主观和多变性，认为没有足够的实证工具来精确地测量它。然而，另一方面，也有很多观点坚信思辨能力是可以和应该被测量的，因为它是基于清晰的概念和可以通过实证研究进行测量的。这些观点强调已经存在着足够的理论基础和实用工具来进行可靠和有效的测量。事实上，多年的研究和实践已经生成了一系列的工具和方法，用于评估和测量思辨能力的不同方面，并提供了一个更加全面和深入的理解框架，使得思辨能力的可测量性得到了实质性的支持和确认。

4.实用性

思辨能力的实用性是其核心特质之一，它揭示了这一能力在日常决策和问题解决中的重要性。这种能力不仅仅停留在理论层面，而是深入个体的思维和行为，提供了一个实际的框架来评估信息和制订行动计划。实用性表现在其能够引导个体在面对复杂问题和不确定性问题时，进行合理而准确的思考，帮助个体明确应该信任什么、应该如何行动。这一特性强调了思辨能力在实际生活、职业选择和个人发展中的应用价值，证明了它是一个具有实际意义和影响力的能力。这不仅仅是一个理论概念，而是一个能够影响个体生活和社会发展的重要能力。实用性不仅凸显了思辨能力在理论和实践中的重要地位，更揭示了它在推动个体和社会进步中的不可替代性。

5. 可培育性

思辨能力的可培育性成为教育与学习中不可或缺的一个方面，这表明，通过有意识的训练和练习，个体的思辨能力是可以得到显著提高的。这个观念源自深厚的文化传统和教育实践，不仅仅存在于某一文化或教育体系，而是被全球不同的教育体系和文化所认同和实践。尽管传统文化中包含了丰富的对于思辨能力培养的见解和实践，但在一些教育体系中，对于思辨能力的培养并没有得到足够的重视和实施。这常常导致学生在思辨能力的发展和运用方面出现缺陷。

一些教育机构已经深入实践了思辨能力的培育，强调反思和批判性思考在教育目标中的重要地位。这种强调不仅帮助学生建立和发展批判性和分析性思考能力，还促进了他们对信息的深入理解和应用。这一方面显示了思辨能力的可培育性和它在教育中的重要地位，另一方面也表明了通过有效的教育实践，可以在各个层面和领域促进思辨能力的发展。实质上，思辨能力的培育成为教育改革和发展的关键，是实现教育目标和提高学生综合素质的重要途径。因此，每个教育体系都需要认识到思辨能力的可培育性，并将其作为教育目标和实践的核心，以确保学生能够全面发展，更好地适应未来的挑战和需求。

二、培养思辨能力的主要方法

在文化自信的视域下，培养大学生的思辨能力是一项至关重要的任务，它不仅有助于提高个人的综合素质，还有助于推动文化的传承与发展。培养思辨能力的主要方法如图4-7所示。

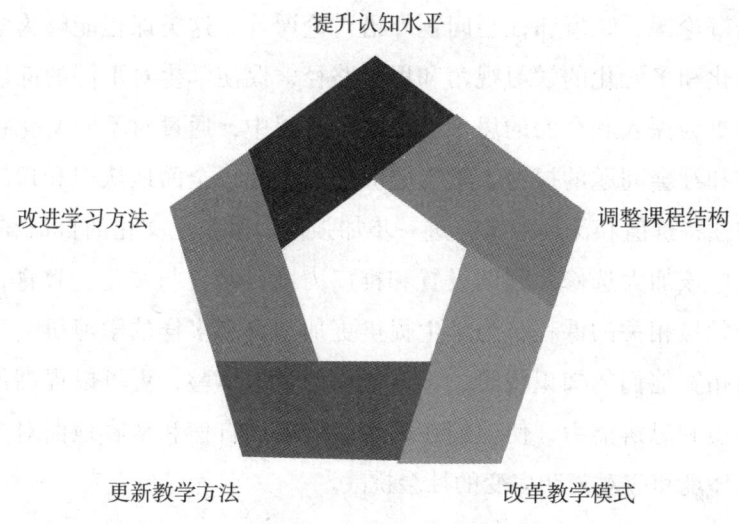

图 4-7 培养思辨能力的主要方法

（一）提升认知水平

为了培养大学生深沉而坚定的文化自信与积极的思辨能力，首要的一步是加深他们对这一议题的理解。一段时间以来，外语学习者处于一种缺乏深刻思考能力的状态中，因此，要想提升大学生的思辨能力和文化自信，首先要让学生意识到深度思考的重要性。只有当学生开始真正认识到深入思考的价值和意义时，他们才会更加积极主动地投身于对本土文化的探索与理解中，从而更好地理解和珍视本民族文化的丰富性和多样性。这不仅能够加深他们对文化价值的认同感和归属感，更可以使他们在多元文化的交流与碰撞中保持自己对文化的自信和骄傲。这样的认知水平的提升是一种长期且持续的过程，它需要学生不断地学习、反思和实践，以此来不断强化他们的文化自信和思辨能力。

（二）调整课程结构

培养大学生思辨能力另一个至关重要的方面是调整课程结构。学校应该在课程设置上进行创新，增加更多能够提升学生思辨能力的课程，如外语辩论课、时事和社会问题外语讨论课等。这类课程能够为学生提供多样化和多元化的学习视角和思考路径，促使学生对不同的问题和议题进行更为深入和全面的思考。在这个过程中，通过对不同文化视角下的时事和社会问题的探讨，学生能够更加客观、全面地认识和理解本土文化的独特价值和深远意义，进一步加强他们对本土文化的自信和尊重。同时，应该加大选修课程的设置和推广力度，涵盖与文化、教育、哲学等多个领域相关的课程，为学生提供更加丰富和多样的学习机会。这不仅可以拓宽他们的知识视野，丰富他们的学术体验，更可以提高他们的综合素质和思辨能力，使他们在未来能够更加自信和从容地面对多样化的文化环境和应对复杂多变的社会挑战。

（三）改革教学模式

对教师来说，改革教学模式是培养学生英语思辨能力的一种有效方法。具体来说，通过改革教学模式培养学生的思辨能力应该做到如下几点。

（1）有意义的语言输入与创造性的语言输出应该协同工作。这里所说的有意义的语言输入，不仅包括教师提供的可理解的语言输入，也包括与学生的认知和语言水平相符的输入材料。在这样的输入基础上，教师应该启发并引导学生对输入材料进行"批判性"的分析、审查和评论，鼓励他们勇于表达个人观点，进一步以创造性方式进行语言输出。这不仅有助于培养学生的英语思辨能力，同时也可以加深他们对本土文化的理解和尊重，从而建立起文化自信。这种结合本土文化进行的有意义的语言输入和创造性的语言输出，能够帮助学生更好地理解自己的文化传统和价值观念，形成更加坚定和自信的文化自觉。

（2）构建知识框架并激活学生现有的知识储备也是至关重要的。根据康明斯的语言内在相依模式，教师应当助力学生将新学的内容与他们已有的经验和知识相融合。提供与学科内容相关的背景知识，有助于学生构建他们的知识框架和网络，使学生的思维更加连贯，并且能在分析和整合不同材料的过程中提升他们的英语思辨能力。这种知识的整合不仅仅是对英语材料的整合，也包括对文化元素的整合，使得学生在理解新的文化内容的同时，也能够更加深刻地理解和认同本土文化，进一步加强文化自信。这也将有助于学生在国际化的背景下，更加自信地表达和传播本土文化，弘扬民族文化。

（3）应该重点关注学生学习策略的使用，包括认知、元认知、交际和情感策略。在这一过程中，教师需要承担引导者的角色，以支架式引导的方式来提高学生的独立思考能力。例如，交际和情感学习策略的应用能助力学生更有效地进行文化交流和理解。在多元文化的交际过程中，学生不仅能够学到英语语言，更能够通过交际策略的运用，更好地表达和传递本土文化，促进文化的传承和发展。在这个过程中，学生的文化自信将得到加强，他们会更加自信地在国际舞台上展现本民族文化的魅力。

（四）更新教学方法

在外语教学中，传统的教学方法往往过于强调记忆和模仿，而缺乏对学生创造性和独立思考能力的培养。现如今，英语教师应根据英语课程的特点，设计合适的课堂活动和练习形式，更新教学方法，有针对性地培养学生的英语思辨能力，下面从两个方面来探讨这一问题。

1.苏格拉底式教学法

苏格拉底式教学法是一种强调通过问答来引导学生思考、探索和发现的教学方法。在这一教学过程中，教师通过提出启发性的问题，激发学生的思考，促使他们自主地寻求答案，并在辩论中进一步深化和拓展他们的理解。在文化自信的视域下，这种教学方法能够有效地帮助学生更加深入地探讨和理解本国的文化传统、价值观和信仰。通过这样的教学活动，学生不仅可以增强思辨能力，还可以更加自信和自觉地认同、传承和推广本民族的文化，更加自信地在国际社会中展示本国文化的魅力和价值。

2.圆桌讨论教学法

圆桌讨论是一种强调集体讨论和共同学习的教学方法。在这一方法中,学生需要在课前完成指定的阅读任务,并在课上发表意见,同时回答其他学生的问题,并将自己的观点整理成论文。这种方法不仅促使学生进行深入的学术研究,还鼓励他们在集体讨论中相互学习、相互启发。在文化自信的框架下,通过圆桌讨论,学生能够更加全面和深入地了解本国文化的多样性和丰富性。这将帮助他们更加坚定地信仰本国的文化,更加自信和骄傲地将本国的文化传承下去,并在国际舞台上展现本国文化的独特性和多元性。

(五)改进学习方法

引导学生在学习过程中扩大视野,避免自我封闭,是培养思辨能力的另一个关键。学生应该努力学习相关学科知识,提高自身的分析技能、推理技能与评价技能,这样才能更加深入和全面地理解本土文化,增强文化自信。学生还应该有计划地阅读一些理论著作,培养好奇心、开放性思维、自信、正直和坚毅等思辨品质。只有这样,学生才能在全球多元文化的交流中,更好地展现出本土文化的独特性和价值,从而增强文化自信。

第五章 "文化自信"视域下大学英语教师专业素质的提升

第一节 大学英语教师的角色定位

一、一般教师的传统角色定位

教师是一个神圣的职业,这一职业在人们心中有崇高的地位,因为教师在人们成长的过程中扮演着重要的角色,发挥着巨大的作用(图5-1)。

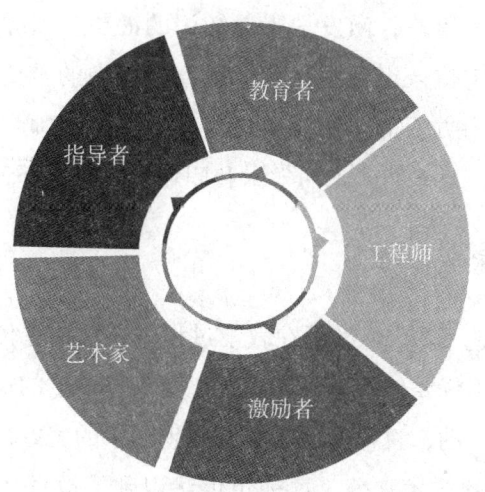

图 5-1 一般教师的传统角色定位

（一）教育者

作为教育者，教师肩负着塑造学生人格和品德的重任，这需要教师展现出高尚的教育情操和强烈的社会责任感。通过自己的言行为学生树立榜样，教师在培养学生的过程中，不仅要传授知识，更要塑造学生的品格和价值观。这种角色要求教师在教育活动中不仅要关注知识的传授，更要注重品德教育和人格培养。

（二）工程师

在"工程师"的角色中，教师被视为学生行为和灵魂的塑造者。这一角色强调教师在学生发展中的重要性，要求教师具备精湛的教学技能和深厚的知识储备。教师在这一角色下，不仅是知识的传递者，更是学生性格和思想的塑造者。教师通过高质量的教育活动，促进学生的全面发展，培养他们成为社会所需的有用之才。

（三）激励者

作为激励者，教师的任务是激发学生的求知欲和学习兴趣。教师通过各种教学手段和策略，激发学生对知识的渴望，引导他们探索和理解世界。这种角色定位认识到了兴趣在教育过程中的重要性，强调教师在激发学生内在动力方面的作用。通过这种方式，教师帮助学生建立起对学习的积极态度，为他们未来的学术和职业发展打下坚实的基础。

（四）艺术家

作为一名"艺术家"，教师在教学过程中还承担着传播美的角色，这一角色要求教师不仅要传授学科知识，还要培养学生的审美能力和对美的感知。通过教育活动，教师帮助学生发现生活中的美好，培养他们的审美观念，提高他们的艺术素养。这种角色认识到了教育在培养学生全面发展中的重要性，不仅关注知识和技能的传授，还关注情感和审美的培养。

（五）指导者

作为指导者，教师在学生学习过程中起着至关重要的引导作用。在这一角色下，教师通过运用科学的教学方法和策略，引导学生如何有效学习、如何理解和掌握知识体系，以及如何发展自己的学术和技能。这种角色强调教师在帮助学生建立学习方法、发展思维能力和探索未知领域方面的重要作用。通过这种指导，教师帮助学生打下坚实的学习基础，为他们的长远发展提供支持。

二、大学英语教师的传统角色定位

在传统的大学英语教学中，教师扮演了以下几种重要的角色：一是语言知识的解读者，二是语言技能的传授者，三是教学活动的组织者，四是教学方法的探索者，五是教学工作的研究者（图5-2）。

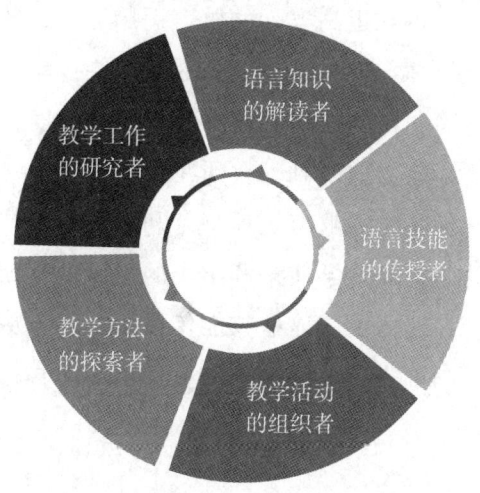

图 5-2　大学英语教师的传统角色定位

（一）语言知识的解读者

大学英语教师是学生探求语言知识的向导和伴侣。他们的知识储备必须深厚，以便能够全面、系统地理解和解释英语各个方面的知识，包括但不限于语法规则、词汇、语篇结构和文化背景。教师需要深入研究语言的细致之处，挖掘语言背后的逻辑和文化内涵。这种对知识的深刻理解使教师能够更有效地帮助学生解决学习过程中遇到的各种问题，以及深化学生对英语语言的理解。深入的理论知识、广泛的语境知识和丰富的实践知识都是教师在教学过程中不可或缺的要素，这些知识构成了教师教学的基石，它们共同支撑着学生的学习进程，促使学生在学习过程中持续进步，实现知识的自我提升和语言的输出优化。教师在此过程中的解读和引导，为学生提供了一个更为宽广和深入的学习视角，帮助学生更为全面和系统地理解和掌握英语知识。

（二）语言技能的传授者

除了对英语知识的深刻理解和全面掌握，大学英语教师还需具备丰富的语言技能，并将这些技能教授给学生。语言知识是学习的基础，但最终的学习目标是获得和提高实际的语言运用能力，即听、说、读、写和译等语言技能。教师在教学过程中需平衡这些技能的发展，特别是在外语教学中，读、写、译的技能往往更为重要，然而，听、说能力却是实现高级读、写、译能力的基础。教师在教学过程中，必须精准把握这些技能的培养，确保学生能够有机地整合和运用这些技能，达到语言综合运用的目标。为了提高教学质量和学生的学习效率，教师不仅仅需要自己精通这些技能，还需要将这些技能传授给学生，从而促使学生在语言学习的旅程中不断前进，最终达到语言知识和语言技能的有机融合和全面提升。

（三）教学活动的组织者

在大学英语教学领域，无论在理论还是实践层面，教学活动都被认为是推动学生学习的核心环节。作为教学过程中的核心载体和关键媒介，教学活动由教师策划和组织，旨在提供一个实际和动态的学习环境，让学生能够更加直观和深入地理解和掌握语言知识。大学英语教师在策划这些活动时，需要考虑如何设计出能够让学生全面参与，并且真正能够进行语言实践的活动,如辩论、小组讨论和角色扮演等。这些活动可以帮助学生在实际的语境中运用英语,进而提高他们的语言应用能力。此外,通过参与这些活动,学生能够更加深入地理解和记忆英语知识,从而在实践中不断巩固和发展他们的语言知识体系。

(四)教学方法的探索者

在大学英语教学过程中,教师不仅仅是知识和技能的传授者,还应该是教学方法的探索者。相对于其他学科,英语教学更加强调实践性和应用性,因此教师需要更加灵活和多变地运用不同的教学方法来满足教学目标。在教学实践中,不同的教学方法,如语法翻译法、交际法、任务法和情境法等,都有其独特的优势和局限性。因此,教师需要根据具体的教学内容、学生的学习水平和实际需求,灵活地选择和组合这些方法,以实现最佳的教学效果。随着教学研究的不断深入和发展,教师需要持续关注新的教学理念和方法,不断探索和实验,以寻找更为有效和创新的教学路径。在这一过程中,教师既是教学实践的执行者,也是教学方法的开发者,他们需要将各种方法和策略融会贯通,创造出更为丰富多彩和富有成效的教学实践活动。

(五)教学工作的研究者

英语教师除了承担语言教学任务外,还承担着研究者的任务。他们在掌握语言教学理论与性质规律的基础上,逐渐构建自己的教学理念,并运用这一理念去指导实践活动,达到良好的教学效果。因此,英语教师在英语语言教学实践中,必须进行英语语言教学的理论研究,将教学研究与课堂教学实践相结合,从而实现从理论到实践的转变,再到理论的升华。

三、文化自信视域下大学英语教师的角色转变

在文化多元与国际化交织的现代社会背景下，大学英语教师的角色发生了深刻而微妙的转变。他们不再仅仅是语言和知识的传递者，更是多元文化环境的塑造者和推广者（图5-3）。在这一过程中，教师应该有着文化自信，认同并尊重每一种文化，并为学生创设一个多元而包容的学习环境。

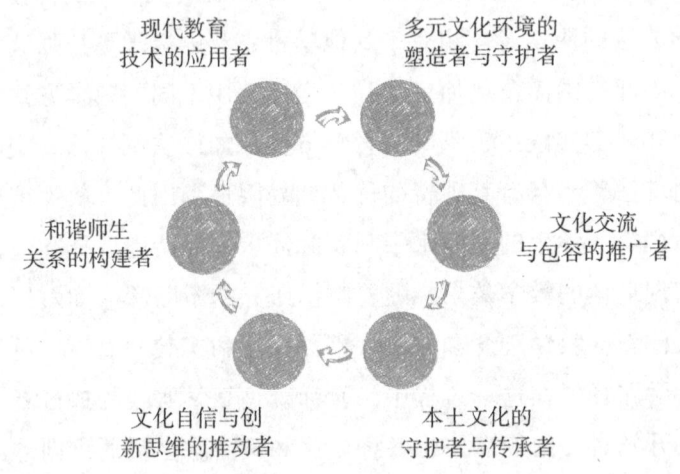

图5-3　文化自信视域下大学英语教师的角色转变

（一）多元文化环境的塑造者与守护者

大学英语教师首先要认识到，学校作为一种特殊的社会化机构，其运作模式、目标设定和管理结构往往受到主流文化的深刻影响。在这种背景下，教师需要深刻理解并掌握不同的文化特性和价值观，进而在教学中实现文化的多元表达和交流。这意味着，教师需要通过不断的学习和实践，来消除文化偏见，弥合文化差异，以促进学校、家庭和社区之间的和谐与平衡。在这一过程中，教师不仅要建立和学生之间的深厚信任关系，还要积极探索并实施多元文化教学策略，从而为学生提供一个既尊重各种文化，又富有人文关怀的学习环境。在这样的环境中，学生

可以更自由地探索和表达自己的文化认同，更全面地理解和接纳不同的文化，从而在心智和情感上实现更为丰富和多元的发展。

（二）文化交流与包容的推广者

在建立了充满信任与尊重的教学环境之后，大学英语教师还需承担起促进文化交流与包容的重任。为了实现这一目标，教师要进一步加深对学生文化背景的理解，更加积极地搜集与各种文化相关的信息，并将这些信息有机地融入教学内容和教学活动中。这种教学方法不仅能够让学生更加直观和深入地了解不同文化的特性和价值，还能够促使学生更加开放和包容地接纳多种文化，从而培养出具有国际视野和文化素养的人才。此外，通过实施多元文化教学，教师还可以激发学生的学习兴趣和学习动力，帮助学生在学习过程中建立更为积极和自信的自我观念，从而更好地实现个人的成长和发展。

（三）本土文化的守护者与传承者

在文化自信的推动下，大学英语教师扮演着本土文化知识的传授者与传承者的角色。他们需要深入研究本土文化的独特性、价值观念和思维方式，成为本土文化的专家和研究者。教师应该将本土文化的精髓和特色与西方文化知识相融合，引导学生从中找到文化共鸣和文化自信。这不仅能够丰富学生的文化知识体系，还能够提升他们的文化认同感和文化自尊心。在这个过程中，大学英语教师应该以真诚、开放的态度与学生进行平等的文化交流与探讨，鼓励他们发掘和思考本土文化在全球文化交流中的重要性和独特性。

（四）文化自信与创新思维的推动者

大学英语教师还应该将本土文化知识自然而然地融入教学中，鼓励学生积极参与对本土文化的探讨与思考，将学生从本土社会中获得的知识与在学校学到的西方文化知识进行比较和融合。这样可以帮助学生构建一个更加完整和多元的知识体系，培养他们的创新思维和独立思考能力。在这一过程中，教师要尊重并重视学生对本土文化的理解和认知，避免对其进行贬低或否定。通过引导学生深入探究本土文化的内涵和外延，教师可以帮助他们建立文化自信，更好地欣赏和理解本土文化的价值和重要性。

（五）和谐师生关系的构建者

在文化自信的基础上，大学英语教师与学生之间的交流将更加和谐、平等。教师要将本土文化知识作为一种有益的教学资源，并建立一种开放、包容和多元的教学环境。这不仅能够促进学生的全面发展，还能够建立和谐、积极的师生关系。在这种环境中，学生可以更加自信地表达自己的看法和想法，更加积极地参与到教学活动中。而教师也可以更加有效地了解学生的需求和期望，更加精准地调整教学方法和内容，实现教学目标。

（六）现代教育技术的应用者

在文化自信视域下，大学英语教师的角色经历了显著的转变，他们不仅仅是知识的传授者和学术的引导者，更是现代教育技术的应用者。他们通过整合和利用现代教育技术，如在线学习系统，来激发学生的学习兴趣，提高学习效率，培养学生的自主学习能力和合作精神，以实现教学目标和提升教学质量。

1. 语言单元任务的设计者

在这个角色中，大学英语教师需综合运用多样化的教学方法和网络资源，针对性地设计语言单元任务。这些任务要能够引导学生主动探究，鼓励他们将所学知识应用于实际情景中，进而达到提高英语综合应用能力的目的。任务的设计需要考虑学生的个体差异和学习需求，通过各种形式和内容，调动学生的学习兴趣和积极性，促使他们在轻松愉快的学习氛围中自主学习和合作交流。通过网络平台，学生可以随时随地进行学习，有问题时，可以及时与教师或同学进行线上讨论，这大大突破了学习的时空限制，提升了学习的灵活性和便利性。

此外，教师还需引导学生筛选、分析和利用网络上丰富多样的学习资源。教师通过网络教学，不仅能够更加直观、形象地呈现知识，还可以通过各种互动活动，如在线讨论、小组合作等，来培养学生的批判性思维、创造性思维和问题解决能力。在这个过程中，教师的角色更多地倾向于学习的设计者、引导者和合作伙伴，而非传统意义上的知识的传授者。

2.在线学习系统的建立者

大学英语教师在现代教育技术的应用中，还需承担起构建和优化在线学习系统的重任。他们需要根据教学目标和学生需求，设计和实施一套具有互动性、灵活性和个性化的在线学习系统。这一系统需要包含丰富的学习资源、多样的学习活动和便利的互动交流平台，以满足不同学生的学习需求。

教师通过在线学习系统，可以更加有效地实施个性化教学，为学生提供更多的学习选择和自主学习的机会。教师可以利用系统中的数据分析工具，实时监控学生的学习进度和学习表现，及时发现学生的学习问题和需求，进而进行针对性的教学干预和个别指导。此外，教师还可以通过在线学习系统，构建一个开放、共享的学习社区，鼓励学生相互交流、合作学习，共同探讨学术问题，培养他们的团队协作能力和社会责任感。

第二节　大学英语教师的专业素质要求

一、大学英语教师的传统专业素质

（一）职业道德素质

在实施教育教学过程中，大学英语教师的职业道德素质是不可或缺的一部分，它体现了教师的价值追求和职业行为规范。职业道德素质的要点包括对教学质量的高要求、对学生的爱与尊重以及专业认同与自我发展。

1. 对教学质量的高要求

大学英语教师对教学质量的高要求是其职业道德素质的基础。大学英语教师追求教学质量的过程实际上是一场持续的学术追求和自我完善之旅。他们在教学中努力构建最佳的学习环境，倾尽全力提升学生的学习兴趣和学术水平。这表明，教师秉承着对知识和学术无尽的热爱，全身心地投入这一神圣的事业中。他们致力于拓宽知识领域，深入研究教学策略，以期发掘更多具有启发性的教学方法和模式。对教学质量的高要求还体现在教师对教学实践的严格反思中。每一节课都是一次教与学的交流，也是一次对教学方法和策略的验证。大学英语教师会在每次教学后仔细总结，逐一分析教学中可能出现的问题，思考如何更好地解决这些问题，以提高教学效果。这种对每一节课的严格要求和反思，正是他们对教学的追求和职业道德的体现。

在不断提高教学质量的过程中，英语教师展现了对教育理念和教学方法的开放性和适应性。他们时刻关注教育教学的最新动态，紧跟教育教学的发展潮流，积极学习和采纳新的教育理念和教学方法。他们明白，唯有不断学习和改进，才能在日新月异的教育环境中保持教学质量的稳定和提高。而这一切，无疑都是为了满足学生多样化的学习需求，更好地服务学生。大学英语教师深知，他们的工作不仅仅是传授知识，更重要的是激发学生的学习兴趣,培养学生的学术潜能,引导学生走向成功。这种全心全意为学生着想的教育情怀,正是大学英语教师职业道德素质的最高境界。

2.对学生的爱与尊重

对学生的爱与尊重是大学英语教师职业道德素质的重要方面,是教师职业生涯中至关重要的一环。对每一位学生的深切关爱和无微不至的关注,不仅是对学生个体价值的肯定和尊重,更是教师教育责任的具体体现。每位学生都是一个有着独特个性、不同兴趣和多样化需求的个体。大学英语教师在教学过程中,不仅要教授语言知识,更要尊重和理解学生的个性差异,确保每个学生都能在公平、公正、平等的环境中学习和成长。这需要教师以开放和包容的心态,接纳和尊重每位学生的特质和潜能,为学生提供个性化和多元化的学习体验。

而深入了解学生的需求和期望,是建立师生之间和谐关系、实现教学目标的关键。通过倾听学生的声音,关注学生的感受,了解学生的困惑和期望,教师能更加准确地把握教学重点和难点,更好地调整教学方法和策略,以满足学生的学习需求。这不仅有助于激发学生的学习兴趣和增强学生的学习动力,也有助于建立稳固而亲密的师生关系,形成良好的教学互动。对学生的爱与尊重也表现在教师对学生全面发展的关心和支持上。教师不仅关心学生的学术成就,更关心学生的身心健康、人格和未来发展。他们会在学生面临困难和挑战时,给予学生鼓励和支持,帮助学生克服困难,培养学生的自信心和自主学习能力。这种全方位的关爱和支持,有助于学生形成正确的人生观和价值观,走向成功。

此外,对学生的爱与尊重也体现在教师对学生学习过程中点滴进步的认可与肯定中。每一次学生的努力与进步,都值得教师的鼓励与赞扬。教师的正面反馈可以极大地增强学生的自信与动力,激励他们更加努力学习。因此,教师需要细心观察学生的表现,及时给予积极的反馈与肯定,助力学生在学术之路上不断前进。

3.专业认同与自我发展

大学英语教师的职业道德素质确实在很大程度上表现在对专业的深度认同和对个人职业发展的不懈追求上。专业认同是每位教师内心深处的职业归属感和专业价值认知，它是推动教师在职业道路上不断前进的重要动力。具备了深厚的专业认同感的教师会将教育教学视为一项崇高而重要的事业，会全身心地投入每一堂课中，对每一位学生都充满热爱和耐心。这种强烈的专业认同感使教师在面对教学中的困难和挑战时能够保持坚定的信念和积极的态度，不断寻求解决问题的新方法，以实现教学目标。

教师追求自我发展和提升，同时也承认自己在教育生态中的核心地位。他们不仅追求知识的丰富和技能的完善，还致力于挖掘和培养自己的潜能，提高自己的教学质量和教育效果。这种对自我提升的追求并不仅仅停留在知识和技能的层面，更深层次的是对教育教学理念的更新和教学方法的革新。教师会不断地反思和学习，通过研究和实践来寻找更加有效的教学策略和方法，以满足不断变化的教育需求。他们明白，只有不断学习和成长，才能更好地适应教育的发展，才能真正实现个人与专业的和谐发展，最终实现教育的根本目的，即培养出全面发展、具备综合素质的人才。在这一过程中，大学英语教师也会更加清晰地认识到自己的职业定位和价值，更加深切地感受到教育对于个人和社会的重要意义，从而更加坚定地走在教育教学的道路上。

（二）学科专业素质

1.专业的知识储备

在当今这个充满挑战和变革的时代背景下，大学英语教师不仅要具备专业的知识水平，更需要具备扎实的语言基本功。语言基本功是英语教师的基础和核心，是其进行有效教学的基石。这不仅仅意味着他们需要能够熟练掌握和运用英语这一工具，更意味着他们需要深入理解英语文化，能够准确地传达英语中的细微差别和文化内涵。为此，教师需要不断地学习和实践，提高自己的语言运用能力，保持对新知识、新理念的开放性和接受性。此外，教师还需要掌握一系列教学方法和策略，能够灵活创建各种教学情境，创设积极、包容的学习环境，以激发学生的学习兴趣和动机，促使他们主动、深入地学习。

同时，大学英语教师还需具备优秀的英语表达和写作能力。这一点尤为重要，因为这关系到教师能否清晰、准确、有效地传达知识和信息，能否激发和引导学生进行深层次的思考。英语表达和写作能力不仅仅反映了教师的语言水平，更体现了其思维的逻辑性和严密性。教师需要通过持续的学习和实践来提高这方面的能力，努力使自己的表达更为精准、更为生动，使自己的写作更为规范、更有深度。这样，教师才能够更好地与学生进行互动和沟通，更好地引导学生发掘知识，探索真理，最终实现教育教学的最终目标。而这一切，都要求教师具有坚定的职业信念、持续的自我发展动力，以及对教育工作的热爱和投入。

2.先进的教育理念

在教育理念的多元化和国际化趋势中，大学英语教师的学科专业素质已经成为其职业成长和教学成功的关键。现代教育强调学生为中心的教学模式，这一理念突破了传统的教师中心模式，着重于培养学生的个性、思维、情感和认知。对大学英语教师而言，这不仅意味着他们需要在教学中更加关注学生的需求和发展，更加注重激发学生的学习兴趣和潜能，同时也要求教师具备前瞻性和创新性的教育理念，能够灵活运用各种教学策略和方法，以保证教学内容和目标的多样性和个性化。具体而言，教师需要通过持续的专业学习和实践来吸收新的教育理念和教学模式，深入反思和分析教学实践，以不断优化教学方法，提高教学效果。

同时，随着教育评价体系和教学内容的变革，价值取向的教育理念已经深深地渗透到语言教学的每一个层面。在这一背景下，人文教学法和学生中心教学法成为大学英语教师的重要教学工具，它们强调学生的价值观发展和自我意识提高。为了有效实施这些教学法，英语教师不仅要深入了解学生的需求和兴趣，提供个性化的学习支持和引导，还要教授学生如何自我控制、如何做出决定并对决定负责。这就要求教师具有丰富的教育知识、高度的教育智慧和持续的自我发展意识，能够在教学实践中不断地探索和实验，以实现教学的创新和完善。在这一过程中，教师的先进教育理念将成为推动教学改革、提高教学质量的核心动力。

3.开放的思维方式

开放的思维方式通常指的是一种愿意接受新观点、新想法和新方法的思考模式。具有开放思维的个体往往愿意探索新的可能性，尝试不同的方法，并在必要时调整自己的观点和行动。在问题解决的过程中，开放的思维方式表现为对多种可能性的探索、对不同观点的尊重以及在面对新信息时的适应能力。这一思维模式通常伴随着好奇心、探索欲和批判性思维的发展，也是创造性思维的关键组成部分。

对于大学英语教师而言，开放的思维方式具有显著的重要性。一方面，开放的思维方式能够增强教师的教学效能。通过积极探求新的教学方法、工具和内容，教师能够更为精准地应对日益多元化的学生需求和变化多端的社会环境。例如，采用新兴的教育技术和策略，如在线教学平台、虚拟现实（VR）技术和协作学习工具，能够丰富教学手段，提高学生的学习兴趣和效果。另一方面，开放的思维方式促进大学英语教师的专业成长。在不断变化的社会和学术环境中，新的理论、研究和实践不断涌现。拥有开放思维的教师更愿意学习和采纳这些新的知识和技能，进而不断丰富教学实践。这不仅有利于提升教师的专业能力，也有利于提高教育的质量和效果。

开放的思维方式还有助于培养学生的创新能力和国际视野。通过创建一个包容多元观点和文化的学习环境，教师能够鼓励学生开展批判性和创造性的思考，培养其解决复杂问题的能力。同时，教师自身的开放思维也将影响到学生，激发他们的好奇心和探索欲，培养他们在未来国际化社会中交流合作的能力。

（三）科学研究素质

在国际化的大背景下，大学英语教师所需的专业素质愈发显现出其多元与深入的特质，其中，科学研究素质无疑占据了不可或缺的地位。这样的素质不仅涉及教师自身的学科积累和实践能力，更体现为在教学过程中将科研理论融入教学实践、推进教学方法的不断创新和发展的能力。

从本体论层次来看，大学英语教师的科学研究素质首先体现在对于语言本质的深入理解上。这一理解主要基于对语言学习过程的认识，以及如何在这一基础上通过教学设计促进学生英语学习的认识。深入探讨语言的本质特征和第二语言的学习过程对于英语教师来说，是建立在科学研究基础之上的教学方法和手段创新的重要基石。此外，学习者的个体差异如何影响语言学习、如何通过针对性的教学方法来适应和引导这些差异，也是建立在对学习心理过程深入理解的基础上的教学策略的关键组成部分。

而在实践论层次上，英语教师的科学研究素质更多地体现在教学大纲的制定、教材的选择和编写、语言技能的培养，以及学习过程的评价和评估等方面。这些实际操作的背后，需要教师具有扎实的理论基础和实践研究的能力，以保证教学内容和方法的科学性和有效性。也就是说，教师不仅要理解和掌握已有的教学理论和方法，更要在实践中不断检验和优化这些理论和方法，以更好地适应学生的学习需求和社会的发展变化。

至于方法论层次，英语教师需要关注的是具体教学方法和手段的选择、应用和创新。这包括在课堂教学中的互动方式、教学工具的使用，以及课外辅导和拓展的设计等。所有这些，都需要教师具备一定的科学研究能力，能够关注教学过程中出现的各种问题和挑战，通过科学的方法对其进行分析和解决，推动教学方法和手段的不断更新和完善。

由此可见，大学英语教师的科学研究素质是其传统专业素质的核心组成部分，是教师在教学过程中能够不断推进自身发展、提升教学质量和效果的关键因素。在面对未来多样化的教学环境和复杂化的学生需求时，只有具备了扎实的科学研究素质，教师才能在教学实践中展现出更为卓越的专业能力和实践智慧。

二、文化自信视域下大学英语教师应具备的专业素质

(一) 多元文化的意识

多元文化的意识涵盖了对自身文化的认知与尊重、对他者文化的理解和包容，以及在跨文化交际中所表现出的灵活性和适应性。在当前国际化的背景下，文化自信的塑造以及多元文化意识的树立显得至关重要，特别是在大学英语教学这一领域。在大学英语教学中，英语教师应将多元文化意识渗透到教学的每一个环节中，使之成为提升学生语言学习效果的助推器，同时也为学生在未来的国际舞台上更好地展现自我、交流和合作提供有力的支持。

具体而言，英语教师在教学过程中，应不仅注重语言本身的教授，更要突出语言与文化的内在联系，通过实例分析、文化背景介绍等方式，帮助学生深入理解语言背后所承载的文化信息，进而达到提高其跨文化交际能力的目的。这包括帮助学生理解和运用语言中所包含的各种文化符号、习俗和价值观，引导学生在学习语言的同时，能够主动去探寻、了解和理解相关的文化背景和社会环境，进而在跨文化交流中能够做到既能自如表达，也能充分理解对方的表达，并在此基础上实现真正的沟通。

英语教师需要通过自身的实践来增强多元文化的意识，这既包括在教学内容和方法上的多元化体现，也包括在处理不同文化背景学生的教学互动时体现出的包容和平等。教师在教学过程中要注意充分尊重每一种文化的价值，引导学生从多元的角度去理解和分析问题，通过比较不同文化背景下的语言现象，增强学生的文化自信，并在对多种文化的理解和运用中锻炼其跨文化交际能力。

在此基础上，英语教师还应积极引导学生树立正确的世界观和价值观，懂得在尊重自身文化的同时，学会欣赏和理解其他文化，培养其在国际化背景下的国际视野和文化包容性，以更好地适应未来社会的发展

并应对挑战。这不仅有助于提升学生的语言能力，更有助于其形成人文精神和社会责任感。

（二）专业的知识文化储备

在国际化的大背景下，多元文化的知识成为一种必备的交际工具，对于英语教师而言也显得尤为关键。这是因为英语教师在进行教学活动的时候，所涉及的内容远不止语言文字的表层知识，更包括了语言所承载的丰富文化内涵。在文化自信视域下，大学英语教师的专业素质——专业的知识文化储备显得至关重要。在多元文化教学环境中，学生往往带着好奇心提出各种问题，这些问题通常并不局限于语言学习本身，而更多地涉及文化、历史、社会等多个层面。对此，英语教师需要有着足够的文化知识储备，以便能够在应对这些问题时，提供精确、全面的答案。例如，当学生询问有关英语国家的节日、习俗、文化传统等问题时，教师能够提供相关的文化背景、历史演变和社会意义等信息，使学生能够在了解具体文化现象的同时，也能理解其背后所蕴含的深层次文化价值和社会内涵。

深厚的知识文化储备，突出体现为英语教师对于英语所承载的各类文化信息有着深入的理解和精准的把握。这包括英语国家的地理、历史、文学、社会风俗等多个层面的知识。这些知识不仅是语言表达的背景和支撑，更是构建语境、提高学生文化理解能力、培养学生文化交际能力的必备元素。例如，通过详细解读一段描述英国维多利亚时代背景的文章，教师不仅能帮助学生理解语言本身，还能带领他们深入感知并理解这一历史时期的社会风貌和文化特征。

此外，专业的文化知识储备还体现在教师能够有效地将文化知识融入语言教学中，实现语言知识和文化知识的有机结合。这不仅能够丰富和拓宽学生的知识和文化视野，提高其文化修养，更能在无形中增强学生的文化自信心，提高其跨文化交际的敏感性和适应性。例如，在教授一些语言点时，教师能巧妙地将相关的文化背景、社会习俗等内容融入进来，使学生在学习语言的同时，也能够了解和理解语言背后的文化含义和价值取向。

（三）全方位的实践教学能力

1.沟通交流能力

沟通交流能力是指个体在信息传递和意义理解过程中展现的技能和效率，包括听、说、读、写、感知和解释的能力，以及在特定的文化和社交情境中，使用合适的语言和非语言符号进行高效交流的能力。沟通交流能力不仅体现在明确、准确地表达信息和感情上，还包含在多种交流场合中，能够理解、接纳和适应对方的信息与表达的能力。沟通交流能力在教育领域占据至关重要的地位，特别是在多元文化背景下的语言教学环境中，它的重要性尤为突出。从文化自信的角度出发，大学英语教师在实践教学中所展现的沟通交流能力，不仅是语言表达和信息传递的能力，更是一种文化传播和文化引导的能力。这两种能力包括准确理解文化内涵、有效表达文化特征和引导学生探究文化背景等多个方面。

在跨文化的英语教学环境下，大学英语教师的沟通交流能力更体现在如何打破文化障碍，构建文化共鸣的过程中。这涉及如何在教学中融合不同的文化元素，使之相互辉映，以及如何引导学生在学习外语的过程中，充分认识和理解各种文化中所蕴藏的价值。在这一过程中，教师需要运用自身的沟通交流能力，引导学生积极参与文化讨论，培养其跨文化交际的能力，以及在理解和欣赏异域文化的同时，强化对本民族文化的热爱和自信。

2.教学设计能力

教学设计能力是指教师在教育教学过程中，依据教育教学目标，系统而富有创造性地组织和规划课程内容、教学活动、教学方法和评价方式等，以确保教学目标的有效实现的能力。

教师需要制定明确、切实可行的教学目标，需要透彻考虑课程要求与学生的实际情况，进而使所有教学活动沿着这些目标稳步推进。这不仅涉及教材内容的科学、逻辑安排，还包括如何巧妙地将知识点之间的理论与实践、学科间的关联性体现在教学过程中。教师需在坚持教学目标的同时，能灵活地运用并尝试各种教学手段，以满足不同学生的学习需求并保持教学的新鲜感。在活动设计环节，教师要能制定出既能激发学生参与热情，又能鼓励他们在合作中学习、发展团队协作能力的教学活动。而在评价方面，教师应确保评价方式与标准的全面性和公正性，以便准确反映学生的学习状况并给予适当的教学反馈。在技术整合和文化整合方面，教师不仅要能够熟练运用并更新各种教学技术和媒体工具，丰富教学形式和内容，还需在教学中灵活地整合多元文化元素，培养学生的跨文化交际能力，同时引导他们形成正确的世界观和价值观。

在文化自信的视域下，大学英语教师在进行教学设计时，更需要强调跨文化的理解和多元文化的融入，通过精心设计的教学活动和内容，引导学生走进不同文化的世界，激发其对多元文化的理解和尊重，从而培养其跨文化的沟通和交际能力。教学设计能力不仅关乎课程内容和教学活动的组织与规划，更在于教师如何在设计过程中，将多元文化的元素和跨文化交流的理念融入其中，为学生搭建一个全面、开放的学习平台。

3. 教学监控能力

在现代教学的广阔舞台上，教学监控能力昭示着一名教师是否能有效、精准地把握其教学过程，以确保教学目标的达成。这种能力，深植在课堂实践的每一个瞬间，寓教于管理，寓管理于教，指引着教师如何在多元的教学情境中运筹帷幄，确保教学活动的流畅和学生学习的进步。教学监控能力涵盖了教师在教学过程中对学生学习进度的实时把握、对教学环境的灵活应变、对学生学习需求的即时响应，以及对潜在问题的预防和解决。在文化自信的视域下，英语教师更需在教学监控过程中，展现对本土文化和目标语言文化的均衡理解与传递。

课堂是一个微观的社会体系，教师在其中不仅是知识的传授者，更是这个体系的组织者和引导者。优秀的教学监控能力，使得教师能够在复杂多变的教学过程中保持对局势的掌控和主动性，从而在有效地推动教学活动的同时，关注每一个学生的学习状态和需求。在深入浸润多元文化的教学内容时，教师需在教学监控中融入文化敏感性和文化包容性，这意味着教师在处理课堂互动、反馈学生、组织活动时，都能体现对不同文化背景知识的理解与尊重，从而在传授语言知识的同时，培育学生的跨文化交际意识和能力。

而在实现上述目标的过程中，教师需要展现出的不仅仅是对知识的把握，还包括对学生个体差异的认识、对教学策略的灵活运用、对课堂氛围的精准把控。例如，在一次关于节日习俗的主题教学中，教师能在呈现目标语言国家文化的同时，巧妙地引入本土文化元素，搭建起文化比较的平台，不仅能丰富学生的文化知识，还能激发其对本土文化的自豪感和认同感。在这一过程中，教师需密切关注学生的反馈，及时调整教学策略，保证文化教学的深度和广度，从而在增强学生语言运用能力的同时，拓宽其文化视野。这样的教学监控，使得每一次教学不仅是知识的传递，更是文化意识的培养和价值观的引导，有助于培育学生成为具有全球视野和本土情怀的人。

4. 发展性教学能力

随着时代的不断变化与发展，大学英语教学的理念、模式、方法、体系也都处在不断变化之中。相应的英语教师的实践能力需要随着时代的发展和变化而不断更新，需要具备与时俱进的发展性教学能力，英语教师的发展性教学能力主要包括以下三个方面的内容。

（1）合作研究能力。合作研究能力在教学领域被视为一种宝贵的资产，尤其在充满挑战与不确定性的教学环境中，它为教师提供了一种通过集体智慧解决问题的方式。在具体的内涵上，合作研究能力包含两个主要维度：一方面是教师个体的研究能力，即针对教学过程中遇到的问题能够进行深入探讨、理论分析和实践检验的能力；另一方面则是合作能力，指教师能够有效地与同行交流、分享，并在合作的基础上共同推进教学研究与实践的能力。二者融合，方可形成一种既有深度又有广度的教学改进力量。

在文化自信的视域下，大学英语教师在拥有合作研究能力的同时，还应该关注本土文化的价值及其在英语教学中的应用和推广。这要求教师在进行教学研究时，不仅关注学科知识和教学方法的探讨，还需要深入研究文化传播的机制和策略，以便更好地在教学中实现文化的互通与融合。在合作研究中，教师可以共同探讨如何在英语教学中植入中华优秀文化的元素，如何以一种对等而非附属的姿态呈现本土文化，并在全球语境下展现中华文化的魅力与自信。

这样的研究路径，不仅能够提升教师自身的文化自觉和文化自信，也更有利于培养学生的文化认同和文化素养。在教学过程中，教师通过充分的研究与合作，将自身对文化的理解和认同传递给学生，引导他们在学习语言的过程中，理解和欣赏到文化的多样性和独特性。通过合作研究，教师可以更精准地识别文化传播在现代英语教学中的难点和重点，寻找更加创新和有效的方法将文化融入语言教学中，从而在全球视野中培养学生的语言能力和文化素养。在这一过程中，教师的合作研究能力不仅体现在专业教学实践上，更通过文化的传递，成为培养学生全球竞争力的重要驱动力。

（2）教学创新能力。教学创新能力涵盖的不仅仅是新的教学方法或技术的使用，它更多地体现在一种对教育本质和目标的深刻理解，以及在教学实践中积极寻求和应用新方法、新策略的精神状态。核心的定义在于教师能够依据教学的实际内容，以及学生的具体情况，创造性地调整、设计和应用各种教学理论和方法，以达到预定的教学目标。这涉及对已有教学理论的灵活运用、对教学内容的创造性改编、对教学方法的新颖尝试，以及对教学效果的不断反思和改进。

在文化自信的视域下，大学英语教师的教学创新能力也体现在如何巧妙地在教学中融入和传播本土文化，实现文化和语言教学的有机结合。对于英语教师而言，这种能力的锻炼和实践旨在搭建一座沟通中西文化的桥梁，既弘扬和传递本土文化，也兼容和引入外来文化。这要求教师在保持对英语国家文化的敏感和理解的同时，也深刻理解并热爱本土文化，以便在教学中找到合适的切入点，将两种文化巧妙地融合在一起，使之成为推动学生语言学习的动力和文化认知的窗口。

由于文化的内涵丰富多元，如何在语言教学中有效地融合文化元素，展现本土文化的魅力和特色，同时不失语言教学的科学性和效率，就需要教师在理论和实践上具备较强的创新能力。这种能力并非一蹴而就的，而是在长期的教学实践中，通过不断尝试、反思和调整逐渐形成的。在这个过程中，教师不仅要关注学生的语言能力提升，还要关注他们文化意识的觉醒和形成，使他们在学习语言的过程中，也能够更加深刻地理解、欣赏和传播本土文化，进而在全球语境下更好地展现自我文化的独特价值和魅力。

（3）生涯规划能力。在教育领域多样化发展的趋势下，教师的生涯规划能力显得至关重要。这一能力的核心含义是教师能够根据个人愿景、价值观和长期目标，设定并执行一个明确、灵活的职业发展路径。它不仅包括教师的个人专业技能和知识的提升，还涉及教师如何在职业生涯中积累经验、获取支持以及调整方向以适应变化的外部环境和内在期望。文化自信视域下，这一能力的理解和实施需要更为深层的文化敏感性和认同感。大学英语教师不仅是语言教学的实施者，也是文化的传播者。在职业生涯规划中，如何在教学实践中深入挖掘和充分展现中华文化的精髓，成为一个能够在国际化背景下让学生自豪、自信的文化引领者，这自身也是一项挑战，更是一个期许。

实施这样的生涯规划需要教师在自我认知、目标设定、战略规划和持续发展等方面拥有显著的能力。首先，教师要具备强烈的自我认知能力，能够深入理解自己的价值观、优势、兴趣和激情，以便在职业生涯中找到真正符合自己内在驱动的发展路径；其次，教师还需要具备目标设定和战略规划的能力，以确保自己能够明确发展方向，设定可实现的短期和长期目标，并制定切实可行的行动计划；最后，持续的自我发展和学习是保持教师职业生涯活力的关键，他们需要不断探索新的知识、技能和策略，以便能够适应不断变化的教育环境和挑战。

在文化自信的框架内，教师在制定和执行生涯规划时，应积极寻找与本土文化相关的教学和研究机会，注重培养学生的文化自豪感和自信心，并在全球交流中成为中国文化的优秀代表。这样的教师，他们的生涯规划不仅关乎个体的发展和价值实现，更在于如何通过自己的教育实践向学生展现中华文化的深厚底蕴和独特魅力，成为文化传播和交流中的一股积极力量。

第三节 "文化自信"视域下英语教师专业素质提升的方法

一、构建全方位的教师培养体系

构建全方位的教师培养体系对提高大学英语教师的专业素养至关重要。全面提升英语教师的专业能力，需要国家、学校和社会的支持与合作。在此背景下，国家、学校和社会三者应相互合作，为教师提供专业化进阶的政策环境及学习条件。通过构建一个全方位的教师培养体系，教师的专业发展得以实现。这一体系应涵盖：实施校本培训、推动教师共同体的建设以及优化英语师资的培训教育。这样的培养体系不仅能确保英语教师的知识和技能得到全面升级，更能够在整体上提升英语教育的质量和效果。

（一）实施校本培训

1.校本培训的概念解析

校本培训作为一种注重实际效能的专业发展路径，在英语教师的发展中占据着显著的地位。其主旨聚焦于借助学校内部的资源和优势，切实满足教师在教育教学实践中的需求，并着力解决实际工作中出现的问题和挑战。本书将从以下三个层面出发来探讨校本培训的内涵。

（1）校本培训深植于学校的实际土壤之中，其核心在于提供一种依托于学校自身教育教学实践的专业发展途径。它直面教育一线的实际问题，旨在通过系统性、持续性的专业学习和交流活动，引导和促使教师不断反思和完善自身的教学实践。这意味着，校本培训不仅强调理论知识的学习，更注重将知识应用到实际教学工作中去，以推动教学效能的提升。

（2）校本培训致力于建设一种以学校和教师为中心的专业发展生态。这种生态的形成依赖于学校和教师的主动性、自发性，要求教师在参与决策、规划、实施和反思的过程中，始终保持主体的角色定位。例如，学校在组织实施校本培训时，需要确保教师的需求和声音得到充分的尊重和回应，支持教师根据自己的发展需要和实际困惑，选定或设计专业发展的内容和形式。

（3）校本培训坚持问题解决的导向原则，通过提供实实在在的解决方案来推动学校教育教学工作的提升。这就要求校本培训充分融入学校的教育教学实践，找到与学校教育实际紧密相连的教学难题和挑战，为教师提供实际可行的解决方案。在这一过程中，教师需要将个体的发展与学校整体的发展目标有机结合，通过不断自我提升推动学校的整体发展。

2.校本培训的优势

校本培训与传统的教育培训和职业技能培训不同，具有突出优势，其优势主要体现在以下四个方面（图5-4）。

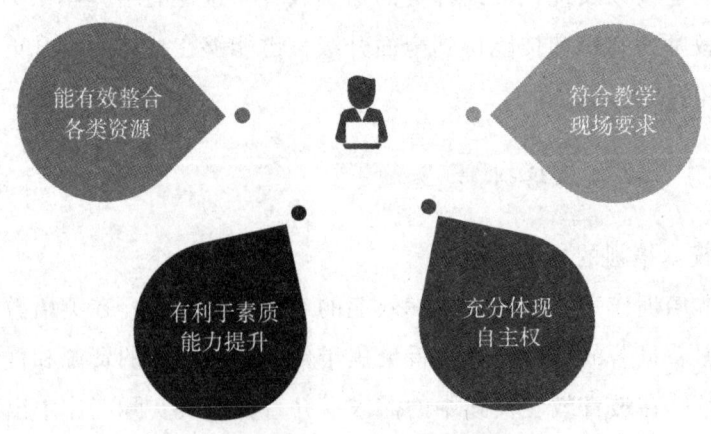

图5-4　校本培训的优势

（1）符合教学现场要求。校本培训植根于学校和教师的实际发展和需要，它以解决具体的、实际的教学难题和提升教学质量为导向，以期在教师的日常教学实践中产生积极的影响。此外，这种基于实践的培训模式能够使教师在参与培训的过程中获得直接且实际的反馈，提高其应对日常教学中问题的能力和信心。与此同时，校本培训还能够帮助学校构建一种积极的、专注于解决问题的学习文化，推动学校团队在追求卓越教学的过程中共同学习、共同成长。

（2）充分体现自主权。校本培训注重充分尊重和发挥学校和教师的主体性，使他们能够根据自身的特色和需求，灵活确定培训内容和形式。这一点不仅体现在培训的设计阶段，更体现在培训的实施和反馈过程中。教师和学校能够主动地参与到培训内容的选择、培训方式的设计以及培训效果的评价与反思中去，使培训更为贴近自身的需求，进而促进专业发展。

（3）有利于素质能力提升。校本培训强调教师的多重角色体现，即教师既是学习者，也是计划者和执行者，有利于提升教师全方位的素质能力。教师在校本培训中不仅有机会吸收新的教育理念和教学方法，还可以通过亲自参与培训内容的设计和实施，提升自己的组织协调能力和团队合作能力。这种参与感和实践感极大地增强了教师的培训体验，使其在提升专业知识与技能的同时，也得以在其他职业能力上取得提升。

（4）能有效整合各类资源。校本培训能够巧妙地利用学校内外部的各类资源，为教师提供丰富多样的学习和发展机会。例如，通过整合校内外的专家资源、教材资源、教学平台等，构建一个全方位、多层次的专业发展空间。这样的培训既能够保证内容的专业性和权威性，又能够在形式和方法上给予教师更多的选择空间，支持教师根据自己的兴趣和发展需要，开展多元化的学习活动，实现专业发展目标。同时，由于资源的有效整合，也使得校本培训在一定程度上更加经济高效，减轻了学校的财务负担。

3. 文化自信视域下校本培训助力英语教师专业素质的提升

（1）发挥校内资源和文化的优势。在文化自信的视域下，校本培训在提升英语教师专业素质方面具有其独到的方法与路径。文化自信不仅是指坚信本国文化的价值，也包括对本校文化、教育理念及其教学方法的深刻理解和认同。在此背景下，校本培训可以借助校内资源和文化优势，为英语教师的专业素质提升提供独特的支持。

其一，文化自信为校本培训提供了坚实的文化根基和丰富的文化素材。英语教师可以在培训中，以本校的历史和文化为例，探讨如何在英语教学中融入校园文化元素，形成独特的教学特色。对本校文化的深刻理解，能够使教师在教学中形成鲜明的文化标识，进一步提升学生的文化自豪感和认同感，促进学生的全面发展。

其二，校本培训可以构建一个平等开放的学习共同体，创建一个沟通畅通、教学交流活跃的氛围。在这样的环境中，英语教师能够在不受约束的情况下自由地交流教学经验、共享教学资源，并在互动中找到提升专业素质的新路径。例如，教师可以在讨论中探索如何将文化自信理念渗透到英语教学的各个环节，如何利用本校丰富的文化资源来丰富英语课程内容，以及如何通过校园文化活动来提高学生的跨文化交际能力等。

其三，强化文化自信在校本培训中的核心地位，也有助于形成校园的文化共鸣。英语教师在培训中不仅可以学习到更多关于英语教学的专业知识和技能，更能在深入探讨本校文化的过程中，加深对其的认识和理解。在英语教学中灵活运用本校文化元素，不仅能够提高教学的趣味性和亲和力，更有助于引导学生理解和尊重本土文化，培养他们的文化自信。

其四，通过不断的校本培训，可以在英语教师中形成一种积极向上的促进专业发展氛围。教师在互相学习的过程中，不仅能够不断提高自身的教学能力，也更容易形成共同的教育理念和教学风格，共同推动学校教育质量的提升。在这一过程中，文化自信成为促进教师专业素质提升的内在动力，也成为提升学校整体教育教学质量的重要保障。

（2）创新校本培训的方式。在文化自信的框架内，校本培训是提升英语教师专业素质的有力平台，特别是在数字化信息技术盛行的当下，这种培训的形式和模式也逐渐呈现出新的变化和特征。校本培训的优势在于其接地气的特征，能够紧密结合学校实际情况、教师需要以及学校文化，构建一个专属的、充满文化自信的教育环境。

在信息技术的支持下，校本培训突破了传统模式的局限，构建了一个高效、便利的学习网络平台。在这个平台上，英语教师不仅可以与同行进行实时交流和讨论，还能够获取最新的多元文化教学资源和信息。这样的互动和学习方式能够在更大的范围内实现知识的传递和分享，进一步拓宽教师的专业视野，增强其多元文化教学的自信和能力。

以文化自信为出发点，教师可以在校本培训中，深入挖掘并研究本国文化、校园文化的元素，将之有机融入英语教学之中。这种方式不仅有助于推广和传承本国文化，还能增强学生的文化自信和认同。进一步，在校本培训中，通过深入学习和探讨本校的历史文化、教学理念等，教师能够形成一种共同的、积极向上的文化认知和价值追求。同时，通过数字化技术实现的校本培训，其灵活性和实时性大大增强，教师可以选择适合自己的时间、地点参与培训活动，这极大地方便了教师的参与，也有利于提高培训的效率和效果。教师在这样的培训模式下，能够根据自身的需求和问题，针对性地进行学习和提升，进一步推动多元文化教学方面的专业发展。

在实现英语教师专业素质的提升过程中，校本培训模式不仅有利于教师个体的专业发展，也有助于学校整体教学水平的提升。在全体教师共同学习、共同进步的过程中，形成的专业氛围和共同价值观进一步强化了校园文化的内涵，也将在潜移默化中影响和塑造学生的价值取向和世界观。在这个过程中，文化自信不仅体现在教师的教学实践中，也逐渐渗透到学校的每一个角落，成为学校发展的内在动力。

（二）推动教师共同体建设

1.教师共同体的概念解析

教师共同体普遍被视为一种组织形式，它以其固有的合作与共享精神构建了一个专业发展和知识拓展的平台，为教育工作者提供了一个实现自我提升和促进集体协同发展的空间。在这个共同体中，教师基于对专业发展的共同追求与目标，通过经验的交流、知识的分享以及教学策略的探讨，共同推动各自及整体的教育教学工作向更高水平发展。教师共同体不仅是一个纯粹的学术交流群体，它也代表了一种教育文化的凝聚和传播。在这个专业的团体内部，教师秉承着开放与发展的原则，彼此尊重、理解和支持，共同构建一个充满活力与创新的教育环境。这里的每一个成员，无论在教育阶层的哪一个层次，都能感受到专业成长的无限可能和集体智慧的巨大潜力。

此外，教师共同体在促进教师专业发展的同时，也起到了提升学校教育质量和教育效能的重要作用。当教师在共同体中相互学习、相互启发时，整个教育组织的教学水平和教育理念也在不断提升和创新。此种正向的循环逐渐形成一个健康的教育生态系统，在这个系统中，教师共同体化作一个强有力的推进器，为每个成员以及整个教育组织源源不断地输送着动力与活力。

从宏观的层面来看，教师共同体的存在与发展不仅关乎单一学校的教育质量和教师发展，也在更大范围内对整个教育体系的进步产生深远的影响。在这个国际化和信息化日益发展的时代，教师共同体的理念与实践也许能成为教育领域中一个不可忽视的发展方向，对全球教育的发展趋势形成积极的推动和引领。

2.文化自信视域下教师共同体助力英语教师专业素质的提升

（1）提升教师跨文化理解和应用能力。在文化自信视域下，教师共同体构建了一个积极的环境，使英语教师能够在多元文化教学方法与理念上取得显著提升。英语教师在此类共同体中，不仅可以交流多元文化教学经验，还能进一步理解并探讨如何将文化自信的理念融入教育实践之中。这不仅涉及对目标文化的理解和应用，更关乎如何在教学过程中引导学生理解、尊重并欣赏不同文化，进而培养他们的跨文化沟通能力和国际视野。英语教师在共同体中，可以通过深入探讨、案例分析等方式，对如何在日常教学中融入并弘扬文化自信进行深入研讨，进而促进英语教师在文化自信理论与实践应用上专业素质得到显著提升。

（2）共建跨文化教育资源库。借助教师共同体这一平台，英语教师可以携手整合、创编并分享多元文化教育资源，以便在多样化的教学场景中应用。此类教育资源库不仅包括多元文化背景下的语言教学材料，还能涵盖多种文化背景、历史、哲学、艺术等多领域的教育内容。利用这一资源库，教师能够更加灵活和全面地在教学中实施文化教育，使学生在学习语言的同时，深入理解和体验到不同文化的魅力和价值。在国际化日益增强的今天，通过丰富的跨文化教育资源，教师更能够带领学生走出课堂，用更开阔的视野去认识这个多元而精彩的世界。

（3）促进实验性教学创新。教师共同体在支持英语教师探讨文化自信视域下的教学方法方面亦展现出其独特价值。借助这个共享和互助的平台，教师能够尝试实施不同的教学创新实验，如尝试运用新的教学方法、技术或工具来促进学生在多元文化理解和应用上的能力提升。共同体中的其他成员能够提供宝贵的反馈和建议，帮助进行教学实验的教师不断完善和调整教学方案。这种协同探讨与实验性实践，进一步推动了教学方法的创新和教师自身专业发展。

（三）优化英语师资的培训教育

英语师范教育是提升英语教师专业素质的核心，不断优化和升级英语师范教育的各个环节将有助于培养出更多具备专业素质和实践能力的英语教师，进而进一步提升国家的教育水平和国际竞争力。在开展英语师范教育的过程中，课程结构是提升英语教师专业素质的关键组成部分。

师范教育是教师教育的基础阶段，是基本的教学方法与教学知识的研习阶段，同时也是教师教育思想和理念的形成阶段。师范教育的课程直接影响着未来教师的教育知识结构与实践技能体系。师范教育的课程安排分为三大类，分别为普通教育课程、英语专业课程以及教育专业课程。

（1）普通教育课程。在文化自信的时代背景下优化普通教育课程，关键在于如何充分利用和展示中华优秀传统文化的丰富内涵，让未来的英语教师能够在国际化的语言教育背景下，以更开阔的视野和更深厚的文化底蕴去执行教学任务。此种优化过程不仅会强化教师的文化自信，更能进一步传递给学生，开拓其国际化的视野、树立本土文化的自豪感。

在课程结构中融入文化自信的理念，注重多层面的跨学科融合。例如，将中华文化的精髓渗透到历史、地理、哲学、艺术等多领域之中。这不仅拓宽了教师的学科知识边界，也更能在多学科交叉的情境中，挖掘和阐释中华文化的独特魅力及其在世界文化中的地位与价值。进一步的，师范生在掌握英语教学的专业技能时，能够更好地在语言教学中融入丰富的文化元素，实现语言与文化教学的有机结合。

普通教育课程的优化也可体现在方法论的创新上，激发师范生对中华文化的兴趣与探索欲望。比如，在课程教学中融入案例分析、实地考察、项目研究等多元化的教学方式。通过对历史文化事件的案例分析，使师范生在理论学习的基础上，理解中华文化的发展脉络及其时代价值；实地考察则能让学生近距离感受文化的魅力，加深对文化内涵的理解；项目研究则更注重学生的主动性和创造性，通过独立或协作的形式，深入挖掘和研究文化主题，加速其文化自信的内化过程。在此过程中，普通教育课程不仅成为师范生知识体系构建的重要部分，更通过注重文化传承与弘扬，赋予了未来英语教师更高的文化素养和国际视野，使其在未来的教学道路上能够准确、自信地向学生传达中华文化的博大精深，在教育实践中体现文化自信。

（2）英语专业课程。在开展英语师范教育的过程中，特别是设置英语专业课程的结构与内容时，文化自信这一内容显得至关重要。英语专业课程在英语师范教育中扮演着举足轻重的角色，它传授给未来英语教师对语言本身的深刻理解和运用能力。在语法、词汇、听力、阅读等基础能力的培养过程中，未来的英语教师不仅要精通英语语言本身，更需要能够在实际的教学中传达语言背后的文化。因此，在英语专业课程中引入文化自信的理念，并将之融入课程的各个方面，是提升未来英语教师综合素养的关键。将丰富的中国文化元素融入英语教育，可以让未来的教师在教授英语的同时，展示中华文化的独特魅力和价值观，从而增强学生的文化自信心。

在具体实施英语专业课程优化的过程中，以文化自信为基点的课程设计也应尽可能多元化并富有实践性。通过实例分析、情景模拟、项目实施等多种教学手段，教师教育不仅可以确保未来英语教师在专业能力上的提升，更能在文化层面提供充分的引导和支持。例如，通过分析中国文化在不同国家的传播和影响，未来的教师可以理解文化输出的重要性，并在将来的工作中自然而然地将这一理念转化为具体的教学实践。此外，实现教学目标的多元化，不仅关注英语语言能力的提升，更看重未来教师是否能够在教学过程中传递中华文化的内涵和精神，通过教育实习、教学案例分析、课程设计等环节，强化未来教师的文化自信和传递能力，为英语教学注入文化内涵。

（3）教育专业课程。文化自信在教育专业课程中的注入与体现，显得尤为关键，特别是在英语师范教育的领域。教育专业课程的教学内容包括教育学、心理学、教育技术和教学法等多个方面，这些理论体系及其实践应用方法，为未来英语教师的培养奠定了理论和技能基础。在一个多元文化交融、国际化日益增强的世界环境中，英语教师不仅是语言知识的传递者，更是文化的传播者。故而，文化自信的概念在优化教育专业课程中占据一席之地。强调文化自信并将其渗透到课程的各个方面，不仅能够强化未来英语教师的文化认同感，也有利于在教学实践中自信地展现和传递中华文化精髓。

在优化教育专业课程的过程中，教育工作者需深刻认识到文化自信的价值所在，并结合教育学和心理学等理论，制定一套综合性的培养策略。例如，借鉴和引入与中华文化相关的教育案例，将传统文化元素融入英语教学法中，不仅可以增强课程的趣味性和实用性，更能在无形中传播和推广中国文化。在教育技术课程中，利用现代科技手段，如使用虚拟现实技术展现中国传统节日的庆祝情形或者通过在线平台交流，激发学生对中国文化的好奇心和探索欲望。这不仅能够丰富和拓宽未来英语教师的教学方法和手段，同时也是对他们多元文化教育理念的培养，让他们在成为教师的道路上，能以更开阔的视野和更充足的文化自信，去面对来自不同文化背景的学生，实现更为卓越和全面的教育目标。

二、加强教师专业发展的保障

要提升英语教师的素质，不仅要重视对于教师的培养，还需要健全和完善相关保障制度，保护教师的合法权益，真正提升英语教师的专业素养。提升英语教师的素质，促进教师专业发展保障需要从上层建筑建设出发，统筹规划，协调发展，主要路径如图 5-5 所示。

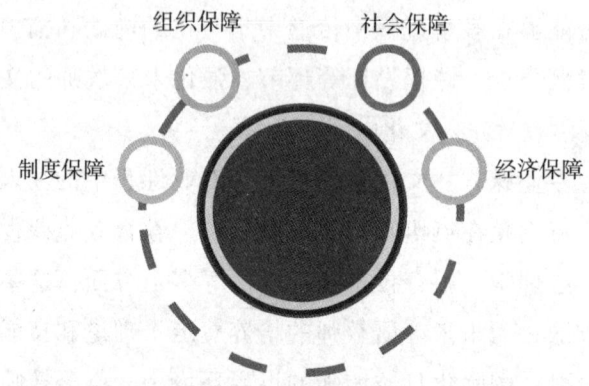

图 5-5 加强教师专业发展保障的主要路径

（一）加强教师专业发展的制度保障

在文化自信的视域下促进英语教师专业素质的提升，意味着需要在现有的法律法规基础上，打造一个深植文化自信的教师发展体系。完善的法律、法规及相关政策不仅明确了教师的职责与社会地位，也为教师的专业成长提供了坚实的制度支持。具体分析，通过内化文化自信为教师的专业发展提供制度性保障，需要从政策层面对教师的培养、评价与激励体系进行综合性的反思和再造。例如，制定与英语教师专业发展目标相适应的法律法规，使其不仅反映教师培养的基本要求，也展现中华文化的博大精深。具体分析，在构建教师培养体系时可以注入更多本土文化的元素，通过政策引导，使教师在专业发展的过程中，深入理解并传播中华文化，从而提升教师的文化认同感和文化自豪感。

制度保障的构建不仅要关注教师的专业发展路径，也需将文化教育纳入其职业成长的各个阶段。将文化自信的理念融入英语教师的各个专业发展阶段，不仅要体现在教师的基本职业技能培养中，也要深入教师的日常教学和职业生涯规划中。这意味着，教师在从事英语教学的过程中，不仅要关注学生的语言能力发展，更要关注如何将中华文化有机融入语言教学中使其得以传承。这种文化内化的教学方式，能在提升学生英语能力的同时，加强其对中华文化的理解与认同。在这一过程中，教师的继续教育与专业发展也不应被忽视。对现有的教师队伍，需要提供丰富多元的培训和学习机会，帮助他们在实际的教学中更好地实现文化的传播与交流。完善的制度保障除了要提供必要的法规依据，更要在实际操作中为教师提供充分的发展空间与支持，推动文化自信理念在英语教学中的全面落地。

（二）加强教师专业发展的组织保障

在教师专业发展的庞大体系中，组织保障以其独特的作用与价值确立了不可替代的地位。强化教师专业发展的组织保障不单单意味着创设相关教育和教师团体，更涵盖为教师个体权益和教学活动展开规范性管理和制度化保障。组织保障加强了对教师权利的维护，鉴于教师专业化进程需借助教育、培训及交流合作等途径加以实现，而所有这些实际路径皆属教师发展权利的一部分，因此，组织保障对教师专业发展的价值就显得尤为突出。

组织保障还包括如何更有效地整合与协调教育资源、如何更精准地满足教师专业发展的多元需求，以及如何更切实地为教师的专业交流与合作提供便利的平台等多个层面。而组织的形式则彰显出丰富多样的特点。不论是专门负责制定教育政策、研究教育问题的学术型组织，还是主要从事教师权益保护、教育经验分享的行业型组织，都在教师专业化道路上起到了积极的推动作用。以美国为例，在美国，有许多关注教师领域的专业团体，如全美教育协会和美国教师联合会等，它们以守护教师权利为核心工作，尽管这些组织属于民间组织，但依然拥有巨大的影响力和凝聚力，能够有力地保护教师集体的合法权利。这种在全社会形成广泛认同和支持的组织保障体系，无疑为教师的专业发展搭建了一个稳固、广阔的平台，不仅为教师的持续发展提供了丰富的资源和强大的支持，更在潜移默化中提升了整个教育行业的社会地位与影响力。在此背景下，教师不再是孤立的个体，而是成为一个联系紧密的集体，能够在追求个体专业化发展的同时，共同推动整个教育领域的繁荣与进步。

在文化自信这一视域下，英语教师专业素质的提升不仅要强化语言教学能力，更需要强调文化传递的能力，这一点在组织保障的构建中也应得到足够的重视。组织不仅需要关注教师的教学能力提升，更要关心如何将中华优秀传统文化以及中国特色社会主义文化传承下去，以此来培养具有国际视野的英语教师队伍。这既是英语教师自身专业成长的需要，也是国家文化自信的传播需要。组织应当在制度、活动和机制上创新，树立教师的文化自信，倡导教师在教学实践中自觉传承和弘扬中华优秀文化，建立文化自信并促进专业发展。在这样的背景下，英语教师不仅是语言知识的传授者，更是文化的使者，承担着在全球语境下展现中华文化魅力的重任。

（三）加强教师专业发展的社会保障

在社会和经济的双重发展下，广大教师对个体价值的追求也变得日益凸显。一方面，现代社会强烈认可并积极肯定个体在市场经济中的主体价值，这一现象对教师队伍的发展产生了深远的影响。它不仅刺激着教师积极主动地、充满创造性地追求个体的主体价值，还能让其充分展现自我价值。但另一方面，学术劳动力市场的流动性不足导致了教师往往在同一教育机构长期任职，这或多或少引发了职业倦怠感，并逐渐影响到教师的工作效率与成果，这种现象在一定程度上对教育领域的改革与创新产生了制约。

为了平稳推进教师的专业化进程，整个社会需要构建一个更加积极的大氛围，并确立一个恰当的社会调节架构。具体来看，社会应基于立法授权，借助中介评审，构建涵盖高等教育机构的专业技术资格评价社会化组织，并同步建立与单位聘任体制相匹配的大学教师自由流动机制。这不仅确保高级专业人才能在更为广阔的范围内展开竞争，还推动其不断更新知识技能，享有较快速度的专业发展。

在文化自信这一特定视域下，英语教师的专业素质提升不应仅侧重于语言的教授与学术的研究，还应深入挖掘如何将中华优秀传统文化与当下中国特色社会主义文化有机融合到教学中去。要加强社会保障，意味着为教师打造一个稳定并充满活力的发展空间。在此环境下，教师在追求专业发展的同时，也能借助于各类社会组织和机制，将文化自信植入每一堂英语课中，让学生在学习语言的过程中，感受到中华文化的深厚底蕴和时代魅力，这也是一种基于社会支持的文化自信与专业并进的教育实践。

（四）加强教师专业发展的经济保障

在文化自信的视域下，英语教师的专业素质不只是体现在教学技能和语言能力上，更体现在能够将中国文化自信的核心理念融入全球应用范围最广的语言——英语的教学中。而为了实现这一点，除了精神和文化的投入，更离不开物质和经济的保障。

薪酬无疑是决定教师工作热情和职业发展方向的显要因素。要想在一个专业领域内汇聚众多杰出的人才，充足的经济回报构成了基础的支撑。当教师能感受到其投入与收获之间成正比关系时，将激发他们自我提升，不断提升专业水平，同时坚守严谨的职业道德，进而加强本学科的权威性并提高其在社会上的地位。由于教师的劳动具有特殊性与复杂性，教师理应享有相应的高价值体现，并且其经济待遇应当至少与其他同等学力资格、从事复杂劳动的职业群体保持在相同的水平。

联合国有关教师地位的建议也阐述了教学不仅是一门专业，教师的经济待遇也应当受到社会的充分认可，并保障其至少与同等学力资格的其他职业享有相近的报酬。尽管我国在改革开放后教师的社会地位有了明显的提升，但相对于其他行业来说，其待遇及社会认可程度仍有提升的空间。吸纳更多的优秀人才投身教育事业，提升教师队伍的整体经济待遇和社会地位，是每一个政府和社会成员应当承担的责任，也是推进教师专业化发展的坚实保障。

在文化自信背景下，经济保障不仅会提升英语教师的整体素质，也将为中国的文化传播提供有力的人才支持。当教师得到足够的经济支持时，他们将更加自信地将中国文化融入英语教学之中，展现出一种文化自信与专业自信相辅相成的教育魅力，这对国家的文化自信、文化传播及国际形象均具有积极的推动效果。

第六章 "文化自信"视域下大学英语知识教学的策略与实践

第一节 "文化自信"视域下大学英语词汇教学的策略与实践

在分析"文化自信"视域下大学英语词汇教学的策略与实践之前，对比汉英词汇的相同与不同之处是首要前提。汉语与英语，作为分别源自东西方的两大语言体系，其词汇的运用、构造及表达逻辑都存在着深刻的文化印记和哲学观念的差异，了解这些异同是英语教师开展词汇教学的必要前提。

一、汉英词汇异同对比

汉语与英语作为代表着丰富文化体系的两大语言，其词汇的发展和演变都见证了文化的沉淀、交融与创新。汉英词汇在词汇意义、词汇形态及词汇搭配等方面的相同与不同之处，都是深植于各自语言文化根基中的独特观念和历史记忆的外现。

（一）汉英词汇意义对比

在历史发展的进程中，汉语和英语的形成受到了地理环境、生活习惯等多种因素的影响，这些因素使得两种语言在阐述现实世界和感知方式上展现出鲜明的差异性。这种差别让汉英语言在阐述相同概念的时候常常表现出语义的微妙偏移。对比汉英词汇意义可以发现，汉英词汇意义呈现出三种模式：一种是完全匹配的，另一种是部分匹配的，还有一种是彼此之间完全不匹配的。这些差异的核心缘由在于两种语言在描述对象的范畴与焦点上的不同。

1. 完全匹配

在汉语和英语两种语言的词汇系统中，一些词汇在两种语言中保持着较为一致的意义与用法。现举例分析。

（1）数字与基本算术运算符词汇。涵盖基础数值与算术符号的词汇通常在全球各地的语言体系中具有高度的一致性和通用性。以"one"（一）和"plus"（加）为例，不仅在汉语和英语中，实际上在绝大多数语言中，这些词汇所表达的基本概念都是不变的。这种通用性源于数学本身的普遍适用性和一致性。数学作为一种跨文化的通用语言，其基础元素——数字和基本运算——在世界各地被普遍认可和理解。因此，无论在英语中还是在汉语中，这些词汇所涵盖的基本概念、规则和应用场景都是高度一致的。教学过程中，这一类词语通常比较容易被理解和接受，因为它们并不受到文化背景和习俗的显著影响。对于学习者来说，这类词汇和概念的普遍性降低了学习难度，使其能够更加专注于数字和算术符号的实际应用。

（2）常见物体和颜色。在描述常见物体和颜色方面，汉语和英语的词汇在很多情况下保持了较高程度的一致性。比如"table"（桌子）和"red"（红）通常会在两种语言的日常对话和书面表达中找到相对应的用例。这一现象的背后，基础的物理属性和人类共通的感知经验发挥了重要作用。不同文化、不同语言中的人们都会对基本的颜色和常用物体有一种普遍的、本能的理解。

（3）自然界基本元素。在汉语词汇和英语词汇中，表示自然界基本元素的词汇——"water"（水）、"fire"（火）、"earth"（土）和"wind"（风）等所承载的含义大体是相似的。这些元素在世界各地的文化和信仰中通常都占有重要的位置，它们被认为是构成万物的基础。在多数文化中，这些元素都被赋予了独特的象征意义和哲学思考。

（4）基本行为动词。基本行为动词，如"eat"（吃）、"sleep"（睡）、"walk"（走）和"run"（跑）等，在不同的语言中通常有着相似的意义和应用。这些动词描述的是人类的基础生理活动和日常行为，是人类生活的普遍体验。因此，在多种语言环境下，这些动词的含义基本保持一致。

（5）天文名词。涉及天文名词的词汇，如"sun"（太阳）、"moon"（月亮）和"star"（星星），在全球各种语言和文化中普遍具有类似的指代和意义。这些名词所指的天体在全球范围内是相同的，因此这类词汇通常能够在不同语言间保持较为一致的意义。尽管在某些特定文化或信仰体系中，这些天体可能被赋予了独特的象征和内涵，但其基本的物理属性和科学认知在全球范围内是共享的。在教学和研究过程中，能够借此建立起跨文化交流和理解的桥梁。

2. 部分匹配

在汉英词汇转换的过程中，确实面临着因文化、社会和历史背景差异造成的词汇意义部分匹配的问题。这种部分对应的问题要求学习者在传达原意的同时尽可能保留源语言的文化和语境信息。

（1）亲属关系词汇。汉英两种语言在描述亲属关系时的差异是一个非常典型的例子。如在亲属称谓上，汉语会详细区分各类亲戚的称谓，如阿姨、姑姑、叔叔、伯伯等，而英语很多时候会使用更为简洁的"aunt"或"uncle"来进行指代。在这一点上，英语的亲属关系词汇显得更加简练和通用，而汉语则更加精确且具体。

（2）礼节用语。礼节用语也是一个展现汉英词汇部分对应的领域。在汉语中，尊敬和谦卑的表达有着深厚的文化内涵和丰富的词汇体现，如使用"贵姓"而非直接的"你姓什么"来询问对方的姓氏，这体现了一种尊敬和礼貌。而在英语中，通常使用的"What's your name?"可能无法完全表达出这层含义。

（3）饮食文化词汇。在饮食文化的词汇表达上，由于中西方在饮食习惯和文化上的差异，也产生了一些部分对应的词汇问题。比如，在汉语里，人们会将早、中、晚三餐分别称为"早饭""中饭""晚饭"，而在英语中，常见的词汇可能是"breakfast""lunch"和"dinner"。汉语"晚饭"和英语"dinner"之间虽然存在较大的对应性，但由于各种社会文化习惯的差异，二者仍然存在一些不完全匹配的情况。

汉语中的"晚饭"通常蕴含了一种家庭的凝聚感和团圆的意味。在中国的文化背景下，晚饭通常是家人们在一天的工作或学习之后聚集在一起的时刻，它不仅是满足生理需求的一顿饭，更是家人间沟通、交流的时刻。许多情感的流露和生活的分享在这个时间段得以释放。而对于一些传统家庭，晚饭几乎成为家庭成员的一种聚会仪式，即便在忙碌的工作日，家人们也尽可能地共同用餐。而在英语的 dinner 中，尽管它也常常指一天中的最后一顿饭，但它所承载的文化和社会内涵却呈现出不同的特征。在某些西方国家，尤其是在快节奏的城市生活中，dinner 可以是一个人在家中或在外就餐的经历，也可以是和朋友、同事的社交活动。此外，dinner 不仅仅指晚间的餐点，它有时也可以指一些正式场合中的宴会或晚宴，强调得更多是一种社交而非仪式感。

从词义的宽窄角度出发对比汉语词汇和英语词汇可以发现有时汉语词义较宽，有时英语词义较宽，如汉语词义较宽：

山　hill, mountain

借　lend, borrow

拿　take, bring, fetch

叫　cry, shout, call

笑　smile, laugh

门　door, gate

闻　hear, smell

大学　university, college

又比如英语词义较宽：

wear　穿、戴

river 江、河

net 网、帐子

marry 娶、嫁

brother 兄弟、同胞、同业、社友、会友

uncle 伯父、叔父、舅父、姑父、叔叔

president 总统、长官、校长、主席、董事长

wife 夫人、妻子、爱人、老婆、老伴、女人、内人、婆娘、娘子、配偶

3.完全不匹配

（1）情感与价值观词汇。情感与价值观词汇通常深深根植于一种文化的土壤中，并通过语言这一载体得以传承和发扬。以"孝顺"为例，在中华文化中，它不只是对父母的敬爱和照料那么简单，而是一种涵盖了尊重、忍耐、关怀、无条件地支持等多重元素的复合概念。它传达的是一种无论在身体、精神，还是在情感上都对父母无微不至、无所不在的关爱和照料。在古代，孝顺更是被提升至道德的高度，成为量度一个人品德和道德的重要标准之一。

在英美文化中，尽管"respect"和"devotion"这类词汇也体现了对父母和长辈的尊敬与敬爱，但它们并不能完全等同于"孝顺"这一概念。在西方文化中，尊重个人的独立性和私密性通常被看得比较重要，孩子在成年后通常会选择独立生活，并且在决策上较为自主。而在东方文化中，"孝顺"往往要求在父母面前持有一种谦卑和顺从的态度。中国人的"孝顺"表现得尤为细腻，体现在日常生活的各个层面，无论是在物质照料上，还是在精神慰藉上，都体现着一种超越简单的尊敬或者关心的情感表达。此外，"孝顺"不仅体现在行动上，更体现在言语、表情，以及日常的微小习惯上，表达出对父母的尊敬和依赖。

（2）社会风俗习惯词汇。每个民族都有自己的社会风俗和生活习惯，因此也在各自的语言中存在一些独具民族特色的词汇表达，如汉语中与春节相关的"贴春联""放烟花"，与端午节相关的"赛龙舟"等。

其中，"贴春联"不仅是物理上的将红色的对联贴在门上的动作，它还涵盖了辞旧迎新、祈愿来年好运的文化寓意。春联常常包含着吉祥的语句和对美好生活的寄托。然而，在英语文化中，与之相似的行为或许可以找到类似的实物（如 Christmas decorations），但由于文化背景和历史的不同，它们所包含的情感、象征意义和社会功能存在巨大差异。再如，"放烟花"在汉语语境中，除了是一种视觉盛宴和欢庆的手段外，它更多的是代表了辟邪和祈福。在春节等重要节日，放烟花被认为可以扫除霉运，带来好运。而在许多英语国家，烟花更多的是一种庆祝和观赏的活动，如在新年和国家纪念日等场合。

至于"赛龙舟"，它源自中国古老的节日——端午节，该活动是为了纪念古代伟大的诗人屈原。这项活动充满了竞技和娱乐的元素，同时也蕴含着对忠诚、勇敢的记忆和尊敬。在英语文化中，虽然也有许多划船的赛事，如赛艇，但它们的起源、意义及其在文化中的位置与龙舟截然不同。以下是一些有关汉语和英语中独具民族文化特色的社会风俗习惯词汇，其中表示西方节日习俗的词汇如下：

turkey 火鸡

pumpkin pie 南瓜派

Easter eggs 复活节彩蛋

Easter bunny 复活节兔子

Santa's hat 圣诞帽

Christmas stocking 圣诞袜

Christmas tree 圣诞树

Christmas card 圣诞卡

Halloween parade 万圣节游行

表示中国特有民俗文化的词汇如下：

腊八粥 laba porridge

灯会 lantern show

庙会 temple fair

舞狮 lion dance

春联 Spring Festival couplets

耍龙灯 dragon lantern dance

剪纸 paper cutting

中国结 Chinese knotting

针灸 acupuncture

（二）汉英词汇形态对比

1.汉语词汇书写形式

汉语，作为汉藏语系的代表，独特的方块字书写形式赋予了它极为丰富且深厚的文化内涵和审美体验。与英语相比，汉语不仅仅是语言交流的工具，更是一种艺术形式和文化象征。汉字，每一个字均以其凝练的笔画、结构和形态，承载着深厚的历史文化和哲学思想。从基础构建上来看，汉字主要通过笔画来形成，这些笔画通过各个方向的排列组合中创造出无数的汉字，而这些汉字，通过不同的组合又能够创造出丰富的词汇和表达。在书写上，汉字间的间隙通常是不明显的，整个句子或短语在视觉上往往呈现为一个整体，这正体现了汉字的整体性和连贯性。

值得注意的是，汉字本身所承载的意义通常十分丰富。单一的一个字，就可能包含了特定的概念、情感或者文化内涵，这在某种程度上解释了汉字为何在结构和形态上如此复杂和多变。而在语法和语境构建上，汉语往往强调的是整体性和语境的连贯性，不同的词汇通过特定的顺序和结构，表达出多层次的含义和情感。例如，"风花雪月"这个词组，表达的不仅仅是四种自然现象，更蕴含着一种唯美、浪漫的情感和文化底蕴。

2.英语词汇书写形式

英语源于印欧语系，其基础构成单位是字母，由二十六个字母组成无尽的词汇，拼写的方式相对直观和简单。这种由字母组成的词汇形式，呈现出一种线性和序列化的特点。在书写上，英语单词由字母线性排列组成，单词与单词之间通过明显的空格进行分隔，使得每个单词在视觉上相对独立，易于辨识。这种分隔明显的书写方式，也体现了英语在语言逻辑和信息传递上的明确性和直接性。在语境构建和信息传递上，英语依赖于明确的语法结构和词序安排来表达特定的意义和完成逻辑推理。

（三）汉英词素应用对比

词素是语言学中用于描述语言结构的基本单位之一，它是语言中最小的语法单位，具有固定的发音和明确的意义，但它并不一定能独立存在。词素在语言结构中的功能主要体现在构词中，用以构建词汇，并且影响词汇的形态变化及其语法关系和语义内容。

1. 汉语词素的内涵与应用

汉语作为一种属于汉藏语系的自由词素结构语言，在词素的运用与构词上展现出极大的灵活性和多样性。这主要体现在词素的排列组合、位置变化及插入其他成分等方面。

在构词和词义理解上，汉语词素展现出相对的自由度和包容性，尤其在词组和词汇的构建上，不同的词素经常能够在不改变原有含义的基础上互换位置，如"气力"和"力气"、"感情"和"情感"等。这种特性说明汉语在词素的运用上并非严格遵循一种固定的模式或序列。词素的自由排列为表达提供了更为丰富的可能性，也在一定程度上加强了语言的生动性和表达的便利性。此外，汉语词素中常见的一种现象是词素之间能够插入其他成分而不改变原有的基本含义，为词汇表达提供了更加细致丰富的层次感。例如，"洗澡"和"洗了一次澡"，后者在表达上增加了动作的时间与次数信息，而核心含义仍旧保持不变。这种语言现象在一定程度上丰富了汉语的语义表达，赋予使用者更多的创造性空间，在交流过程中提供了更精确的信息传递。

值得注意的是，尽管汉语词素在构词上相对灵活，但其仍然遵循一定的逻辑与习惯用法。例如，一些固定搭配和习语中的词素顺序就不可轻易更改。即使在多数情况下语序变化不会导致词义的重大改变，但在实际应用中，由于语境、语感或语法规则的不同，词素的排序与选择依然需要遵循一定的惯用法和表达习惯。

2.英语词素的内涵与应用

英语作为一种属于印欧语系的语言，在其词素的应用和构词上体现出一种相对规范和固定的特点。这种特性在词素的排列顺序、形态变化、构词法则等多个方面得到体现。

英语词素在构词时的顺序相对固定，并且在很多情况下，词素的排列顺序会直接影响到构成词汇的含义。例如，前缀"un–"通常用于构成否定意义的形容词（如"unhappy"）或副词，其位置固定在基词之前；而后缀"–er"通常表示"做……的人"（如"worker"），其位置固定在基词之后。这些词素如果放置在不恰当的位置，将会导致词义的混淆或者形成不存在的词汇。英语中词素在构词时也会遵循一定的形态变化规律。不同的词汇根据句法功能和语境在构词中会体现出明显的形态变化，如动词的过去式、过去分词形式、名词的单复数形态等。这些形态变化不仅反映了词汇在句子中的语法功能和语境角色，还通过形态变化给予了词汇更多的语境信息。

英语词素在构词时往往体现出较高的派生性和转类性。词素通过添加前后缀的方式，能够派生出新的词汇或使词汇由一种词性转变为另一种词性。例如，"joy"（名词）通过添加后缀"–ful"变为形容词"joyful"。这种在词素应用中的派生和转类构词能力，丰富了英语的词汇体系，增强了语言的表达能力和表达层次的丰富性。

（四）汉英词汇搭配对比

1.汉英词汇搭配的相同或相似之处

语法规则是影响词语搭配的主要因素，典型的英语词汇搭配由名词、形容词、动词和副词组成，分为七种类别。汉语词语的基本组合模式则可以归纳为主谓、述宾、述补、偏正、联合五种。英汉词汇搭配的相同之处主要表现在结构形式的相同或相似，包括以下几个方面。

（1）英语中"动词＋名词"与汉语中的述宾结构。英语的"动词＋名词"结构以及汉语的述宾结构在功能上呈现了显著的一致性，即动词对宾语支配关系的表达。例如：

They annulled their marriage last year.（他们去年解除了婚约。）

在英语中，"annulled"（解除）这一动词形式操纵了其后的宾语"marriage"（婚约），建立一种行为和对象的清晰关系。这种表达模式在翻译成汉语时也会得到保留，"解除"作为动作，而"婚约"则作为这一动作的受体。这种语言结构体现的语义逻辑性贯穿了英汉两种语言，即使在表达的细节上存在差异，这种结构上的对应性也成为一个桥梁，实现了信息的准确传递和文化语境的对接。

（2）英语中"动词＋副词"与汉语中"副词＋动词"结构。尽管在语序上略有不同，但英汉两语在"动词＋副词"与"副词＋动词"结构上的应用都强调了动作和程度、方式之间的关系。例如：

They were arguing heatedly over unemployment.（他们就失业问题激烈辩论。）

He apologized humbly to the teacher for his rudeness.（他为他的粗鲁向老师谦恭地道歉。）

在英语例子中，"arguing heatedly"和"apologized humbly"中的副词分别修饰了动词，"heatedly"与"humbly"赋予了动词额外的语境信息，突出了动作的方式或状态。类似的，在汉语中，副词也能通过其位置来强调动词的某一特定特质或方式，进一步丰富语句的表达层次和情感色彩。

（3）英语中"名词＋动词"与汉语中的主谓结构。英语和汉语在"名词＋动词"及主谓结构上的应用揭示了主体和动作的关系，例如：

A signal pistol goes off.（信号枪响了。）

The bees buzz.（蜜蜂嗡嗡。）

The blood circulates.（血液循环。）

"bees buzz"（蜜蜂嗡嗡）和"blood circulates"（血液循环）这两种结构把焦点放在了实体（主体）和它们执行或经历的动作上，凸显了语境中主体的活跃性或存在状态。无论是英语还是汉语，在实际交流中，这种主体和谓语动词的组合都在为信息的明确传达提供必要的结构支撑。

（4）英语中"形容词 / 名词 + 名词"与汉语中的偏正结构。英语的"形容词 / 名词 + 名词"结构以及汉语的偏正结构在信息组织上表现出了形式和功能上的类似性。例如：

positive thinking（建设性的想法）

a crushing defeat（惨败）

a formidable task（一项艰难的任务）

例如，英语中"positive thinking"中的"positive"修饰了"thinking"，指出一种具体的思考类型。而在汉语偏正结构中，前一个成分同样对后一个成分进行修饰或限定，实现了对核心信息的精确化。即便在两种语言表达的形式与词序上有所差异，这种修饰和被修饰的语言逻辑关系仍然保持其固有的一致性。

2. 汉英词汇搭配的不同之处

（1）上义词与下义词搭配的显著差异。通过对英语中上义词（超纲词或泛指词）的使用进行初步探讨可知，在英语的语境中，上义词往往能够搭配一系列的下义词（下位词或具体词），展现其广泛的搭配特性，如动词"do"在英语中的运用不仅能指向一种泛泛的行为，也能借由具体的宾语来明确其指代的具体动作，比如"do the dishes"（洗碗）或"do homework"（做作业）。这样的结构在英语表达中颇为普遍，上义词的灵活搭配为英语的表达赋予了一定程度的灵活性和拓展性。

然而，在汉语的表达体系中，这一特点并不突出。在多数情况下，"做"一词并不能像英语中的"do"一样，与多种具体的下义词自由搭配。汉语在这方面显得更加严谨和特定，如我们倾向于使用"洗"来描述"洗碗"这一具体动作，而不是"做碗"；而"做作业"在汉语中也表达为"写作业"。在这里，"做"主要与抽象或泛泛的活动类宾语搭配，如"做梦""做生意"等。

再者，对于如何精确表达特定的动作或状态，两种语言也呈现出不同的倾向。英语中的动词通常在一定程度上独立于其搭配的名词，动词本身不一定就预设了具体的动作对象，其依赖上下文和宾语的辅助来获取确切意义；反观汉语，很多动词在使用上就已经预设了其动作的执行对象，如"洗""写""吃"，这些动词与其所指代的动作和对象之间存在着较为固定的语义关系。通过这样的对比可以看出，在上义词与下义词的搭配使用上，英语更加强调动作的泛指性和可拓展性，而汉语则更注重动词与其宾语之间的固有语义关系和搭配的准确性。这种差异不仅仅体现在两种语言的表达方式上，更在一定程度上反映了不同语言背后的文化逻辑和思维方式的区别。

（2）词汇引申义搭配不同。英汉词语由于其引申义的不同，其搭配范围也存在差异。一方面，英语中有些词汇远不如汉语的搭配范围广。对于"红"这一词汇而言，汉语中的广泛引申和搭配范围呈现出一种深厚的文化沉淀。在中国文化中，"红"通常与喜庆、繁荣等正面情感相联系，因而有了"红利""红尘"或"眼红""爆红"等多元的引申与搭配。这些搭配不仅仅是字面意义的延伸，更是在文化语境中所蕴含的一种符号学的传达。而在英语中，"red"则可能关联到与生命、冲突或政治相关的情境，如"a red battle"。

另一方面，英语中的有些词汇又比汉语中的词汇搭配范围广。以汉语的"骑"和英语的"ride"为例。在英语中，"ride"不仅仅局限于传统的骑乘动作，还可以通过与不同宾语的搭配，延伸到多种场景和抽象含义中，如"ride the waves"或是比喻义的"ride high"。它能在语境中自由切换，展现出一种语言的灵活性与多变性。而汉语中"骑"的应用则相对保守，更加聚焦于具体的骑乘动作和一些固定搭配内，如"骑车"，体现出一种更为直接和实质性的语义关联。

（3）对应词搭配习惯不同。任何语言都十分注重搭配，如果语言搭配得不当,就会违背人们的语言习惯,也给人们的理解带来困难。在深入探讨汉英两种语言在词汇搭配上的差异时,人们可以发现汉英对应词在搭配习惯上存在较大差异,如汉英词汇在动词与名词搭配方面的微妙不同。英语中表达"学到知识"时,通常不会将"study"或"learn"直接与"knowledge"相搭配,而是借助其他表达方式,如"obtain knowledge"。这种搭配差异在很大程度上受到了语言习惯和文化逻辑的影响,即英语中对动作与对象之间逻辑关系的表达方式受限于该语言的内在逻辑和表达习惯。在这种背景下,"obtain"能更加准确地传达"学到知识"所隐含的获取和掌握的动作。

单位词的搭配又是一个显著反映汉英语言特征差异的领域。在这一方面,汉语在某种程度上体现出一种简约的特点。例如:"群"这个量词,可以广泛应用在多种动物、事物的集合上。而在英语中,为了表达对不同事物集合的特征性描绘,"a pack of""a pride of"等多种表达方式应运而生,展现了一种多元化的语言特色。这在无形中丰富了英语在描述不同对象集合时的精确性和表现力。反之,有些情况下英语使用单一的表达方式(如"a pair of"),而汉语可能就会根据具体所指对象的特征采取不同的表达方式,如"一条裤子"与"一把剪子",前者强调长度,后者强调可持握的工具特征。这种情况下汉语体现了基于事物属性的语言应变性。

诸多的例证表明,语言在表达方式上的多样性和差异性并不是简单的对等关系,而是深植于文化、习惯和逻辑之中的。英汉两者在词汇搭配上的差异,正是这种多元文化与逻辑思维方式的集中体现。在跨文化交流的过程中,理解这些差异,并学会从目标语言的角度去思考和表达,是每一个学习者在语言运用过程中需要不断实践与体悟的。

二、词汇教学的方法策略与创新实践

在文化自信视域下的英语词汇教学中,教师需要将本土文化和目标语文化有机结合,创设情境,启发学生从文化的角度理解和掌握词汇,同时在学习外语的过程中强化自身文化的认同感和自信。接下来本节将介绍一些有效的教学方法策略及实践应用。

（一）文化对比法

文化对比法在英语词汇教学中占据了显著的位置，尤其是在文化自信的视角下。文化自信涵盖了对本国文化的理解和认同以及在全球背景下，通过比较和对比洞察不同文化下词汇的深层含义及其运用，进而推动跨文化的交流和沟通等。借助文化对比法，英语教师可以强调本国文化在国际语言环境中的独特性和价值，进而提升学习者的文化自信和民族自豪感。

当英语教师运用文化对比法时，他们可以通过文化的透镜，揭示因文化背景差异在词汇运用上产生的英汉语言异同。以"龙"为例，在中国文化中，它象征着权力、尊贵和力量，并演变为"龙马精神""龙飞凤舞"等表达，体现了人们对"龙"的崇敬；而在西方文化中，"dragon"常与邪恶、破坏联系在一起，在许多传说和故事中，龙往往是被屠杀的邪恶生物。在这种文化对比中，学习者能够更深刻地理解"龙"在两种文化中的不同内涵，并在交际中更精确、得体地运用相关表达。

此外，中文中的"饺子"（jiaozi）和英文中的"dumpling"在字面上看似对应，但文化内涵却大相径庭。在中国文化中，"饺子"往往与除夕夜和家庭团聚有关，承载着丰富的文化和情感含义；而在西方文化中，"dumpling"这一词汇就更加广泛，可以指任何种类的小面食，不一定有特定的文化或情感内涵。

从文化自信的视角出发，教师引导学习者对比和学习其他文化，并不是让他们进行无差别的模仿和效仿，而是有选择性地吸取，以充实和发展本国文化。英语词汇的教学也不应仅仅停留在词义记忆的层面，更应通过深入分析不同文化背景下词汇的深层内涵，培养学习者的文化感知和审美情趣，实现在传扬本国文化的同时，与世界进行有效沟通。这一教学过程实质上是两种文化的对话和交融。英语教师不仅仅是语言知识的传授者,更是文化的引导者,英语教师在辅助学习者探寻他国文化的过程中,始终坚定文化自信的立场,树立正确的世界观、价值观和文化观。

(二)词源分析法

词源分析法就是通过分析词汇出处或者来源来介绍词汇文化内涵以及深层含义的方法。词源分析法在英语词汇的教学中被广泛采用,主要是因为它在揭示词汇背后深层含义和文化底蕴方面存在很大的优势。这一方法从深入探讨词汇起源的角度出发,跨越了词汇简单的表面含义,触及了词汇的源流和发展轨迹,进而帮助学习者把握词汇在文化、社会、历史等多方面的丰富内涵。在文化自信视域下,词源分析法不仅提供了一个理解外国文化的有力工具,同时也构建了一座传递本国文化精髓的桥梁。

词源分析法主要适用于英语词汇中的一些典故词汇。在英语词汇中,有很多词汇是从典故中来的,因此其文化内涵非常丰富,很难从字面上去理解与把握,必须借助词源展开分析。无论对于中国人还是西方人来讲,在口语或者书面语中都会运用一些典故、传说等,因此对于这类词汇的教学是非常重要的。例如,man Friday 就源自《鲁滨孙漂流记》,其含义并不是"男人星期五",而是"得力的助手";an Uncle Tom 源自《汤姆叔叔》,其含义并不是"一名汤姆叔叔",而是指逆来顺受,宁愿承受侮辱也不反抗的人。

由于英汉两种语言在词语典故文化方面有相似之处,因此在使用词源分析法教授英语词语典故知识时,可以引用学生更加熟悉的汉语典故文化加以解释,以此促进学生的感知和理解。例如,英语中的"burn one's boats"与汉语中的"破釜沉舟"这两则典故虽然史事背景不同,但是情节非常相似,寓意相同,都指的是采取不留后路的行动,表示勇往直前的信念和决心。

英语典故"pull chestnuts out of the fire"与汉语的"火中取栗"相对

应。这两个典故均出自一则法国寓言：一只猴子和一只猫看见炉火中烤着栗子，猴子叫猫去偷，猫用爪子从火中取出几个栗子，结果烧掉了自己脚上的毛，而猴子却吃掉了栗子。这个典故在英语和汉语中都用来象征那些冒风险为他人谋利，最终自己一无所获的情况。

在这一过程中，文化自信被赋予新的内涵。词源分析法的实施，实质上是在展开一场跨文化的对话，通过深入探讨词汇的起源、演变和应用，反映出不同文化在思维方式、价值观念、生活习俗等方面的差异。在这场对话中，文化自信体现在教育工作者和学习者对本国文化价值的坚定信念和理解上。当学习者在理解他国的文化底蕴的同时，也在反观和检视自我文化的独特性和价值，从而在全球多元文化的交流中坚守并传递本国文化的魅力和价值。

（三）图像关联法

图像关联法作为英语词汇教学的一种策略，在文化自信视域下的实施更是显得尤为重要。图像关联法不仅丰富了语言的教学手段，还在无形中将文化元素融入了学习过程之中。词汇不再只是抽象的符号，它通过图像被赋予了生动的实际场景和文化内涵，从而极大地增强了其传达信息的深度和宽度。

在文化自信视域下运用图像关联法，便可以促进学习者在掌握目标语言词汇的同时，也对相关的文化背景进行理解和认同。以"freedom"和"和平"为例。在展示"freedom"这一词汇时，通过展示一系列与之相关的图像，如自由女神像、马丁·路德·金的演讲场景等，学习者不仅能更直观地理解"freedom"这一概念的内涵，还能深入感知它在西方文化中的核心地位以及背后所代表的社会价值和历史记忆。

相对之下，在讲解汉语词汇"和平"时，通过展示长城、鸽子等图像，学习者不仅能够直观体验到这一词汇在中华文化中的表达，同时也能感知到中国传统文化强调的和谐共处、天人合一的哲学思想。这在某种程度上，实现了对自身文化底蕴的自信展现和传递。

运用图像关联法，教学者在设计课程时，需要精心选择那些能够代表和反映文化特征的图像资源。这些图像应当能够准确传达词汇的含义，更能体现词汇在具体文化语境中的深层次表达。此外，为了更有效地实现文化自信的传递，教学者还应引导学习者在理解目标语言文化的同时，进行跨文化比较，自觉地找寻本民族文化与之相对应或相异的元素，进而实现在全球多元文化交流的语境下，对本民族文化的传承和推广。

第二节 "文化自信"视域下大学英语语法教学的策略与实践

大学英语语法教学的内容主要包括一系列关于英语单词、短语、句子结构以及它们如何组合成复杂句型和表达的规则和原则，还包括这些规则如何在不同的语境中得到应用。例如，关于句子成分的教学，通过主语、谓语、宾语、定语和状语等成分的识别和运用以及这些成分在句子中的具体位置和功能的探讨，学习者将学会如何构建和解读一个逻辑完整的句子；在句子结构教学部分，简单句、并列句和复合句的构成及使用被重点强调，各类从句如名词性从句、定语从句和状语从句的种类和构造也是重点教学内容。

在"文化自信"视域下开展大学英语语法教学，对比汉英语法的相同与不同之处是一种必要的前提和策略。由于汉语和英语分别扎根于东西方截然不同的文化土壤，这两种语言在语法结构、表达逻辑、语法功能等方面均展现出独有的特征，这些特征无不渗透着深厚的文化底蕴。在大学英语语法教学中，通过精细地对比汉英语法的异同，不仅有助于学生更为直观和深入地理解英语语法规则，更能在无形中引导他们洞察并体验到两种语言背后的文化差异和特质。

一、汉英语法异同对比

（一）汉英句子成分对比

1. 汉英主语对比

汉语和英语在主语方面表现出一定的异同。汉语的主语通常是句子的起点，表达"谁"或"什么"在执行动作或处于某种状态，它可以是一个名词、代词或名词性短语。例如："他们在玩耍。"（"他们"为主语）在英语中，主语同样扮演这一角色，诸如名词、代词或名词性短语通常作为句子的开端。例如："They are playing."。但有趣的是，在汉语中，主语有时可以省略，尤其是在口语或日常交流中，例如："去商店了。"而在英语中，主语的省略通常只在指令或非正式的口语交流中发生，如"[You] Go to the shop."。此外，英语中涉及的主语和谓语一致性问题在汉语中并不显著，展现出两种语言在主语应用上的文化和结构差异。

2. 汉英谓语对比

汉语与英语在谓语使用上也有显著的差异。在汉语中，谓语动词通常不需要根据主语的数或人称变化形态。例如："我吃""我们吃"，谓语"吃"保持形式的一致。而在英语中，谓语动词的形态常常需要与主语保持数和人称上的一致。例如："I eat"与"we eat""he eats"等。这展现了英语在谓语方面对主语一致性的严格要求。同时，英语谓语在不同的时态中会有所变化，如"he eats"（一般现在时），"he ate"（一般过去时）；而汉语谓语动词通常保持形态的一致性，并通过其他词汇或上下文来传达时态的变化，如"他吃"（现在或过去时）。

3. 汉英定语对比

关于定语的使用，汉语和英语同样表现出显著的不同。在汉语中，定语通常放在被修饰的词之前，例如："红色的苹果"，其中"红色的"作为定语，描述苹果的属性。而在英语中，定语（形容词）通常也放在其修饰的名词之前。例如："red apple"。这一点上，汉英在定语的位置上表现出一定的相似性。然而,当涉及定语从句时,两者表现出更明显的差异。在英语中,定语从句通常放在被修饰的名词之后,由关系代词引导。例如:"The man who is wearing a hat is my uncle."。而在汉语中,定语从句的信息通常嵌套在主句之内,并且位置相对灵活:"戴帽子的那个人是我叔叔。"这两种语言在定语和定语从句的运用上,反映出其各自的语法特点和表达习惯,也在一定程度上展示了文化中对事物描述和理解的不同路径。

(二)汉英句子结构对比

汉语和英语在句子结构方面体现出了显而易见的不同,这不仅是单纯的语法现象,而更多地反映了背后的文化思维和逻辑表达方式的差异。汉语句子结构给人的感觉更为线性、流动,好像是一串串串联起来的珍珠,信息的展开往往按照一种时间或逻辑的先后顺序,呈现出一种流畅而连续的叙述链。这种结构模式不受过分的主谓结构限制,而更多地关注的是整体信息的顺畅传递和情感的自然流露。英语则以其层次分明、结构化强烈的特点展现了一种树状、多维的逻辑构建。在这样的语法体系下,英语句子的主谓核心不仅确立了句子的基本框架,而且通过一系列的修饰和补充成分(如宾语、定语、状语等),由中心向外扩展,形成一个丰富多彩的信息体系。每个成分都在主谓基础的指引下,通过精确的连词、介词等词汇手段,清晰明确地展现其在整个句子中的语法功能和语境意义。

1. 汉语句子的平面结构特征

汉语的平面结构特征及其开放性,表现出了一种独特的、自由的语言展现形式,形成了与英语的立体结构的显著对照。这样的开放结构特性,为汉语的表达方式赋予了一种灵活的、不受严格语法架构约束的自由度。请看以下示例。

书包。

她拿着书包。

她微笑着，轻轻拿起那个粉色的书包。

从一个单一元素"书包"出发，汉语句子可逐渐嵌入更多的动作和情境描述，最后逐步铺展出一个饱满的场景。汉语允许人们在构建句子的过程中，按照情境的需要或者表达者的意愿，逐步叠加信息，而不必受限于一个固定的、预定的句型模式。

2. 英语句子的立体结构特征

英语句子的立体结构体现出一种围绕主谓框架展开的特性，这种特性确保了其在传达信息时的准确性与明确性。主谓结构在英语表达中担任着类似于建筑物的基础框架的角色，其在句子中的功能性和形式性都是不可或缺的。在理解了主谓结构的前提下，构建和解析各类复杂句型将变得相对直接且易于掌握。英语中的主谓结构作为语句的核心基石，通过其逻辑明晰的特性为信息的有序传达打下坚实基础。如果将英语句子比作一座建筑，那么主谓结构就是建筑的主体结构，它提供了固定、稳定的支撑，确保了整体信息的核心部分能够清晰无误地传达给接收者。

在英语的立体结构中，主谓结构与从属结构的协同工作凸显出语句整体的连贯性与深度。主谓结构及从属结构间的关系可以视作一座建筑的基架及其附属建筑的关系：主谓结构形如基架，支撑着整体信息的传达，而从属结构则如附属建筑，为"基架"补充、丰富和细化相关的信息和内容。例如：

A boy, who had always been fascinated by the stars, bought a telescope, which was on sale at the local store, to explore the mysteries of the night sky.

在这个例句中，"a boy bought a telescope to explore the mysteries of the night sky"是主干结构，描述了一个清晰的主体行为。而"who had always been fascinated by the stars"和"which was on sale at the local store"这两个从句，通过为主体（男孩）和对象（望远镜）提供背景信息，进一步丰富了句子的语境和深度。通过这样的层叠，主谓结构和从属结构共同作用，绘制出一个更为完整和立体的画面，使得信息的传达更具深度和细腻的情感色彩。

（三）汉英句子语态对比

汉英句子在语态运用上的差异深刻体现了两种语言文化的特色和不同的逻辑思维方式。汉语句子在实际交流中较少使用被动语态，这既与语言自身的结构习惯有关，也反映了文化背景中的价值观和思维方式。例如："这个故事让人感动。"在这个句子中，"让"作为一个被动标记，虽然用了被动语态，但整体的表达仍然给人一种相对主动的感觉。汉语的这种语言现象往往倾向于强调事物的主体和结果，而非过程。另一个例子，如"这个问题讨论得很激烈。"即便没有使用被动标记词，也在语境中体现出了被动的意味。这从侧面反映了汉语在表达上的灵活性和侧重点的不同。在汉语的语境中，通常情况下会更倾向于突出事物的核心和关键，而较少关注行为发起的主体，这与中国传统文化中的"以物喻人""言外之意"等表达习惯有深刻的关联。

在英语句子中，被动语态的普遍运用体现了一种对行为或结果的关注，而非行为的发起者，这在很多情况下助力于信息的精确、明确传达。例如，在句子"Letters were sent to the customers."中，焦点是"letters"以及"were sent"，而非发送信件的实体。这在英语中很常见，其中被动语态起到的作用是强化了信息的传达和强调，尤其在科学写作、新闻报道中尤为明显，其中常常强调事件的发生、发现的实物或数据，而非人的主体。

由此可见，英汉两种语言在句子语态上的差异不仅仅是语法现象的差异，更是两种不同文化逻辑和价值观在语言中的体现。英语通过被动语态将焦点放在了行为和事件上，而汉语则通过其灵活多变的表达方式将关注点多放在了事物的主体和结果上。这两种不同的表达方式各自体现了两种语言文化的独特性和魅力，展现了文化与语言之间的微妙关联和相互影响。

二、语法教学的方法策略与创新实践

（一）文化背景法

文化背景法在大学英语语法教学中扮演了极为关键的角色，它不仅让学生了解语言形式，更是一扇开启对英美等国文化理解的窗口。采用这种方法，在不同的语法现象中，学生可发现、探讨和传递丰富的文化内涵，实现在语法学习过程中的文化渗透与文化传播。例如，在英语中，被动语态的使用明显比汉语更为广泛。这并非偶然，背后蕴含的是一种文化选择和文化逻辑。在英语中，尤其是商业和官方交流中，被动语态的运用旨在避免直接指向行为的执行者，保护个体隐私，并表达一种中立、客观的态度。例如，表达错误"mistakes were made"（犯了错误），而不直接指出"某某犯了错误"。这种表达方式突显了西方社会中对个体权益的重视和对隐私的尊敬。通过对被动语态的学习和理解，学生能够洞察到语言表达背后的文化特征和交流习俗。

再如，英语中虚拟语气的使用反映了一种对非现实、对未来的理想化的表达，这也体现了西方文化中对个体愿望和理想的尊重及鼓励。在使用虚拟语气的语境中，如"If she had time, she would travel around the world."（如果她有时间，她会环游世界。）英语以特定的语法形式表达出一种非现实的或未必会实现的愿望，而汉语的表达则更为直接简洁。这种在语法使用上的差异映射出了中西文化在处理事务、交流表达上的不同取向和方式。

从文化自信的角度来看，英语教师可以利用文化背景法在教学中强化中华文化的核心价值。在分析英语国家的文化的同时，教师可以指导学生进行中西文化的比较分析，挖掘中华文化的独特魅力和深厚内涵。通过比较，学生不仅能更客观、全面地认识和理解英美文化，也能更加深刻地理解和珍视中华文化，从而在国际交流中充满自信，展现中华文化的独特魅力。

　　例如，在讲解英语中的时态时，可以通过介绍西方对时间观念的处理来反观中华文化中的时间哲学。西方的时间观念往往强调"时间就是金钱"和效率优先，这在其语言中也有所体现——英语时态种类繁多，且用法精确。而汉语中，时态表达相对简洁，更多地通过上下文来体现时态概念。在中华文化中，对时间的理解和表达往往更加注重节令、自然的变化，比如"春花秋月何时了，往事知多少"这既体现了中华文化对四时更替的敏感，也展示了一种包容性的时间哲学——对过去、现在和未来的包容和尊重。通过这样的比较分析，学生不仅学到了英语的时态语法，同时也感受到了中西方文化在时间观念上的差异和中华文化的无穷韵味。

（二）交互式教学法

　　在文化自信的视域下，交互式教学法的内涵得到了拓展。交互式教学法的目的不再局限于语法知识的传授与文化知识的分享，而是借此机会更深层次地挖掘、分析，并实际应用中华文化的精髓，在全球多元文化的背景下提升学生的文化自信。在大学英语语法教学过程中，通过精心设计的交互式教学活动，学生不仅能在实际交流中感知并运用英语语法规则，更能在对比和交流中深刻感知中华文化与西方文化的异同，从而在国际交际中表现出来的不仅仅是语言的流利，更是文化的自信和理解的深刻。

　　（1）在师生互动的过程中，教师可以设计一些涉及中西文化比较的主题讨论或者案例分析。以语法的动词时态为例，在讲解其中涵盖的文化逻辑时，教师可以引导学生一起探讨中西方在时间观念上的差异，如汉语中对未来事件的表述方式相对模糊，而英语则要求相对明确的时间表达。教师可以引入英语中的时态系统，如现在时、过去时、将来时等，来展示英语对时间的明确表达。例如，通过比较英语中的将来时态和汉语中相对含糊的未来表达方式，学生可以理解为何英语中经常使用诸如"will"或"going to"等表达未来的结构，而汉语中可能仅通过上下文来暗示未来。教师可引导学生进一步讨论，这种差异背后体现的文化理念是什么？是否与东方文化倾向于"顺其自然"而西方文化追求"掌控未来"有关？这种探讨能够使学生在理解语法现象的同时，更能体会到中华文化的深刻与包容。

（2）在学生的互动学习中，教师可以通过分组讨论、角色扮演等方式，引导学生在实际应用中对比分析中西方文化。学生可以通过实际对话来练习和理解英语中的礼貌用语和请求用语，如"Could you please..."或"Would you mind..."等表达方式。这种练习有助于学生掌握英语中表达请求的正确语法结构，同时也能感受到文化差异，如英语中对礼貌的重视程度和表达方式。学生不仅能够在实践中体验和理解英语的语法规则和表达习惯，还能在对比中更加理解中华文化并自信地展现中华文化的魅力。

（3）利用多媒体和网络信息技术，教师可以设计一些富有文化内涵的互动式学习活动，例如，模拟一个中西文化交流的场景，让学生在运用英语语法知识的同时，能够充分展现中华文化的自信与魅力。通过模拟中西文化交流场景，学生可以在介绍中国传统文化和社会习俗时，应用英语的各种语法结构，如名词短语、形容词顺序、动词时态等。例如，在描述中国的节日或传统时，学生需要使用正确的时态和语法结构，如使用过去时描述历史事件（"The Mid-Autumn Festival originated..."），或使用现在时描述当前的习俗（"People usually eat moon cakes..."）。又比如教师可创建一个虚拟的中西文化交流论坛，引导学生在论坛上用英语介绍中国的传统文化、社会习俗等，再根据外国学生（虚拟角色）的提问进行答复，这样在应用语法的同时锻炼了文化输出的能力，增强了文化自信。

（三）综合性教学法

在多元文化背景下，大学英语语法教学正面临由单一的、支配性的角色向综合性、多元化角色发展的转变。在这一转变中，文化自信为大学英语语法教学提供了一种独特的视角和方法。综合性教学法强调将语法教学与英语的其他技能——如听力和口语相结合，其核心不仅在于语言知识的传授，更在于培养学生的跨文化交际能力和文化自信。

在实际的教学活动中，综合性教学法提倡打破语法教学的孤立，实现与其他英语技能的整合，为学生提供一个更贴近真实情况的交流学习环境。在这一环境中，中华文化自信得以在多元文化的对比与交融中凸显出来。通过对比分析中西文化在语言表达、交际习惯等方面的异同，教师可以引导学生在理解和掌握英语语法的同时，更加深刻地认识和理解中华文化的特质和价值。

例如，在教授英语条件句的语法结构时，教师可以设计一些情境对话或者角色扮演的活动，让学生在具体的语境中运用这一语法结构。在这些活动中，可以巧妙地融入中华文化的元素和主题。例如，通过讨论"如果中秋节成为全球性节日，会发生什么？"这样的话题，学生在使用条件句（如"If...then..."结构）的同时，也能探讨中华文化在国际化背景下的传播和影响。这样的活动不仅使学生熟练运用英语的条件句，还能增强他们对中华文化特质和价值的理解和自信。

又比如，英语教师还可以利用多媒体技术，如视频、音频材料等，展示不同文化背景下的实际语言交流场景，帮助学生观察和体验语言在不同文化背景下的运用和变化。这些实际的语言材料不仅为学生提供了丰富的语法输入，也提供了一个观察、分析和理解不同文化的窗口。例如，在学习了有关请求和建议的语法结构后，教师可以展示一段描述中西方人们在餐厅点餐方式的视频材料，让学生在比较和分析中体会到中西方文化在礼仪和交际风格上的差异，进而引导学生在理解和应用英语交际的同时，也能够自信地展现和传播中华文化的礼仪和风度。

第七章　"文化自信"视域下大学英语技能教学的策略与实践

第一节　"文化自信"视域下大学英语听力教学的策略与实践

一、听力教学的重要意义

大学英语听力教学的重要性表现在多个方面，其中包括提升语言知识吸收与整合的能力、助力于全面的语言运用能力的拓展、培养和塑造英语语言思维等。接下来将详细探讨这几个方面。

（一）提升语言知识吸收与整合的能力

听力教学在英语学习中起着至关重要的作用，因为它促使学生积极地参与信息处理的全过程，这一过程不仅包括了对语言符号的识别和理解，还包括了信息的整合和再创造。在听力教学中，学生需要将听到的信息与自身现有的语言知识体系相连接，进一步加固和拓宽语言理解和运用的范围。例如，学生在理解一段关于科学实验的听力材料中，不仅需要理解各种科学术语和表达方式，还需要进行逻辑推理、比较分析等思维活动，从而更加深入地理解和学习语言材料。这一过程不仅强化了学生的语言知识体系，更在无形中提升了其信息处理和逻辑思考能力。

（二）助力于全面的语言运用能力的拓展

听力能力的提升无疑是语言运用能力增强的基石。通过系统的听力训练，学生不仅学会如何更有效地解码语音信息，还学会了如何在真实的交际场景中理解和运用这些信息。例如，在听力练习中，学生需要理解各种口音、语速，以及不同语境下的语言运用，这在很大程度上丰富了他们的语言输入，为日后的语言输出打下了坚实的基础。在理解多元文化背景下的对话或讲座时，学生自然而然地学习到了多种表达和交际策略，这不仅促使他们在英语交流中更加得心应手，也使他们在跨文化交际中更加自信和娴熟。

（三）培养和塑造英语语言思维

英语听力教学的另一重要意义体现在它对学生英语思维方式的塑造上。在多次的听力实践中，学生逐渐习惯了英语的思维模式和表达逻辑，也在不知不觉中培养了与之相匹配的英语语感。举例来说，通过反复聆听不同风格和题材的英文演讲和讲座，学生自然会吸收并习惯英文的表达逻辑和论证方法，这种吸收和习惯会渗透到他们自己的英语表达之中，使其英语表达更加地道和有说服力。同时，这种语言思维的逐渐建立反过来也会支持他们在理解新的听力材料时更加游刃有余，从而形成一种正向的学习循环。

二、文化因素对英语听力的影响

在探讨文化因素对英语听力的影响时，可以发现生活环境因素、物质生产因素以及日常表达习惯因素这三个方面展现出显著的相关性。

（一）生活环境因素对听力的影响

生活环境对个体的语言习得和听力理解能力有极大的影响。比如，一个人生活在一个以英语为母语的环境中，自然而然地会接触到丰富的语言输入，包括各种方言、口音和不同的表达方式。反观非英语环境下的英语学习者，他们可能主要通过课本和教材来接触英语，由于缺少真实语境的实际应用，他们在理解各种口音和方言、识别不同语境下的语言信息方面可能面临一定的挑战。

例如，在美国文化中，人们在日常对话中可能使用大量的俚语和口语表达，如"I bet"用来表示同意或相信，"spill the beans"意指泄露秘密。对于非英语环境中的学习者来说，即便在词汇和语法上有着扎实的基础，也可能因为这些生动的、地道的表达方式而感到困惑。在中国的英语学习环境中，特别是教育体系内，英语的学习往往更注重文本和语法的学习，可能忽视了对实际语言应用环境的建设。这样在听力实践中，学生可能在理解含有文化和生活习俗知识的材料时感到吃力。

（二）物质生产因素对听力的影响

物质生产的不同模式对听力理解产生的影响十分深远。在国际化的背景下，各种文化和生产方式的交汇带来了丰富多样的专业术语和工具名称，这些在听力理解中既是挑战也是学习的机会。以美国的科技产业为例，专业术语的使用极为广泛。在 IT 领域，除了"云计算"等常见术语外，还有"大数据"（big data）、"人工智能"（artificial intelligence）和"机器学习"（machine learning）等。这些术语背后蕴含的是先进的技术概念和特定的工作方式。而在汽车制造领域，术语如"自动驾驶"（autonomous driving）、"内燃机"（internal combustion engine）和"电动汽车"（electric vehicle）等，不仅仅是语言上的不同，更反映了该领域的技术发展和制造工艺。在听力材料中，这些专业术语的理解需要对相关背景知识有一定的了解，这对于非母语者而言无疑是一个挑战。

汉语中也有许多与特定文化和生产方式相关的术语。例如，在传统文化方面，除了"刺绣"和"针灸"，还有"书法"（calligraphy）、"太极"（Tai Chi）和"茶艺"（tea ceremony）等词汇。这些词汇代表了中国深厚的文化传统和独特的生活方式。在农业方面，汉语中的"水稻栽培"（rice cultivation）、"传统农耕"（traditional farming）和"渔业"（fishery）

等术语，反映了中国丰富的农业生产经验和与之相关的文化。在听力材料中，这些词汇的出现不仅增加了理解的难度，也为学习者提供了探索中国传统文化和生产方式的机会。因此，了解这些与物质生产紧密相关的专业术语，对于提高跨文化交流的听力理解能力是十分必要的。通过深入了解不同文化中物质生产的特点和相关术语，学习者可以更加有效地理解和吸收听力材料中的信息，从而更好地适应多元文化的交流环境。

（三）日常表达习惯对听力的影响

日常表达习惯的差异是影响听力理解的一个重要文化因素。各个文化和语言群体在日常交流中会展现出独特的言谈风格、交际策略和修辞习惯，这些差异很容易在听力理解中体现出来。这些沟通风格上的差异会体现在听力材料的理解和分析中。学生在进行听力练习时，可能需要通过了解文化背景、熟悉各类场合下的交际风格，来更加准确地把握说话者的意图和态度。通过这样的练习，学生能更全面地理解和运用在不同文化语境下的英语表达，以便更精准地把握听力材料的信息点。

1. 汉语日常表达习惯对听力的影响

汉语日常表达习惯通常显现出一种含蓄、委婉的特点，这不仅体现在语言表达上，也体现在交流的策略和修辞方式上。在中国文化中，直接表达往往被视为不够礼貌或过于冒昧，尤其在正式或非亲密的交流场合下。因此，在听力实践中，尤其是理解正式场合或商务交流的材料时，学生需要关注说话者的真实意图，并在表面的言辞之下寻找深层的信息。例如，当听到"我们再考虑一下。"时，其背后可能是一种拒绝或推迟决定的意图，这需要根据语境来细心判断。因此，理解这种细微、多层的表达方式，对提高听力理解的精确度和深度至关重要。在教学中，引入与中国文化和语言习惯密切相关的听力材料，能够帮助学生在实际交流中更好地把握信息的精髓，并在跨文化交际中表现得更为得体和灵活。

2. 英语日常表达习惯对听力的影响

相对于汉语的含蓄和细微，英语的日常表达习惯通常更为直接和明确。这种直接性不仅体现在言语的表层，还体现在整体的交流模式和策略中。在西方文化中，说话者通常倾向于明确、直截了当地表达自己的想法和需求，这也反映在英语听力材料中。例如，在商务谈判中，"We can't accept this offer."通常直接表达了拒绝的立场，而无须过多解读其背后的意图。这样的表达习惯在听力理解中体现为相对容易把握的信息和明确的逻辑关系。在进行英语听力学习时，理解这种直接的表达方式和明确的逻辑关系，能够帮助学生更加迅速和准确地捕获信息，避免不必要的误解。通过这种学习，学生将能在听力理解中更好地把握中西方文化在表达习惯上的差异，增强跨文化交流的灵活性和准确性。

三、听力教学的方法策略与创新实践

（一）多文化交融的语言环境塑造

多文化交融的语言环境在听力教学中的重要性不言而喻，英语教师要引入多元文化的听力材料，为学生提供一个丰富、多维的语言学习和实践平台。举例来说，教师可以准备一个关于感恩节的听力材料，材料中包含的文化元素和特定的节日表达方式，不仅是一种语言知识的输入，也是一种文化和社交交流的实践，如此一来，学生在理解相关语言表达的同时，也能够通过听力材料感知到西方文化在节日庆祝、家庭互动乃至感恩表达上的独特方式和深层含义。

示例：

Thanksgiving Day, as celebrated in North America, is a time to gather with family and friends to give thanks for the many blessings enjoyed by these nations and their citizens. However, to many people, its meaning is lost. It has gradually become another day for huge meals, dinner parties, gettogether or reunions.

在北美，感恩节是一个与家人和朋友聚在一起，为这些国家及其公民所享受的众多祝福表示感谢的时刻。然而，对很多人来说，这个节日的真正含义已经变得模糊不清，它逐渐成为享用丰盛大餐、举办晚宴、聚会或家庭团聚的日子。

What does Thanksgiving mean to you? Turkey dinners, cranberries, candied yams, mashed potatoes, pumpkin pie and family gatherings—these are all commonly associated with most Americans' and Canadians' yearly celebration of giving thanks—Thanksgiving Day! In the United States, Thanksgiving is on the fourth Thursday of November. In Canada, it is the second Monday in October. On this holiday, a Thanksgiving meal is prepared with all the trimmings; families gather together and talk, while others watch a game. Some families may even have their own yearly Thanksgiving traditions.

那么，感恩节对你意味着什么呢？对大多数美国人和加拿大人来说，这一年一度的感恩庆祝活动通常与火鸡晚餐、蔓越莓、蜜汁红薯、土豆泥、南瓜派以及家庭聚会等元素密切相关。在美国，感恩节定在每年十一月的第四个星期四。而在加拿大，则是在十月的第二个星期一。在这个假期，人们会准备一顿包含各种配菜的感恩节大餐，家庭成员聚在一起畅谈，或者一起观看比赛。有些家庭甚至形成了自己独特的年度感恩节传统。

在听力教学的过程中，除了对材料本身的理解，学生还需要在多文化语境下锻炼其理解和分析信息的能力。以一个关于西式婚礼的听力材料为例，学生不仅要捕捉到对话的基本信息，还要理解西式文化在婚礼仪式、家族交流乃至礼物赠送等方面的文化特点和社交习惯。教师在这一过程中可以组织一些实践活动。例如，在听力材料解析后，可组织一次模拟西式婚礼的角色扮演活动，让学生在实际的语言交流中应用所学的词汇进行表达，同时在"体验"西式婚礼文化的过程中加深对其文化特色的理解和印象。这种方法旨在通过实际的听说实践，加深学生对多文化语境下语言运用的理解和掌握，增强其跨文化交流的敏锐度和能力。

（二）以文化差异为核心的听力训练

文化差异在听力理解中的作用不容忽视。因此，在英语听力教学中，可以将文化差异作为一个核心要素，结合实际的听力材料，开展听力策略的训练。例如，英语教师可以设计一个关于中国春节与西方圣诞节庆祝方式比较分析的听力材料，要求学生在听取资料的过程中不仅要获取基本的事实信息（如庆祝的日期、活动、食物等），还需理解其中涉及的中西方在家庭价值、节日庆祝和社交交流等方面的文化差异。

示例：

Chinese Spring Festival and Western Christmas exhibit distinct celebration styles and cultural values. Spring Festival, marking the lunar new year, usually in late January or February, emphasizes family reunions with traditional meals like dumplings, symbolizing wealth. Christmas, celebrated on December 25th, also focuses on family gatherings with varied traditional Western dishes. While Christmas has religious roots, Spring Festival is more about celebrating the new year with customs like fireworks and red envelopes ("hongbao") for luck. Christmas involves decorating trees and Santa Claus giving gifts. These festivals reflect cultural values: Chinese culture emphasizes respect for ancestors, and Western culture highlights the pray for the gift of God. Both, however, unify families and celebrate important cultural moments.

中国的春节和西方的圣诞节在庆祝方式和文化价值观上有着明显的差异。春节标志着农历新年的开始，通常在1月末或2月，强调家庭团聚和传统饮食，如象征财富的饺子。圣诞节在12月25日庆祝，也侧重于家庭聚会和各种传统西方菜肴。虽然圣诞节有宗教根源，春节则更多用烟花、红包等习俗庆祝新年，寓意好运。圣诞节的庆祝包括装饰圣诞树和圣诞老人送礼物。这些节日反映了文化价值观：中国文化强调尊重祖先，而西方文化突出祈求上帝的馈赠。然而，两者都是家庭团聚、共同庆祝的重要时刻。

英语教师还可以在此基础上设计相关的活动或讨论，如让学生分享自己文化中独特的节日庆祝方式，或分析中西方节日庆祝活动在表达亲情、友情和社交礼仪等方面的异同。这一过程，不仅提高学生的听力技能，也加深了他们对己方和他方文化的理解。

从文化自信的角度来看，强调本土文化在听力教学中的重要性，不仅有助于加深学生对本民族文化的理解和认同，也有利于培养他们在跨文化交流中的文化敏感性和适应能力。例如，在听一段关于中美商务交流的听力材料时，学生需理解和分析中美在商务沟通、商业礼仪和交易习惯等方面的文化差异和规则。而在此基础上，教师可以引导学生深入探讨如何在保持对本土文化的尊重和自信的同时，灵活应对和适应不同的文化交流情境，如通过模拟中美商务谈判的角色扮演活动，让学生实际体验如何在尊重差异、维护本土文化的基础上，达成跨文化沟通和合作。这样的教学策略不仅锻炼学生的听力技能，也培养了他们的文化自信和跨文化交际能力。

（三）创新的文化体验式教学

文化体验式教学方法强调将理论知识与实际体验相结合，以提供更加直观和多元的学习体验。例如，在听力课程中，教师可以设计一系列与国际餐桌礼仪相关的听力练习。首先，通过播放描述西方餐桌礼仪的听力材料，让学生了解西方餐桌上的基本礼仪和文化内涵，如何使用刀叉，如何表达感谢等。

示例：

Today, let's delve into Western dining etiquette. The key is the use of cutlery: start from the outermost and move inwards for each course. Hold the fork in the left and the knife in the right, using them without clattering. Always say "please" and "thank you" when asking for and receiving items. Complimenting the host is appreciated. Avoid talking with food in your mouth and keep elbows off the table. If you need to step away, place your napkin on your chair and politely excuse yourself. Once finished, set your knife and fork parallel on the plate to signal you're done. These practices show personal cultivation in a Western dining setting.

今天，我们来了解一下西方的餐桌礼仪。餐具的使用是礼仪的关键：从最外侧的开始，每道菜换一套餐具；左手持叉，右手持刀，使用时避免与盘子碰撞发出声音；请求传递物品或接收时，要说"请"和"谢谢"；要适当赞美主人；嘴里有食物时避免讲话，并且用餐时不要把肘部放在桌上；如果需要暂时离开，将餐巾放在椅子上，并礼貌地告辞；吃完后，将刀和叉平行放在盘子上，表示用餐结束。遵循这些简单的规则，可以在西方餐桌上展现出个人的修养。

接着，组织一次模拟的西方正式晚宴活动，让学生在实际场景中运用这些礼仪知识，进而在"做中学"，在体验中掌握和理解文化差异与跨文化沟通的技巧。通过这种方式，学生不仅在理论和实践中获得文化学习的体验，而且在实际的交际场合中锻炼听力理解和应用的能力。

从文化自信的层面来看，文化体验式教学也应充分融入对本土文化的了解和体验。在听力教学中，教师可以选择一些反映本国文化和社会生活的材料，让学生在学习异国文化的同时，也能更深入地理解和认同自己的文化。例如，在探讨西方餐桌礼仪的同时，也介绍中国餐桌礼仪的特色和深层文化意义，如中国的轮流敬酒文化、主客礼仪等。这样，学生在了解外国文化的同时，也能够更加自信地理解、欣赏和传播本国的文化，形成一种对文化的双向理解和交流。在实际的跨文化沟通中，这种文化自信将帮助学生更加从容、灵活和有效地进行语言交流和文化传播。

第二节 "文化自信"视域下大学英语口语教学的策略与实践

一、口语教学的重要意义

（一）有利于实现外语教学的目标

与大多数语言一样，英语以其独特的发音、书写和语义载体成为传递信息、思想及情感的有效工具。在常规的交际场景中，听力和阅读成为获取信息的途径，而口语和写作则是信息传递和表达的关键。这四种能力——听、说、读、写在交流中呈现出一种相辅相成且相互推动的关系，它们都是正常交际和跨文化交际活动中不可或缺的工具。

纵观外语教学法的发展历程可以发现，开展口语教学是实现外语教学目标的必要操作。以语法翻译法为例，这一在18世纪末至19世纪中期形成的教学法具有悠久的历史，然而，由于其过分强调语法规则的掌握与应用，却忽视了语音和口语的教学，因而遭到了批判。而借助外语教学实践化的发展规律，口语教学和实践应作为一个红线贯穿整个外语教学过程，这是提高学生英语综合应用能力的重要途径。如今流行的多种外语教学法，包括"听说法""交际法"以及"自觉实践法"等，在外语教学中都强调了口语练习的重要性，由此可见，口语教学不仅符合语言与外语教学的发展规律，更在现代教学法中占据了不可替代的地位，有利于实现二语教学的目标。

（二）有利于促进学生的词汇学习

英语词汇的理解与记忆往往是英语学习者面临的一大挑战。单一的词汇学习方法，包括对词汇拼写和意义的学习，确实可能无法实现学习者的词汇记忆目标。相对而言，情境化的学习方法，如将单词置于特定的句子和段落中多次阅读，反而能够更便捷地促进单词意义的理解和记忆。因此，在这一点上，英语口语教学展现出其独特的优势。

英语口语教学通过组织口语训练，提供了一个实际的平台，使学生在训练过程中遇到大量生僻的词汇和语法结构。这不仅为学生积累词汇提供了有力的支持，也对他们熟练运用词汇和短语起到极大的推动作用。实际应用证明，那些英语表达能力较强的学生往往擅长通过口语训练积累词汇，并进而借助此种方式提高他们的口语表达能力。这一方法不仅体现了语境化的词汇学习策略，更进一步强化了学生在实际语境中的应用能力，形成了词汇学习与实际运用之间的良好互动，推动了学生英语综合能力的全面发展。

（三）有利于培养学生的英语语感

英语语感作为外语学习者的一种核心素质，是学好外语的关键要素之一。具备高度英语语感的个体能够在接触到英语会话时迅速把握说话人的意图，并能在对话环境中做出敏捷的英语回应，这种能力在很大程度上得益于其英语语感的积极运用。语感不仅能让人在表达时无须过分依赖对语法规则的刻意思考，还能帮助其直观地组织语言来传达自己的思想。

不过，语感并非与生俱来的，它源自后天的学习和培养。虽然熟练掌握英语语法、记忆英语词汇以及塑造英语思维确实对英语语感的发展起到一定的推动作用，但仅凭英语知识和英语思维的积累并无法真正构建语感。语感的真正塑造需要在实际应用中得以检验和雕琢。在这方面，英语口语教学通过举办各类口语实践活动，成为学生锻炼和培养语感的实际舞台。在这些活动中，学生的多种感官，如视觉和听觉，将不断接触到新的语言材料，累积新的词汇知识，并对英语的音调、语义及语气产生深入的理解。随着时间的推移，这些实践活动逐渐塑造并强化了学生的英语语感，为其未来在更为复杂和多样的交流场合中展现流利英语的能力奠定基础。

（四）有助于提升学生的其他语言能力

在大学英语教学过程中，口语教学不仅仅是培养学生口语能力的教学活动，还是促进学生其他英语语言能力发展的重要手段。首先，口语中的听力和口语表达是相互依存、互相影响的，学生通过口语表达可以更加深刻地理解话语的语气、语调、重音、节奏等所包含的信息，并掌握重读、弱读、连读、不完全爆破等发音要领，这必然会增强学生的辨音能力，进而提高学生的听力技能。

在当前的教育环境下，书面语仍是大学英语教学的重点内容，这就导致了学生在教学过程中接触的大部分语句都是结构完整、语法规范的句式表达，定语、状语、表语从句较多，长难句较多。这些书面语和日常生活中人们用来交际的口语有很大的区别。然而，随着近年来语言学和语言教学科学研究的发展，人们对口语和书面语的关系有了新的认知，人们开始认为口语和书面语应该被看作语言形式的统一体。传统上被视为口语和书面语所有的结构，在两种语体中常常交叠出现。与此同时，当前口语表达的内容也更加复杂。在很多正式场合，如学术交流、商贸会谈、求职面试、外交谈判等场合，人们常会使用大量的、类似书面语的词语和句子结构，因此有不少学者支持在英语教学中加入高度规范、精确的口语使用教学。因此口语教学需要和书面语教学结合起来，这样能更好地促进学生书面语能力的提升。

口语教学和口语训练还能促进学生英语写作能力的提升。人们在日常的交际活动中通常会使用自己掌握比较熟练的词汇、短语以及其他语法结构，这些语法结构是他们用英语进行思考、进行表达的重要组成因素；在用英语进行写作时，这些使用频繁的语法结构会首先出现在写作者的思路中，因此，在口语训练中掌握规范的话语有助于提升学习者的写作能力。

二、文化因素对口语表达的影响

（一）思维模式因素

不同文化背景下，人们在语言表达中所展现的思维模式通常存在较大差异。从"逻辑结构"来看，西方的英语使用者通常遵循一种线性的思维和表达模式，他们在论证、叙述时常常从一个点出发，逐步展开，最后得出结论。例如，在学术写作中，西方学者倾向于使用"主题句—论证—结论"的结构。相反，在东方文化中，如汉语的表达，可能采取更加间接和循环的论述方式，通过多个方面的叙述最终汇聚到主题。再比如"辩论和讨论"在西方文化中，公开表达异议和发起辩论通常被视作理性交流的体现，例如，在课堂讨论中，学生被鼓励提出不同于教师的观点。而在某些东方文化中，尊敬权威和维护集体和谐的价值观可能使得学生在表达观点时更加谨慎和保守。这些不同的思维模式和表达方式在口语教学中需要得到充分的关注和引导，以培养学生在多元文化交流中的灵活运用语言的能力。

（二）礼貌表达因素

礼貌表达在全球各地的文化中占有举足轻重的地位，然而，其表现形式却受到文化的深刻影响。每个民族的礼貌用语都来源于传统文化。

在英美文化中，礼貌用语的一个重要方面是对他人的称呼。这种称谓语文化体现了对个人身份、地位和尊重的认可。尤其在英国，尊贵身份的人士有着特定的称谓。如"Your Majesty"和"His/Her Majesty"分别用于君主的当面称呼和背后称呼（和第三者谈话时）。而"Your Highness"或"His/Her Highness"则用于王子、公主和王族公爵等。这些称呼体现了对皇室成员的极高尊敬。另外，"Your Excellency"是对政府高官，如大臣、总统、部长、总督、主教和大使等的正式称呼，展示了对其官职的敬意。英国还有如"Your Grace""My Lady""Your

Ladyship"等称谓，用于表达对不同社会地位人士的尊重。

在英美文化中，普遍使用的"Sir"和"Madam"分别作为对男性和女性的尊称，广泛用于日常生活和商业场合。此外，"Madam"还可以与职位或姓氏结合使用，如"Madam President"或"Madam Curie"。在教育领域，中小学生一般在老师的姓前加上"Mr." "Mrs."或"Miss"来表示尊敬，如"Mr. Smith"或"Miss Johnson"。在大学里，教授和副教授则常被称为"Professor"，后接姓氏，如"Professor Green"。拥有博士学位但非教授职位的教师，一般称为"Dr."，后接姓氏，如"Dr. Lennon"或"Dr. Li"。

英美文化的根源可追溯到古希腊，其特点在多个方面得到体现。经济上，英美国家历来重视商业活动。在与自然环境的斗争中，频繁的移民和殖民经历使得组织管理逐渐摆脱家族血缘的限制，更加注重基于契约的人际关系和平等原则。思想观念方面，强调个人主义，以个人为核心，重视自信、自我挑战、自力更生和雄心壮志等价值观。因此，在英语中，褒扬他人的表达较为常见，而自谦和客套性质的语言则相对较少。英语中的敬语包括"my noble sir"（我尊贵的先生）、"my esteemed lady"（我敬爱的女士）和"your loyal subject"（您忠诚的臣民），以及自谦语如"your obedient servant"（您顺从的仆人）和"your modest associate"（您谦虚的同事）。

中古英语中也有许多敬语或自贬语，但远不如古代汉语中这类词语多。中国古汉语中还有许多自谦语。如"下愚、下臣、下官、下妾、下走"，"微臣、晚辈、晚生、晚学"，"舍弟、舍妹、舍侄、舍眷、舍亲"（用于自谦自己的亲戚兄妹等。）"小"字开头的称呼还有"小女、小舍、小婿、小人、小生、小徒、小顽、小弟、小妹、小侄"等。而文献书信中，古英语中的自谦称呼要少得多。古代汉语中还有许多以"尊"字开头的敬语，有的沿用至今，如"尊父、尊慈、尊阁、令尊、尊师、尊叔、尊堂、尊兄"等。

在英语文化中，虽然存在如"Queen Elizabeth"（伊丽莎白女王）或

"President Clinton"（克林顿总统）、Governor Bates（贝茨州长）、Senator Henry（亨利议员）这样的官职称呼，但相较于汉语文化中对官职称谓的普遍使用，其使用频率和范围显得较为有限。在汉语中，不论职务大小，从"组长"到"局长""经理"等，都常被用作正式的称谓语。即便是规模较小的企业，如仅有一间办公室的公司，其负责人也会被尊称为"某某经理"等。这种用法反映了汉语文化中对于职务和地位的尊重。

西方文化中，对长辈或上级直接使用名字是常见且被接受的，反映了一种平等且亲密的关系。但在中国及其他东亚文化中，这种做法可能被视为不敬。在汉语中，尊重和礼貌的表达方式与称谓语紧密相关，而在英语文化中，称呼方式更加直接和简洁。例如，英语中对教师的称呼通常是直呼其名，而在中国，教师不仅是一种职业，更是一种尊称。在中国，教师被赋予了高度的尊重和敬意，体现了中国文化中尊师重教的传统价值观。

此外，对于年龄的看法在中西文化中也有显著差异。在中国，年长者常与智慧和经验联系在一起，故称呼中年以上的人为"老"是表达尊重的一种方式。所以，汉语中对老人的称呼多种多样，有体现尊敬的，如"姓 + 老""姓 +（老）前辈""姓 + 公""姓 +（老）先生"等，有体现真诚亲切的，如"老 + 姓""老大爷""老人家""老爷爷""老奶奶""老伯"等。人们喜欢以老者自居，尊老是中国文化的传统。反观西方文化，由于社会竞争的激烈，年轻人通常被视为更具竞争力，而年长者可能不被青睐。因此，在英美等西方国家，人们避免使用"老"这一字眼，以免暗示衰老或能力减退。在这些文化中，不分年龄和地位地直呼对方姓名，是表示亲近和平等的方式。这些不同的称谓习惯体现了东西方文化在尊重、礼貌和人际关系处理上的根本差异。

（三）交际风格因素

交际风格在不同文化背景下呈现出截然不同的特质。首先，观察"直接与间接"的表达方式。在西方文化背景下，尤其是在美国和大多数欧洲国家中，沟通往往倾向于直接、明确和具体地表达。例如，在商务会议中，西方人往往直截了当地表达自己的观点和要求，认为这样更能表达真实意图，避免误解。相对之下，在东方文化，如中国和日本，表达通常更加含蓄、婉转，尤其在表达不同意或拒绝时，更倾向于使用间接的语言和非言语符号，以保持人际关系的和谐。其次，从"正式与非正式"角度出发，也存在显著的差异。例如，英国英语中经常使用的"您（You）"与美国英语中的"You"在正式性上就存在差异，前者在某些文化中可能没有显著的正式感，而后者可能在一些语境下显得过于直接。因此，在英语教学的过程中，教育者需要敏锐洞察这些差异，尤其是在教授不同文化背景的学生时，要培养他们在不同文化语境中准确、得体地运用语言。

三、口语教学的方法策略与创新实践

（一）自然语言输入法

1. 自然语言输入法的内涵和文化自信的体现

自然语言输入法在英语口语教学中扮演着至关重要的角色，尤其是在文化多元和国际化的背景下。这一方法强调在教学过程中引入各种真实的、自然的语言环境，而不仅仅是遵循传统的语法规则和课本对话。教师采用的语言材料不再是单一的、标准化的文本，而是来自世界各地、具有不同文化色彩的真实语言使用实例。比如，在美国文化中，"What's up?"这种日常用语在口语交流中非常常见，而在英国文化中，"You alright?"则是一种常见的寒暄方式。这些都体现了不同文化背景下英语表达的多样性，这是教材中难以体现出来的。从中，学生不仅学到了语言本身，也接触到了不同文化背景下的交流习惯和社会文化现象。

基于文化自信的视域，自然语言输入法提供了一个平台，使学生在学习语言的同时，也能够更加深入地理解和欣赏本国文化的独特之处。例如，当中国学生在学习英语时，教师可以设计一些关于中国传统文化、

232

历史或是社会现象的口语交流活动或项目。学生可以在用英语进行交流的过程中，详细介绍中国的传统节日、风俗习惯或是历史故事。这不仅能够帮助他们更加自然、流利地使用英语进行交流，也能够让他们更加自豪地将本国的文化展现给世界。

2.自然语言输入法的应用及实际效益

在实际的英语教学过程中，运用自然语言输入法所带来的实际效益是显著的。学生不再被固化的课本对话和规则束缚，而是学会在不同的文化语境中灵活运用英语。例如，在一个涉及节日庆祝的交流活动中，美国学生可能会主动谈及"Thanksgiving Day"和其背后的文化内涵，而中国学生则可以详细描述中秋节背后的美丽传说及其象征的团圆含义。这样的交流，允许学生在使用英语的同时，更加深入地理解并感受到不同文化的丰富多样和独特魅力。

而在整个过程中，教师的角色也由原来的知识传授者转变为引导者和协助者。教师会在引导学生了解和运用来自不同文化背景下的自然语言进行表达的同时，鼓励他们积极探究本国文化的独特价值，并学会自信地在全球语境下表达和分享。在国际化的大背景下，学生能够更好地理解世界的多样性，学会尊重不同文化的价值，同时也能够更有自信地将本国文化呈现在世界的舞台上，实现文化的交流和传播。这一切，无疑都增强了英语教学的深度和广度，使其不仅仅局限于语言技能的教学，更是文化学习和文化自信培养的过程。

（二）项目展示法

1.项目展示法的内涵

项目展示法是一种富有实践性和探究性的教学策略，它融合了学科知识与实际操作。英语口语教学中的项目展示法，尤其凸显了以学生为中心的自主、合作与探究的学习方式。此方法要求学生选定一个跨学科主题，如结合历史、地理或艺术的内容，深入研究并准备项目，再以英语为交流工具进行展示和交流。例如，一个关于本国古代建筑艺术的项目，学生需要研究其历史背景、建筑风格与艺术价值等多个方面，然后以英语进行呈现和分享。这样不仅锻炼了学生的英语口语表达能力，也加深了对本国文化的理解与认识。

而在文化自信的视域下，项目展示法更是一种弘扬本土文化、提高学生文化自豪感和自信心的有效途径。这是因为在进行跨学科项目的研究与展示中，学生不仅是在学习和使用英语，更是在深入挖掘和理解本国的文化、历史和艺术。当他们用流利的英语将自己国家的文化和故事展现给同学、老师甚至是来自不同文化背景的嘉宾时，无疑是对本土文化的一种传承与推广，也让学生更加自信地走向世界。

2.项目展示法的应用与实例分析

在应用项目展示法时，教师需要精心设计项目的内容和要求，同时引导学生将专业知识和英语表达能力有机结合，实现学以致用。以"英语 + 历史"项目为例，学生可以一段本国历史事件或一个历史人物为研究对象，结合历史资料的查阅、分析以及实地调研等多种方式，探讨其历史价值和文化意义。然后，在项目展示中，学生用英语将研究结果进行解释和分享，如解读这段历史在本国文化中的地位和意义、分析历史人物的价值观和世界观等。例如，学生可以用英语介绍中国古代先贤孔子的人物生平和主要哲学观点：

Confucius, who is also called "Master Kong" in China, was a Chinese thinker and social philosopher, whose teachings and philosophy have deeply influenced Chinese, Korean, Japanese and Vietnamese thought and life.

孔子，在中国也被称为"孔夫子"，是一位中国思想家和社会哲学家，他的教育理念和哲学思想深刻地影响了居住在中国、韩国、日本和越南等地区人们的思想和生活。

His philosophy emphasized personal and governmental morality, correctness of social relationships, justice and sincerity. These values gained prominence in China over other doctrines, such as Legalism or Taoism during the Han Dynasty(206BC - 220AD). Confucius' thoughts have been developed into a system of philosophy known as Confucianism. It was introduced to Europe by the Jesuit Matteo Ricci, who was the first to Latinise the name as "Confucius".

他的哲学思想强调个人和政府的仁义道德、社会关系的正确性、正义和诚信。这些价值观在汉朝（公元前 206 年至公元 220 年）期间战胜了其他诸如法家或道家的教义，得到了统治者的承认。孔子的思想后来发展成为一套被称为儒家哲学的体系。它由耶稣会传教士利玛窦引入欧洲，他是第一个将孔子的名字拉丁化为 "Confucius" 的人。

His teachings may be found in the *Analects of Confucius*, a collection of "brief aphoristic fragments", which was compiled many years after his death. Modern historians do not believe that any specific documents can be said to have been written by Confucius, but for nearly 2,000 years he was thought to be the editor or author of all the Five Classics such as the *Classic of Rites*, and the *Spring and Autumn Annals*.

孔子的教育思想可在《论语》中找到，《论语》是一本"简短格言片段"的集合，这本书在孔子去世多年后编撰而成。现代历史学家并不认为可以确定任何特定文献是孔子亲自撰写的，但在将近 2000 年的时间里，人们曾认为他是所有"五经"（如《礼记》和《春秋》）的修订者或作者。

在这个过程中，学生不仅可以实际运用英语知识进行口头表达、交流和辩论，还能加深对本国文化和历史的认识与理解，从而树立文化自信。以中国学生为例，他们可以研究和展示关于"丝绸之路"的项目，通过探讨这一古代贸易路线的历史背景、经济价值和文化交流等多个方面，更深刻理解中国在古代世界文明中的地位与作用。在用英语将这一历史现象介绍给其他文化背景的听众时，不仅能够展现中国文化的魅力，也能提高自身的文化自信和英语交流能力。

（三）发挥交际动机与文化认同的作用

1. 交际动机的激发和跨文化交流的实现

交际动机在英语口语学习中起到不可或缺的推动作用，特别是在跨文化交际背景下。英语教师的首要任务之一便是确保学生理解，学习英语口语不仅仅是为了应付考试或完成任务，而是为了通过英语这一全球通用的交际工具，实现与不同文化背景人士的有效沟通。例如，在探讨美国的节日文化时，通过比较中美两国在节日庆祝上的差异，如中秋节与感恩节在表达家庭价值观上的共通点，教师引导学生主动用英语表达自己的文化体验和理解，从而增强他们的交际动机。这种文化比较的方法不仅增强了学生的文化自信，也能够提升他们对英语学习的兴趣和动力，因为他们意识到学到的英语知识是能够在实际交流中得以应用的。

在教学过程中，教师可以引入来自英语国家的各类实际材料，如新闻、电影、音乐等，这些内容丰富、贴近生活的材料，能够更好地吸引学生的兴趣，让他们在享受多元文化的同时，把英语学习与实际生活相结合，体验英语交际的实用价值。而教师在选择这些材料时，应确保其内容是多元且包容的，以避免单一文化视角的限制，鼓励学生在国际化的语境中，自信地用英语展现本国文化。例如，2023 年 1 月 22 日中国迎来农历春节。英国广播公司（BBC）在 1 月 19 日发布一则视频，专门介绍中国春节，并用英文科普了"兔年"的含义：

What is the Chinese New Year?

The Lunar New Year is the first day of the Chinese calendar and signals the start of spring. The traditional agricultural calendar–comprising of both a lunar and solar calendar–is used to determine the first day of the year in Chinese culture. This means that the official date changes each year, although it typically takes place in January or February.

什么是中国新年？

农历新年是中国历法的第一天，标志着春天的开始。传统的农业历法结合了阴历和阳历，用来确定中国文化中一年的第一天。这意味着农历新年的具体日期每年都有所变化，尽管它通常在1月或2月。

One of the most important staples of Chinese festivity is food, and the Lunar New Year is no different. In the north, people tend to eat dumplings, which represent pieces of gold and can symbolise prosperity for the coming year. Meanwhile, people in the south may have rice cakes, which signify increasing riches with each year. Fish is also essential to the Spring Festival banquet, with the word yú（鱼）, meaning "fish", possessing the same pronunciation as the Chinese words for affluence and abundance.

在中国节日庆祝中，食物是最重要的组成部分之一，农历新年也不例外。在北方，人们倾向于吃饺子，饺子象征着金块，寓意来年的繁荣。而在南方，人们可能会吃年糕，象征着年年有余、财富的增加。鱼在春节宴席中也是必不可少的，因为汉字"鱼"（yú）的发音与"富裕"的"裕"和"盈余"的"余"的汉字发音相同，寓意着财富和丰饶。

Gifts also play an important role in the Spring Festival. Similarly to getting presents from Santa at Christmas, in China the older generation gift children with money, which is received inside a red envelope. But this tradition has also seen some adaptations in recent years. Dr Liang explained, "Nowadays we have digital payments available and the red envelope has gone digital as well. This is great for people who can't be there physically for the celebration."

在春节中，礼物也扮演着重要的角色。类似于圣诞节时从圣诞老人那里收到礼物，在中国，长辈会给孩子们红包作为礼物，里面装有钱。但近年来，这一传统也出现了一些变化。梁博士解释说，"如今我们有了数字支付，红包也变成了数字形式。这对于那些无法亲自参加庆祝活动的人来说是个好消息"。

The Year of the Rabbit embodies a different energy, focusing on relaxation, quietness and contemplation. The rabbit is a very gentle and clever animal. It may not be the strongest of the 12 animals, but its charm and speed attracts good qualities such as money, partnership and success.

兔年象征着放松、安静和沉思，是不同于虎年的一种力量。兔子是一种非常温和、聪明的动物。它可能不是十二生肖里最强壮的，但其魅力和速度却意味着财富、合作和成功等优秀品质。

2. 文化认同感的培养与实践导向的教学策略

教师需要在英语教学过程中，努力培养学生对本土文化的自信和对英语文化的认同感。这意味着教师要在课程内容和教学策略中寻找平衡，既让学生了解和欣赏英语国家的文化，同时也要重视和弘扬本国文化的优秀传统。例如，在讲述中国的传统文化时，教师可以邀请学生分享与中国文化相关的亲身体验或家族故事，用英语将这些丰富多彩的文化元素展现给同学们。这不仅有助于培养学生的文化自信，同时也能让他们在实际的英语交际中更有底气地展示和阐释本国文化。

此外，英语教学需要具有实践导向的特征。教师不仅传授语言知识，更要关注学生将知识应用于实际交际场景的能力。例如，在进行角色扮演、模拟面试或商务洽谈等活动时，教师可以设置一些跨文化交际的场景，让学生在实际的语言环境中运用所学英语知识解决实际问题。这一方面加强了学生的语言实践能力，另一方面也让他们在真实的交际环境中体验到多元文化的交融和冲突，更加明确英语学习的实际目的和价值。

第三节 "文化自信"视域下大学英语阅读教学的策略与实践

一、英语阅读教学的重要意义

（一）促进英语学习活动的开展

阅读在英语教学中担当着至关重要的角色，阅读不仅仅是获取和积累语言知识的平台，而且是连接文化、提升理解能力和拓宽视野的桥梁。在二语或外语的学习路径中，阅读无疑成为一个方便且实用的工具，让学生能够在不完全依赖外部环境的前提下，自主地探索和消化语言知识。阅读不只是字面的解码过程，而是一个包含理解、分析、评估和综合信息的复杂心理活动。它打开了一个通向外部世界的窗口，让学生得以在不同文化和语境之间搭建起一座沟通的桥梁。这在当前国际化的背景下显得尤为重要，因为在浸润不同文化、理解多元视角方面，阅读提供了一个极为丰富的平台。例如，学生可以通过阅读体验不同国家的历史、社会、文化和价值观，从而培养出更为全面的世界观。

（二）提升学生的自主学习能力

阅读作为英语学习的核心组成部分，其价值远超于纯粹的语言吸收和词汇积累。深度阅读可以刺激和锻炼学生的自主学习能力，使之在语言应用的多个维度上获得显著进步，并形成一种可持续发展的学习模式。

举例来说，学生在阅读一篇关于环保问题的文章时，可能会遇到一些陌生的专业词汇和复杂的句型。这时，通过运用猜测词义的策略，学生能够依据上下文或词根词缀推导出单词的大致意思。例如，在句子"The deforestation has led to an alarming desiccation of the soil." 中，即使学生未曾遇到"desiccation"这个单词，他们也能够通过"deforestation"和上下文关于环保的线索，合理推测出它与"干燥"或"枯竭"有关。

同时，阅读教学过程中，教师可以引导学生主动查找、整理和归纳信息，借此提升他们的分析和综合能力。比如，学生在阅读了多篇关于气候变化的文章后，能够总结出不同作者的观点、论据及写作风格，并学会如何在获取信息的同时辨别事实与观点，理智对待不同的信息。这一点在现今信息泛滥的时代尤为重要，学生需要学会在海量信息中筛选出有价值的部分，避免被不准确或误导性的信息左右。

阅读过程中的问题解决也是提升自主学习能力的重要环节。在阅读理解的过程中，学生可能会遇到理解难点或思维盲点。例如，在解读一篇描述文化差异的文章时，学生可能难以理解某个文化现象背后的深层含义。这时，他们需要学会运用各种策略，如查阅相关背景资料、参考其他文献或与他人交流讨论，来克服困难，加强理解。

（三）深化学生的语言技能

英语阅读作为学科实践一个不可或缺的部分，在悄无声息地深化学生的语言技能的同时，极大地提升了其语言运用的兴趣与广度。阅读带来的不仅仅是文本层面的理解，更是语言结构、词汇运用和文化背景的深入剖析。通过深入的阅读，学生自然而然地将所接触到的新词汇、新句型和新思想融入自己的语言体系中，这一切的融合过程往往发生在无形中，而表现得却极为明显。

例如，当学生沉浸在一个关于外国历史的英文文章中时，他们不仅是在理解历史事件的发生脉络，更在无意识地理解和吸收语言表达的多样性和精确性。后续，当他们在进行英语口语交流或写作的时候，那些在阅读中见到的表达方式和词汇就会不自觉地运用其中，丰富了他们的语言表达和交际策略。此外，通过阅读不同文体、不同主题的文章，学生的世界观也在不断形成和完善，这无疑增加了他们与他人交流的话题和视角，让语言交流变得更加深入和有趣。

（四）提升学生全方位的能力

英语阅读活动不只是语言认知的过程，更是一个多维度的能力锻炼过程。在阅读中，学生在理解和分析文章的同时，也在不自觉中进行着信息的提取、分析和评估。这一过程，无疑锻炼了他们的抽象概括和逻辑推理能力。学生不仅要理解文本所传达的信息，更要学会站在一个更高的层次去审视这些信息，分辨它们的真伪、价值和意义，这本质上是对其高阶思维能力的一种提升。

在阅读多元文化背景下的文章时，学生不仅需要理解文章字面上的意思，更要跳出自己的文化框架，理解和接纳不同文化背景下的多种观点和行为模式。例如，在阅读一篇描述印度婚礼习俗的文章时，学生需要用一种开放的心态去理解和尊重印度文化中的婚礼价值观和行为习惯，这不仅是对其跨文化交际能力的一种锻炼，也是对其全球视野和文化包容性的一种拓宽。从宏观角度来看，阅读的意义涵盖的不仅是学生的语言技能提升，更包括思维品质、文化认知和价值观的形成。通过不断地阅读和理解，学生逐渐构建起自己丰富多彩的认知体系和价值观念，这不仅在英语学习中产生深远的影响，更在其人生道路上起到指引和熏陶的作用。

二、影响阅读的文化因素

（一）词语层面的文化因素

在英语阅读中，词汇层面的文化因素具有突出的影响作用。在很多语言中都存在这样一类词汇，它们深深植根于一个国家或民族的文化底蕴和独特性中，包含着浓厚的特定文化信息和内涵，这些词汇在其他文化环境中可能找不到完全对应的表达。在学习英语阅读知识的过程中，当学习者遇到此类词汇时，纯粹依赖字面意义很难实现对其深层含义的把握，只有在掌握了相关的文化背景知识后，该词汇的真实含义才能得以展现。英语中的习惯用语、成语和谚语往往是这种文化特色的体现。例如：

He really went the extra mile to help his friend.

错误解读：他真的多走了一英里来帮助他的朋友。

正确解读：他真的付出了额外的努力来帮助他的朋友。

在这个例子中，"went the extra mile"是一个英语习语，它并不是直接指一个人实际走了额外的一英里。如果读者纯粹依赖字面解释，理解起来就会非常困惑，很可能会认为这是关于实际距离的。但实际上，这个表达的含义是"做额外的努力"或"超出常规的努力"。这个习语起源于《圣经》中的一段文字："若有人强逼你走一里路，你就同他走二里。"又比如：

My sister Jenny works at a full time job and has two young babies to take care of when she gets home in the evening. Her husband Bob tries to help out, of course, but he just isn't too handy with kids. Believe me, her life these days is no bed of roses.

错误解读：我的姐姐珍妮有一份全职工作，但她晚上下班回家还得照料两个孩子。她的丈夫鲍勃当然也试着帮她分担家务，但是鲍勃就是不太擅长带孩子，所以相信我，珍妮眼下的日子可是没有"玫瑰花床"。

正确解读：我的姐姐珍妮有一份全职工作，但她晚上下班回家还得照料两个孩子。她的丈夫鲍勃当然也试着帮她分担家务，但是鲍勃就是不太擅长带孩子，所以相信我，珍妮眼下的日子过得并不舒坦。

在这个例子中，如果不考虑"bed of roses"的文化隐喻，直接将其理解为"玫瑰花床"，那么结合前文的描述也能大概猜出这个短语想表达的意思是珍妮现在的生活过得并不轻松。事实上，"bed of roses"这一短语在英语文化中的含义就是被人们用来比喻称心如意的境遇，但是近年来"bed of roses"却更常和"not"或者"no"连用，成为否定形式。用在这段话中，形象地描绘了珍妮夜以继日、十分辛苦的生活状况。

（二）句子层面的文化因素

在英语阅读教学中，句子层面的文化因素在理解和解释文章内涵上起着至关重要的作用。英语中充满了与文化、历史和社会背景紧密相连的句子表达，这些特色往往深植于语言中，为非母语者提供了一个窥探和理解其文化的窗口。例如，谚语是英语语言文化的重要组成部分，谚语是流传于民间的比较简练且言简意赅的话语，多为口语形式的通俗易懂的短句或韵语。丰富的谚语活跃在英语文化圈内，影响了学习者的阅读认知。

以谚语"Don't cry over spilled milk."为例，字面上看，这句话意思是不要为打翻的牛奶哭泣，但如果深入探究它的实际含义，读者就会发现它其实是在告诫人们不要为已经发生且无法改变的事情感到难过或沮丧，而应该接受现实，向前看。对于那些不熟悉这个表达的人来说，字面上的解释并不能揭示其中包含的深层次意义，这也体现了文化因素在语言理解中的重要性。只有当学习者理解了这个习语背后的文化和情感内涵，他们才能准确把握其在不同语境中的应用和表达。又比如：

A stitch in time saves nine.

字面含义：及时的一针节省九针。

深层含义：及时行事将防止未来的更大麻烦。

这句话字面上的意思可能会使读者困惑，从字面上看，这句话讲的是一个关于缝补破裂物品的故事：如果在一件衣物刚刚开始破裂的时候及时做了修补（即缝上一针），那么将来你就能避免更多的修补工作（省下九针）——换句话说，如果破裂的衣物没有及时地修补，那么未来的修补工作将会变得更加复杂和耗时。在这个特定的语境中，"nine"并不是一个具体的数字，而是用来强调"更多"或"大量"的意思。这句谚语实际上是在强调预防的重要性，暗示通过在初期就解决问题或修补瑕疵，你将避免将来可能遇到的更大问题或困难。其中蕴含的智慧表达了一种前瞻性的生活态度和处世哲学，在西方文化中，这被视为一种实用和高效的价值观。

还有一句特别有名的谚语：

A watched pot never boils.

字面含义：盯着的锅永远不会烧开。

深层含义：期待的事情总是来得更慢。

这句话字面上的含义是：如果你不停地看着一个锅，它就不会烧开——这在物理定律上当然是不成立的。然而，在仔细研究这句谚语的深层含义时，可以看到它实际上传达的是关于耐心和期望的信息。这句谚语实际上是在讲述当人们焦急等待某事发生时，时间似乎过得特别慢。它鼓励人们在等待结果时要有耐心，并专注于其他事情，而不是过度关注人们无法控制的过程。这也暗示了过分的关注和急躁可能会让事情在感觉上进行得更慢。

（三）语篇层面的文化因素

文章是以语篇的形式呈现的，所以学习者在阅读英语文章时不仅要注意词汇、句子层面的文化知识背景，还要了解整个文章的语篇结构及其涉及的文化知识背景。中西方思维方式的不同会导致他们在建构文章结构时的操作不同。中国人归纳式的思维方式体现在文章结构上就是"归纳建构法"，即在论述某一话题时，采取由次要到主要，由背景到任务，从相关信息到主要话题的发展过程，通常把对某一事物的看法或对别人的意见和建议等主要内容放在最后，这是逐步达到高潮的讲话方法。西方人演绎式的思维方式则引导他们采用"逆潮式"的演绎法来表达自己的看法。这种方法的特点就是把话题观点放在讲话的最前边，以引起听话人或读者的重视，接下来的部分就是对观点的逐步论证。这种思维模式造成的篇章结构不同会使英语学习者在阅读时感到不适应。

此外，如果学习者缺乏对语篇所涉及的文化背景知识的了解，也会在阅读过程中感到迷茫。假设一篇文章讨论的是一个美国家庭在感恩节这一天的传统活动和食物，它可能会提到火鸡、南瓜派、蔓越莓酱、感恩节大阅兵等元素。如果读者不了解感恩节的文化背景和它在美国历史及社会中的位置,那么他们在阅读这类文章时就会感到困惑。他们可能会对为什么这一特定的节日要吃这些特定的食物,为什么这天要举行大规模的阅兵和橄榄球比赛等内容感到疑惑。他们也可能无法充分理解文章中一些与感恩节相关的幽默元素或是情感表达。例如,火鸡(Turkey)在感恩节的宴会上几乎是不可或缺的。对于不熟悉这一文化的学习者来说,火鸡可能只是一种食物。但对于了解感恩节文化背景的人来说,火鸡不仅是一道传统的感恩节大餐的必备菜肴,还是一种文化符号,代表着感恩、团聚和丰盛。如果学习者不了解这一文化传统,他们可能会错过文章中关于家庭、感激和共享的深层次意义。

三、阅读教学的方法策略与创新实践

(一)阅读圈教学法

阅读圈教学法不仅为阅读教学创建了一个强调学生自主性和合作性的学习环境,同时也为文化自信的培养提供了一种独特的路径。在英语阅读教学中,阅读圈教学法主要包含以下几个实施步骤(图7-1)。

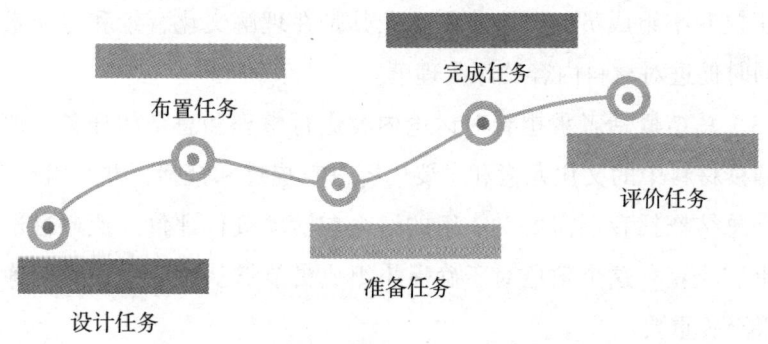

布置任务　完成任务　评价任务　设计任务　准备任务

图 7-1　阅读圈教学法的实施步骤

1.设计任务

在这一环节,教师需要确定教学的文化专题,并设定明确的教学目标。接着,教师应挑选适合的阅读材料,并设计出旨在引发讨论和分析的问题,同时规划学生在课堂和课外完成任务的学习模式。

2.布置任务

教师要组织学生形成阅读圈,每个小组包含6～7名学生。教师需要向学生介绍阅读圈教学模式的理念、要求和规则,并明确学习的重点内容。此外,教师应鼓励学生在自己的小组中承担不同角色,如讨论组织者、词汇总结者、总结概括者、语篇分析者、联想者和文化研究者。这些角色分别负责主持讨论、摘录重点词汇、总结文化元素、分析语篇信息、建立与中国文化的联系和进行文化比较,以多角度深入分析文本内容。

(1)讨论组织者的功能意义在于引导整个讨论的方向和流程。这个角色负责确保讨论的顺畅进行,确定讨论议题,并在讨论中保持秩序。讨论组织者需要具备一定的组织能力,能够合理分配讨论时间,确保每位成员都有机会发表自己的观点。此外,他们还需在讨论开始前准备相关的问题,这些问题应该能够引发深入的思考和讨论,帮助团队成员更好地理解和分析阅读材料。

(2)词汇总结者的重要性在于帮助团队成员理解和掌握专题相关的关键词汇。这个角色需要从阅读材料中筛选出与文化专题相关的重点词汇和精彩表达,整理成列表或小结供小组成员学习。词汇总结者的工作有助于提升小组成员的语言水平,尤其是在理解文化背景和专业术语方面,同时促进对材料内容的深入理解。

(3)总结概括者承担着对讨论内容进行整理和总结的任务。他们需要对阅读材料中的文化元素和主要内容进行提炼和概括,并与组员分享。此外,总结概括者还需要对小组的讨论和活动进行评价,梳理讨论的主要成果和收获。这个角色对于确保小组成员能够从讨论中获得明确的学习成果至关重要。

(4)语篇分析者专注于深入解析阅读材料中的语篇结构和信息。他们的任务是从材料中提取关键的语篇信息,分析其结构、风格、论点和论据,并与小组成员分享。通过这种深度的语篇分析,小组成员可以更好地理解材料的内在逻辑和表达方式。

(5)联想者的作用在于将阅读材料与相应的中国文化内容相联系,

并进行批判性评价。这个角色需要将所学知识与实际的社会文化现象结合起来，从而深化对文化专题的理解。联想者要求具有较强的批判性思维能力，能够分析和评价文化现象与阅读材料之间的联系和差异。

（6）文化研究者的职责是在阅读材料中寻找与自己文化背景相似或不同的文化元素，并引导小组成员进行比较和讨论。这个角色有助于增强小组成员对不同文化特点的认识和理解，促进跨文化交流和思维的拓展。文化研究者需要有较强的观察力和分析能力，能够识别和解释文化差异，引导小组成员进行深入的文化比较和讨论。

3. 准备任务

在布置完任务之后，教师引导学生进行独立思考，并让学生对需要讨论的问题及自身的思考结果形成文字。此外，由于阅读圈内各成员承担着不同角色，教师应鼓励学生完成各自的任务，自由表达自己对文化的不同看法。

4. 完成任务

在阅读圈教学法的完成阶段，学生在教师指导下完成了既定任务后，应当进行成果展示。每个小组根据自己负责的领域整理信息，扩展思考，并准备汇报内容。接着，他们需要制作幻灯片并在课堂上展示其核心成果。这个过程不仅是学生展示学习成果的阶段，也是一个自由讨论和多元思维激发的阶段。教师在此阶段的任务是监督和引导讨论，确保讨论质量，及时调整偏离主题或过度争论的情况。

5. 评价任务

在评价阶段，学生的学习成果和表现将被评估。评价可以采取自我评价、同伴评价或学生与教师共同评价的方式进行。在同伴评价过程中，学生根据每个小组的展示成果和讨论表现给予评分。完成互评之后，教师应总结评价，针对各小组及个别学生的表现给出客观的点评。在此过程中，教师需尊重学生对文化的不同理解，重点评价学生思考的深度和广度。对于那些积极参与讨论的学生，教师应给予表扬，以激励全班学生在未来积极参与类似活动。

在这一教学策略下，文化自信的萌生与增长并非无迹可寻。当一个学生的阅读角色是"文化研究者"时，他需要深入文本，提取和理解其文化语境和背景，并在组内分享。这不仅是一个对外来文化的解析过程，同时也是一次对本土文化的自我检视和反思。学生在解读外来文化的同时，也会不自觉地将本土文化作为对比和参照，从而反观本土文化的独特性和价值。这样的过程自然而然地引导学生进行文化比较，而理解差异便是理解文化的一个关键步骤。在认识到不同文化之间的差异性和多样性的同时，学生也会开始思考这些差异背后的原因——是历史的积淀，还是地理的影响，或是社会的构建？进一步的，这种多文化的对比与理解将促使学生认识和理解本土文化的独特性和价值，进而滋生出对本土文化的尊重和自信。

（二）文化体验法

文化体验法的特征是体验与实践并行，使英语学习不再局限于课本和教室。例如，当阅读教材中出现关于英国"下午茶"文化的文章或段落时，教师可以安排学生组织一个模拟的"英式下午茶"活动。在活动中，学生不仅尝试着用英语进行日常交流，还在实践中理解和感受下午茶文化中所体现的英国文化特色与社交习俗。在学生体验过文中提及的文化活动后，教师可引导他们以所学的英语知识为工具，写出自己的体验感悟和文化比较的短文或心得。这不仅是对学生阅读理解和文化体验的检验，也是一次实际的语言输出练习。从而形成了一个完整的"阅读—体验—输出"的教学循环，增强学生的语言综合运用能力和跨文化交际能力。

在体验异国文化的同时，教育者可巧妙地设计活动，引导学生找出本国文化与目标文化的异同点，以及各自的独特之处。比如，在体验"英式下午茶"后，教师可组织一次"中式茶艺"活动，引导学生在体验中自然比较中西方的茶文化差异，并思考这些差异背后的文化逻辑。在此过程中，教师需强调每种文化的独特价值，鼓励学生从中找到各自文化的闪光点,从而在欣赏和理解他国文化的同时,增强对本国文化的自信和骄傲。

(三)角色扮演法

角色扮演法不仅仅是一种语言教学方法,更是一种文化教学和文化体验的策略。在培养学生的语言能力的同时,也能在无形中引导他们进行文化学习和文化认知,形成对本土文化的深刻理解和自信,为他们未来在国际舞台上自信而智慧地互动和交流打下坚实的基础。

具体分析,通过设计不同的交往场景和情境,如日常生活、社交、职场沟通等,角色扮演法能够将学生引入一个相对真实的语言应用环境中。在这些情境中,学生不仅需要运用和实践他们的语言知识,更需透过语言深入感知和体验目标文化的多个方面,如价值观、行为习惯、社交礼节等。例如,在阅读教学环节中,假设学生正在学习一篇关于在美国家庭中举办的感恩节晚宴的文章。文中涉及了丰富的文化元素,如感恩节的历史背景、美国家庭的庆祝方式、食物文化等。为了加深学生对这些文化元素的理解,教师可以在学生阅读完文章后,设计一个角色扮演的活动,其中的角色和情境均基于文本内容。

学生可以被分配不同的角色,如主持人、家庭成员、邻居等,并根据文本内容在课堂上重现感恩节晚宴的场景。在这个过程中,学生需要运用他们从文本中获取的信息,如怎样准备食物、怎样表达感激之情等,并在模拟的情境中尽可能地让这些文化元素"活"起来。教师可以指导学生注意在情境中体现美国文化中的价值观,如对家庭的重视、对他人的感激等。此外,学生在角色扮演中亦需要用到文章中涉及的专业词汇和表达方式,如与感恩节食物相关的词汇(如火鸡、南瓜派等)、在家庭聚会时常用到的交流语言等。这样,学生不仅能够在实际情境中运用文本中的语言知识,而且能在情境中进一步理解和感悟文化内涵。

在文化自信的层面上,这种教学法提供了一种极其重要的视角——文化的比较和反思。当学生投入角色,参与情境再现,他们不可避免地会将所扮演的角色与自己的文化背景进行比较。这种比较，无疑提供了一种难得的自我反思和文化认知的契机。在模拟英语国家的日常交往过程中，学生可以明显感知到与母文化在处理类似情境时的不同逻辑和方式。这些差异，启发着学生思考文化之间的异同、背后的文化逻辑以及这些文化特征是如何形成的。这种自上而下的文化反思，有助于学生构建起对本土文化的深层理解和认同，培养起文化自信。同时，了解其他文化，并在实践中不断与之对话，也使学生在将来更有能力、更有自信地在多文化的环境下进行有效交流和协作。

第四节 "文化自信"视域下大学英语写作教学的策略与实践

一、英语写作教学的重要意义

（一）打造扎实的英语语言基础

英语写作是语言应用的高阶技能，要求学生不仅要准确理解单词、短语的意义，还需熟练运用语法结构和句型，通畅、准确地进行表达。大学英语写作教学，正是为学生提供了一个运用和强化这些语言要素的平台。在写作的过程中，学生将对所学的词汇和语法进行多次实践与验证，加深记忆，增强理解。这也提供了一个实时反馈的环境，教师可通过学生的写作输出，了解其语言运用水平，发现其在语言学习中的问题和不足，从而进行针对性的教学和辅导。在这一过程中，学生的语言基础得到不断的巩固和提升，形成稳固的英语应用能力。

（二）培养丰富的英语文化认知

英语写作不只是语言符号的组合，更是文化的传递与展现。大学英语写作教学中，学生将深入探讨各种与英语国家文化、社会、历史等多方面相关的话题。这不仅拓宽了学生的国际视野，加深了对目标语文化的理解，也帮助学生在实际的语言输出中，更准确、自然地表达思想，避免文化冲突和误解。此外，通过对比和分析不同文化背景下的语言表达习惯和思维方式，学生将更为客观、全面地认识和理解多元文化，为将来在国际交往和合作中发挥积极作用打下坚实基础。

（三）塑造和激发英语思维方式

英语写作教学能够在实质上训练和引导学生用英语思考问题。不同语言在表达方式和逻辑结构上存在差异，将思想用第二语言（如英语）准确表达出来，要求学生逐渐适应和掌握这种语言的思维方式。大学英语写作教学通过多种写作训练和实践活动，使学生在不断的尝试和修正中，逐步建立起用英语进行分析、论证的思维逻辑。这种在语言输出中的思考训练，不仅有助于优化学生的英语表达，还能在潜移默化中培养其用英语进行学术研究和专业学习的能力，为其未来的学术和职业发展铺设道路。

二、影响写作的文化因素

（一）措辞的精准性与文化内涵

在跨文化英语写作的过程中，措辞的问题频繁浮现，它牵扯到的不仅仅是单一的词汇选择，更是一种深度的文化与语境解读。英语与汉语在描述事物或现象时，其语词的使用和包含的文化内涵往往存在巨大的差异。比如，以"友谊"为例，在英语中"friend"这一概念的涵盖范围较广，从亲密无间的朋友到相对疏远的熟人，都可能用"friend"这一词来描述。而在汉语文化中，朋友和熟人往往被更为明确地区分开，即"朋友"与"熟人"二词。此外，"知己"和"闺蜜"等词汇在汉语里进一步细分了友谊的层次和性质，展现了汉语在这一语境下的文化特征和表达细腻性。这些词汇的不同使用，就需要英语学习者在写作时进行精准的措辞和文化内涵的把握。

再如，表达感激的"Thank you."在英语中是一个非常常见且用途广泛的表达。而在汉语表达中，可能会根据情境的不同选择使用"谢谢""感谢"或"多谢"等，这些微妙的差别往往蕴含着文化的底蕴和社交礼节。在英语写作中，理解这些语言背后所蕴含的文化差异和情境选择是至关重要的。探究这些措辞背后的文化差异，并将之准确地融入英语写作中，不仅是对目标语言精准运用的体现，也是对文化敏感度和跨文化交际能力的锤炼。故而，掌握和运用这些词汇，对于英语学习者在写作中构建准确、自然且富有文化内涵的表达具有重要的指导价值，这正是英语教师在英语写作教学中应当重视和深入探讨的。

（二）造句的艺术与文化展现

1.主语的文化选择与体现

在英汉语言表达中，句子主语的选择充分展现了两种语言背后所沉淀的文化取向和思维模式。汉语句子常常直接、明确地指出动作的执行者，如"我喜欢这本书"。这样的表达方式直接且以人为核心，显示了一种"人本"或"以人为本"的文化取向。相对应的，在英语表达中，动作的承担者可以是抽象的、无生命的概念，如"The book appeals to me."，这样的表达方式多了一份客观和间接的色彩，体现了英语文化中一种独特的表达习惯和审美。英语中的这种倾向不仅仅体现在日常会话中，更在学术、科技和新闻文本中被广泛运用，显示了一种倾向于客观、理性和抽象的文化特征。

2.句子结构的巧妙构建与文化融入

英语在建构句子结构时，尤其注重逻辑性和明确的关系表达。例如，英语使用丰富的连接词来构建句子间的逻辑和关系，如"although"用以表达让步关系，"therefore"用以表达因果关系。这样的用法反映了英语倾向于明确、直接的交流风格。相对的，汉语在句子构建上往往显示出一种"含蓄"和"回环"的特质。例如,汉语句子会说"虽然困难,我们也要努力前行",在这里,"虽然"和"也"框定了一个让步关系,却没有过分强调逻辑转折。这种表达方式在一定程度上展现了汉语表达中的一种隐晦与内敛的美学取向。

3.语言的流动性和文化的交织

在语言的表达和流动中,文化的影响透露无遗。即使是在简单的句子构造中,也可以观察到语言背后的文化印迹。例如,在描述一件事情的过程时,汉语可能会更注重事件的情感色彩和内在含义,而英语则可能更加强调事实和逻辑关系。例如,在描述一个晚会的场景时,英文表达可能会更注重参与者的行为和整个活动的流程(如使用连接词"first""then"来串联事件的发展),而汉语表达可能更倾向于反映出主体的感受和场景的氛围(使用一些描写词,如"热闹""愉快"来表达情感和感知)。这样的区别,同样体现了两种语言在造句时所嵌入的文化差异和审美倾向。

这些在造句层面上的差异与文化的紧密关联,形成了英汉两种语言在书面表达上的独特风貌。因此,在英语写作学习和教学过程中,深入挖掘和理解这些文化差异的内在逻辑,对于培养学习者的跨文化沟通能力和提升其英语写作水平具有不可或缺的价值。

(三)文体的特点与内涵表述

1.文体中的表达策略与文化反映

在深入探讨英语与汉语的文体表达差异时,其实很容易发现其中所隐藏的文化精髓和价值观念。以英文写作为例,其文体往往体现出一种简洁、明了和逻辑性强的特点。这不仅体现了西方文化倾向于直接、开放的交流风格,也在文体上展现了一种追求效率和理性的文化取向。例如,一篇讨论环保问题的英文文章可能直接指出问题的关键点和提出解决方案,如"Air pollution poses severe threats to public health. Implementing stricter regulations on industrial emissions and promoting the use of clean energy are essential steps toward a cleaner future."。文章表达直白，逻辑清晰。

相对应的，汉语写作通常呈现出一种情感丰富、富有层次和较为有内涵的特点。这是因为汉语文化通常倾向于通过语言的内在含义来表达思想情感，通过一种较为间接和含蓄的方式来传达信息。同样的环保主题，在汉语文章中，作者可能会通过描绘污染所带来的景象和它对人们生活的影响间接表达对环保的关切："当浓重的雾霾笼罩着这片天地，那些曾经翱翔的飞鸟、绽放的鲜花成为遥不可及的记忆。这片失色的土地还是我们曾经绿意盎然、生机勃勃的家园吗？"在这样的表达中，感情和情景交融，体现了汉语文体注重通过画面感唤起读者情感共鸣的特点。

2.文体差异中的审美展现

英语和汉语文体之间的差异也在一定程度上反映了两种语言背后文化的审美取向。英文的简洁和直接通常带有一种务实和效率的审美，这种审美在多种文体中均可体现，无论是学术性文章、新闻还是小说。英文写作强调点题、结构分明、观点明确，试图在有限的篇幅中提供尽可能多的信息和观点。而汉语的文体则多了一份"余韵"和"回味"，通过在文中蕴藏较多的情感和描写，给予读者更多的主观想象空间。这样的文体充分体现了中文文化中的一种"言不尽意"的美学追求，即文字未必要直接表达所有，而是留下一部分给读者去体会和思考。这在许多古典诗文中都能得到体现，通过抒情、把握意境来引起读者的共鸣。这些文体特点的差异给英汉写作者在创作时提供了不同的表达空间和方式，同时也为语言的学习者带来了挑战和机遇，使得他们在学习过程中能够深入体会两种不同文化的精髓和价值。

三、写作教学的方法策略与创新实践

1.英汉写作对比

（1）强调语言表达与文化逻辑的差异性。由于中西方文化差异对两种语言的语篇创作影响深刻，英语教师可以有意识地对比这两种不同的写作模式和逻辑结构,在教学中显现其差异性,有助于学生更准确地把握语言背后的文化和逻辑特点。例如,在描述一个事件时,汉语写作可能更注重事件的背景、起因、过程和结果的细致描写,而英语写作可能更直接指向事件的核心,以简洁明了的方式展现事件的关键信息。以描述一个普通的社交活动为例。在汉语写作中,作者可能会从活动的起因开始,详细描述准备过程、参与者的背景、活动的具体流程,以及活动带来的影响和意义。这种写作方式反映了汉语文化中对于事件背景和过程的重视,以及对细节的关注。例如,一个关于家庭聚会的描述可能会包括家庭成员的介绍、聚会的起因(如庆祝某个节日或纪念日)、准备食物的过程、聚会的氛围和活动细节,以及聚会后家庭成员的感受和反思。

相比之下,在英语写作中,描述可能会更加直接和简洁。作者可能直接从聚会的核心事件开始,突出聚会的目的、主要活动和结果,而对背景和细节的描述则较为简略。在同样的家庭聚会场景中,英语描述可能会集中在聚会的主要事件(如一场重要的家庭游戏或特别的庆祝仪式),以及这些事件对家庭成员关系的影响,而对准备过程和细节的描写则相对简单。

(2)在对比教学中融入文化自信的培养。英汉对比的写作教学同时也是一个提升文化自信的过程。学生在理解和运用中文和英文写作特点时,不仅仅是在学习一种语言的表达技巧,更是在理解两种不同文化背景下的思维方式和价值观。因此,如何在保持对母语文化的尊重和自信的同时,学会理解和运用目标语言的文化逻辑,成为这一过程的关键。在这个过程中,教师可以设计一些涵盖中西文化元素的写作主题,让学生在对比中找到两种文化的交集和不同点,引导他们在写作中融入自己的文化理解和评价,形成能够跨文化交流的写作能力。

(3)借助技术工具促进英汉写作的对比学习。在现代教育中,技术工具的应用为英汉写作对比学习提供了新的可能。例如,英语教师可以使用自然语言处理(NLP)技术辅助分析中英文文章的结构、用词和语法特点,通过可视化工具直观地展示给学生,使他们更清晰地认识到两种语言在写作上的差异。同时，英语教师也可以借助在线平台搭建一个中英文写作交流社区，让学生在真实的语境中体验两种语言的写作，通过与母语使用者的互动，加深对目标语言文化和写作特点的理解，同时也能够增强对本民族文化的自信和自豪。

2. 阅读写作相结合

（1）发掘阅读写作同步的内涵与文化价值。充分理解和吸收阅读材料的内容和内在文化价值，对于学生在英语写作中展现文化自信和准确表达至关重要。在开展英语写作教学的过程中，英语教师需要引导学生深入探讨英语文章所体现的西方文化观念、社会价值和表达习惯，从而逐步构建和强化自己的跨文化沟通能力和文化认同感。例如，通过阅读关于西方节日的文章，学生可以理解节日背后的历史、传统以及社会文化内涵，进而在写作时做到对文化知识的精准表达和自如运用。

（2）利用项目式学习整合阅读与写作。通过实施项目式学习，教师可以设计一系列围绕特定主题或问题的阅读和写作活动。例如，英语教师可以设计一个关于"世界非遗文化介绍"的项目，安排学生阅读相关的科普文章、新闻报告和研究论文，再基于学生所学内容和个人理解，要求学生创作一篇科普文章或观点评论文。在这一过程中，学生不仅能够体验到阅读与写作的紧密结合，而且可以通过实际操作进一步巩固和应用所学的语言和文化知识。

（3）养成良好的阅读写作习惯。英语教师应在整个教学过程中给予学生持续的反馈和指导，强化他们在阅读与写作过程中的自主学习和自我调整能力。通过阅读日记、写作工作坊或在线平台，教师可以及时了解学生的学习进度和遇到的问题，并提供针对性的指导和帮助。

3. 开展仿写训练

（1）仿写过程中的文化引导。在仿写训练中，文化引导是至关重要的。选择具有浓郁英美或其他英语国家文化特色的文章作为仿写材料，可以让学生在提升语言技能的同时，更深入地体验和理解目标文化。例如，教师可以选择描述英国皇家守卫交接仪式、美国独立日庆祝活动或澳大利亚的原住民文化等主题的文章。通过仿写这类文章，学生不仅能够学习相关词汇和表达方式，还能洞察这些文化现象背后的历史、传统和社会价值。在仿写的过程中，教师可以指导学生注意作者是如何利用语言来传达特定文化的，如通过描述节日庆典的场景、风俗习惯的细节，或者通过描绘人物的言行来反映社会文化背景。此外，教师还可以鼓励学生研究不同文化背景下的写作风格和表达习惯，帮助他们更好地理解和吸收目标语言文化。

（2）实现从仿写到独立写作的技能迁移。仿写训练作为学生从模仿到独立写作的桥梁，对于他们掌握英语写作技巧和风格至关重要。教师应设计一系列逐步深入的写作任务，引导学生从简单的直接模仿逐渐过渡到在仿写基础上加入创新元素，最终达到独立写作的水平。在这个过程中，学生不仅学习到如何结构化文章、使用恰当的语言表达，还能逐渐发展出个人的写作风格。

初始阶段，教师可以让学生直接仿写一篇文章，重点是学习文章的结构、语言风格和表达技巧。随后，教师可以指导学生在仿写的基础上添加新的元素，如改变文章的某些细节，或加入个人的观点和想法。这一阶段旨在鼓励学生进行创造性思维和表达。最后阶段，教师可以引导学生独立选择主题进行写作，此时学生应运用所学的技巧和知识，结合个人的理解和创新，完成一篇独立的作品。这个过程有助于学生逐步建立自信，形成自己独特的写作风格。在整个过程中，教师应提供持续的反馈和指导，帮助学生识别和改进写作中的不足，同时鼓励他们在写作中表达个人独特的声音和观点。通过这种逐步过渡的方法，学生可以从模仿中学习到有效的写作策略，并最终能够自信地进行独立写作。

第五节 "文化自信"视域下大学英语翻译教学的策略与实践

一、英语翻译教学的重要意义

（一）促进跨文化交流

英语翻译教学不仅是一种技能训练，更是充当了不同文化沟通交流的桥梁。在国际化的大背景下，跨文化交流日益频繁，翻译技能成为不可或缺的关键要素。不同国家和地区的人们在交流时，语言常常成为首要的障碍。翻译教学培养了一批批翻译人才，不同的文化、思想和知识在这些人才手中得以传播和共享。例如，一些英文的科学技术文献、文化作品或国际新闻，通过翻译人才传达到汉语语境中，丰富了汉语的知识体系，加深了我国人民对外部世界的理解和认识。反之亦然，汉语的语言文化也能通过翻译人才被世界了解。

（二）提升语言综合应用能力

英语翻译教学在提升学生的语言综合应用能力方面发挥着不可忽视的作用。当学生尝试将一段英语翻译成汉语时，他们需要全面运用学到的语法、词汇、句型等语言知识，同时还要深入理解文本的深层含义和背后的文化内涵。例如，在翻译一篇关于西方节日的文章时，学生需要了解那个节日的文化背景和特殊含义，才能进行准确的翻译。这样的过程无疑锻炼了学生的语言运用和文化理解能力。

（三）促进对文化差异的理解

英语翻译教学使学生能够深入体验和理解两种语言之间的异同和各自的文化特征。对比分析两种语言在表达方式、思维逻辑、语法结构等方面的差异，有助于学生更加深刻地把握每种语言的特色和使用规律。例如，在对比英中两种语言在表达习惯上的不同时，学生可以进一步理解两种语言在逻辑结构、修辞手法等方面的差异，这有助于其在语言应用中避免直译和走进文化误区。

二、影响翻译的文化因素

（一）文化的共性与多样性

文化在翻译中的关键作用主要体现在其共性与多样性两个方面。从共性角度讲，不同文化间的共通点为翻译提供了可能性和桥梁。例如，各种文化中普遍存在对"家庭"的价值认同和描述，这在不同语言的文学作品中得以体现。然而，文化的多样性带来了复杂性和挑战。诸如，英文中"Mr."和"Ms."等通用称谓，在中文中可能会因为地区文化差异而有不同的翻译和诠释。对这种共性和多样性的理解和把握在翻译过程中至关重要，它决定了翻译结果能否在目标语文化中被准确和自然地接受。

（二）知识文化因素

知识文化因素主要体现在特定文化背景知识的理解和运用上。比如，在诗歌、古籍翻译中，历史背景、地域文化、宗教信仰等元素的准确理解对于传达原文意境具有重大意义。例如，某些英文习语或成语的使用源自西方的历史或神话，而在中文翻译中若直译往往失去原意，需要借助对源文化知识的深入理解以寻找或创造最接近的表达。英文中"Benedict Arnold"是美国历史上的一个叛徒，因而被视为"叛徒"的代称。对于不熟悉这一文化和历史背景的中国读者来说，直接翻译往往无法传达其背后的寓意。因此，此处可以将其翻译为"贝内迪克特·阿诺德"，并加以注释或脚注来说明这一背景。

在汉英翻译中，知识文化因素也十分重要。这种翻译不仅是语言文字的转换，更是文化和知识背景的传递。例如，中国的成语"朝三暮四"源自《庄子齐物论》中的故事，用以比喻变化策略以应对不同情况或形容人的反复无常。若直译为"three in the morning, four in the evening"，英语读者可能难以理解其深层含义，因为这种表达在英语文化中并无对应的背景知识。

为了更好地传达这一成语的意境和深层含义，译者在翻译时需要考虑英语文化背景下的类似表达。一种有效的翻译方法是找到一个相似的英语成语或习语，或者创造一个接近的表述。例如，译者可以翻译为"shifting the goalposts"，这个英语习语用来形容不断改变标准或规则，虽然与"朝三暮四"的字面含义不同，但在表达变化策略和不一致性方面与原意相近。另一种方法是使用译注或脚注解释这个成语的原始故事和文化背景，以增强英语读者的理解。

因此，在翻译成语"朝三暮四"时，译者可以将其翻译为"shifting the goalposts (originating from a Chinese idiom '朝三暮四', which refers to changing strategies or being fickle, based on a story from ancient Chinese philosophy)"。这样的翻译不仅提供了准确的英文表达，而且通过附加信息帮助读者理解成语的文化和历史背景。通过这种方法，翻译不仅传达了语言信息，还跨越文化障碍，使得非中文背景的读者能够深入理解和欣赏中文的丰富内涵和文化精髓。

（三）观念文化因素

观念文化因素涉及价值观、世界观和人生观等在内的一系列深层次文化元素。比如，中文中人们常用"吃了吗？"来表达关心。这并不意味着询问对方是否进食，而是一种表达关爱和关心的方式。英文翻译时，如果直接译为"Have you eaten?"其深层次的情感寓意可能不被西方读者理解。这时，我们可能需要选择其他方式表达，比如"How are you?"在翻译过程中，理解并恰当传达这些深层次的文化观念是一个巨大的挑战，需要译者具备跨文化的敏感度和理解力。

又比如，中国文化中有一个常用表达："家和万事兴"，这句话体现了中国文化中对家庭和睦的极高重视，认为家庭的和谐是成功和幸福的基础。这种观念在西方文化中虽也存在，但表达方式和侧重点可能有所不同。在进行汉英翻译时，如果直接将"家和万事兴"翻译为"Harmony in the family brings success to everything."，虽然这是直译，但可能无法完全传达原句所蕴含的深厚文化意涵和价值观。因此，翻译时需要寻找更能贴近西方文化背景和价值观的表达方式。比如，可以翻译为"A harmonious family is the foundation of success."，这样的翻译既保留了原句强调家庭和谐的核心意义，又使其更加符合西方读者的文化认知和价值观。

（四）隐性文化因素

隐性文化因素往往不容易被直接察觉，它隐藏在语言表达之下，体现在表达方式、语调、礼节等方面。例如，英文的交流方式往往直接明了，而东方语言可能更加婉转和含蓄。在中国文化中，直接的拒绝或否定有时被视为不礼貌。因此，"不可以"或"不行"在口语中可能会表达为"这个比较困难""这个可能不行"等。在英文中，拒绝的表达通常可以更直接，比如"It's not possible."或"No."。在翻译时，译者要考虑这种软硬度的平衡。

中国文化中常见的"客气"文化是另外一个典型的隐性文化因素。在中文交流中，人们常常会使用谦逊或自我降低的言辞来表达尊敬或礼貌，如在受到赞扬时说"哪里哪里，我还差得远呢"。这种表达方式是一种文化上的谦卑和客气，但如果直接翻译成英文，"Where where, I am far from it."就可能显得生硬和难以理解。

在英文中，这种情境下的回应通常更加直接和简洁，如"Thank you, I appreciate it."或者简单的"Thank you."。在进行翻译时，译者需要把握好这种文化上的差异，选择更加符合英语表达习惯的方式。所以，把"哪里哪里，我还差得远呢"翻译为"Thank you, I still have a lot to learn."或者"Thank you, I'm flattered."会更加合适。这样的翻译不仅传达了原文的谦虚之意，而且也符合英文的表达习惯。

三、翻译教学的方法策略与创新实践

（一）体现文化自觉的翻译教学法

体现文化自觉的翻译教学法强调了学生对本土文化的深刻理解与自觉尊重及对其他文化的敬意与理解的培养。首要目标是使学生理解和珍视本土文化的精髓，并通过翻译这一活动，促进文化的交流和传播。在这个过程中，学生学习到的不仅是源语和目标语的对等转换，更是两种文化之间的互动和沟通。例如，在教学古代中国诗歌的翻译时，英语教师可以深入解析一首脍炙人口的古诗——《静夜思》。这首诗不仅具有深厚的文化底蕴，也承载了中国人的特殊情感和哲学思考。在翻译教学中，教师可以引导学生深入探讨这首诗的背景——唐朝时期的文化、社会和历史环境，如何影响了李白创作这首诗的动机和情感表达。接下来，通过专业的翻译理论和方法，帮助学生理解如何在英语（或其他目标语言）中保持诗的原始情感和文化内涵。

随后，英语教师可要求学生在理解和翻译这首诗的基础上，寻找西方文化中类似的诗歌或文学作品进行比较和对照。比如将《静夜思》与英国浪漫主义诗人华兹华斯的一些作品进行比较——两者在表达自然、情感和哲学思考方面是否存在异曲同工之妙？在此基础上，学生将深入体验到两种截然不同的文化在某些方面的相似性，同时也能更加理解文化的多样性和复杂性。

（二）以文化交流为本的翻译教学法

以文化交流为本的翻译教学法注重将翻译活动真实地植入多元文化的沟通与交流之中。这一方法论重视通过文化的交流和对话，强化翻译者在双向文化传播中的角色和作用。在此教学法下，学生不仅仅是学习语言的使用者，而是文化传播与交流的实践者和参与者。翻译不再是孤立的语言符号转换活动,而是文化输出和输入的实际过程。

例如,英语教师可以组织一场模拟的"中西文化论坛"。在这样一个模拟的论坛中,教师可以设计具体的议题,如"中西饮食文化的异同"或"东西方文化在环保观念上的差异"等。学生被分为两组,一组代表中国文化团队,另一组代表西方文化团队。每组需要就特定议题进行发言,并相互提问与回答。这个过程要求学生在准备和参与过程中,深入挖掘每个文化主题背后的文化内涵、社会习俗和历史背景。

在教学过程中,教师需要引导学生关注两种文化在处理相同议题时的不同表达方式、逻辑构建和观点立场。例如,在探讨"饮食文化"这一议题时,中方团队可能更注重食材的选择、烹饪方式和饮食礼仪的探讨;而西方团队则可能关注食品的来源、健康观念和饮食与生活方式的关系。通过这样的对比,学生可以明显感受到两种文化在处理同一主题时的思维差异和表达特色。这种情景模拟法能够让学生在参与和交流的过程中,实际体验到在文化交流中所面临的各种挑战和困难,例如:如何准确理解对方文化的表达习惯?如何在保证翻译准确性的同时,避免文化误读和误解?如何通过翻译将自己文化的精髓表达得更为精炼和准确?

(三)文化创新视域下的翻译教学法

文化创新在翻译教学中的运用,着重点亮了一种在保持文化原貌的基础上进行创意表达的实践过程。在这样的教学法下,传统的语言交换和文化呈现被融入了一种创新的力量,允许学生在理解和传递文化的过程中,寻找和探索新的表达形式和创新路径。这不仅仅是语言的创新表达,更是文化元素和表达形式在不同文化体系间的创新融合和重塑。举例来说,教师可以设计一个关于"古代传奇与现代改编"的翻译项目。在这个项目中,学生需要选取一部中文古代传奇或故事,如《牡丹亭》或者《红楼梦》中的某一个片段,然后不仅进行传统意义上的文本翻译,同时也要尝试将这些古代元素和故事情节进行现代化的改编和创新表达,在保证不失源文文化精髓的前提下,寻找一种新的、能够符合目标语文化审美和表达习惯的呈现方式。

学生在参与这样的翻译项目时，需要深入挖掘源文文化中的历史背景、人物特征、情感表达等多方面的内容。而在进行现代化改编时，就需要充分理解目标文化的现代语境、价值观念和审美标准等，尝试在两种文化间找到一个创新的平衡点。这可能涉及对故事情节的调整、对人物关系的重新构建，或者对情感表达的现代化诠释等。

例如，如何将《牡丹亭》中的悲剧爱情故事在现代背景下进行合理的翻译和改编？是将其置换在现代都市的爱情故事背景下，还是转化为一种跨时代的爱情传说？学生可以在教师的引导下，通过团队合作的方式，讨论和探讨可能的创新路径，形成初步的翻译和改编方案，然后在实际的翻译实践中不断调整和完善。在这一过程中，学生不仅能够深入理解和体验源文文化的丰富内涵和表达方式，也能在创新的实践中学会如何将源文化的元素与目标文化的表达方式相融合，如何在保持文化原貌的基础上寻找到新的、富有创意的文化表达路径。这样的实践不仅能够锻炼学生的翻译能力和文化理解能力，也能激发他们在文化交流和翻译实践中的创新意识和创新能力。

第八章 "文化自信"视域下大学英语教学工作的实践与展望

第一节 "文化自信"视域下大学英语教材的开发与建设

教材，通常视为教学活动中的基石，其不仅携带着教学内容、策略和目标，也塑造着教学过程的具体运行和实践。在这个语境中，它不仅是传达知识和信息的媒介，而且成为教师与学生间交流、互动的桥梁，连接理论与实际，指导着教学和学习的方向。在大学英语教学的场景中，教材更是引领着学科知识的深入探讨和应用实践，成为开拓学生语言应用和文化认知的关键工具。

在文化自信的视域下，开发大学英语教材显得尤为重要。这是因为，在国际化的大背景下，对自身文化的理解、尊重和传播变得尤为关键，而语言作为文化的重要载体，其教学和学习在传承和推广文化上扮演着不可替代的角色。在教材开发过程中，注入文化自信的理念，不仅能够帮助学生构建坚实的文化自尊和自信，也能够在跨文化交际中展现出积极的文化形象和价值观。对英语教材进行多维度的开发，融入深厚的本土文化内涵，将助力学生在学习外语的同时，能够更加深入地理解、欣赏并传播本土文化，实现英语教学目标与文化价值的双重提升。

一、大学英语教材的多维度开发

（一）多维度开发的主体

在大学英语教材的多维度开发过程中，教师充当着极为关键的角色，他们不仅是教材使用的直接实施者，更是激活教材潜能、连接学生学习需求的桥梁。在文化自信视域下，教材的开发需要着眼于如何将文化素养的培养渗透到语言学习的各个环节，而教师的任务包括解析、融合与创新。

（1）教师需成为教材的深度解读者，他们要能洞察教材内容之外的文化底蕴与价值取向，将其转化为课堂中可以探讨、辨析的话题，引导学生在语言学习的同时兼顾文化意识的提升。

（2）教师应成为教材的实际应用者和拓展者。传统的教材内容往往更侧重于语言知识的传递，教师需要根据学生的具体情况，通过拓展活动或补充材料，将教材内容与学生的实际语境相结合，更好地进行语境化教学。

（3）教师应成为教材的创新者和改造者。在多维度开发教材的过程中，教师要敢于对现有教材进行改造和升级，将新的教学理念、方法融入教材的使用中，以促进教材的更新换代，同时也能更契合学生的学习需求和兴趣。例如，教师可以引入新媒体技术，结合线上线下的教学模式，打破教材的局限性，提升教学的互动性和趣味性。

（二）多维度开发的内容

通常而言，在大学英语的具体教学过程中，教师有能力在诸多领域进行教材的调整与重塑，包括语言表达、教学设计、教学内容选择以及课程管理等多个方面。本书认为，在大学英语教材的多维度开发中，这些要素也可以作为参考的维度，具体可以概括为下述几个方面。

1.语言维度

在大学英语教材的多维度开发中,语言维度的开发占据核心地位,因为语言不仅仅是信息的传递工具,也是文化、思想和价值观的载体。具体分析,语言维度主要涵盖了两大范畴:语言的内涵与技能的磨砺。这里的"语言内涵"主要聚焦在音韵、词义、句法、话语和文体风格等层面;而"技能的磨砺"则侧重于听、说、读、写、译等技能的训练与提升。在开发英语教材的过程中,教师不仅要关注语言内容的逐项拆解,也要着眼于其整体的协同和互补。以下几个方面是教师在开发语言维度时需重点关注的。

(1)适应性考量。教材的开发应充分考虑学生的学习需求和水平。教材应根据不同学生群体的学习基础和能力,提供适应性强的学习内容。这意味着教材内容不仅要涵盖基础知识,还需为学生提供拓展和深化学识的机会。例如,对于初学者,教材可以重点介绍基本的语言结构和词汇;而对于高级学习者,则可以加入更复杂的语法、专业术语和文化背景知识。适应性强的教材可以更好地满足学生的个性化学习需求,促进他们的语言技能全面发展。

(2)音韵训练的全面性。音韵是语言学习的重要组成部分。教材应全面覆盖音节、重音、连读和语调等方面,并设计有效的练习来帮助学生掌握正确的发音和语音变化。例如,通过朗读练习、模仿练习和听力训练等方式,使学生能够在实际语境中运用所学的音韵知识,提高他们的语言表达能力和听力理解能力。

(3)词汇学习的深度与广度。词汇是语言表达的基石。教材应提供丰富且层次分明的词汇学习内容,使学生能够系统地学习和积累词汇。除了基础词汇的学习,教材还应引入专业术语和生活用语,以及这些词汇的各种用法和搭配。词汇的呈现形式应多样化,如通过图表、实例句子、对话和故事等形式,帮助学生更好地记忆和理解词汇。

(4)结构化呈现。教材中的词汇和语法内容应系统化和结构化。这意味着教材应避免零散和碎片化的信息呈现,而是应构建一个连贯、逻辑清晰的知识体系。通过将相关的词汇和语法点组织在一起，教材可以帮助学生更系统地学习和理解语言结构，形成完整的语言知识框架。

（5）综合技能训练。除了单一技能的训练，教材应重视综合技能的培养。这意味着教材不仅要关注听、说、读、写、译等单一技能的提升，还应重视这些技能的整合和相互作用。例如，教材可以设计听说结合的练习，让学生在听力理解的基础上进行口语表达；或者通过阅读材料后的写作练习，加强学生的阅读理解和写作能力。通过这样的综合训练，学生能够在实际语言应用中提高流利度和准确度。

2.内容维度

在大学英语教材的多维度开发中，内容维度的开发也是十分关键的，内容维度的开发不仅仅要关注语言的表面呈现，更要注意情感、文化、语境等多元因素的整合和展示。这个维度的开发不是将教材设计成一个简单的"说教"工具，而是想让教材成为一种文化、社会情境的载体，从而让学生在学习语言的同时，开阔视野，提高语言的实际应用能力。基于此，内容维度的开发要能够准确把握并表达源语言文化的精髓，同时贴合目标语言用户的文化背景和学习需要。教师可以从以下几个方面着手进行内容维度的开发。

（1）文化融入。语言并非孤立的符号系统，而是深刻嵌套在文化语境中的交流工具。文化元素，如价值观、思维模式和行为习惯，都在潜移默化中影响着语言的使用和理解。因此，教材在引导学生学习语言的同时，应积极揭示目标语言背后的文化内涵。例如，通过对比不同文化下相似语境的交流方式、探讨语言表达背后的文化导因、分析源文化与目标文化的异同等，不仅能够丰富学生的文化知识，还能够提高其文化适应能力和跨文化交际技巧。

（2）情感交融。情感在学习过程中起到关键作用，尤其在语言学习中，良好的情感体验能增强学习者的内在动力。为此，教材的内容选择和组织方式应充分考虑学生的兴趣和情感需求。比如，教材可以包含各种风格的文本，以及兼顾不同学生兴趣的话题，激发他们主动探索和学习的愿望。此外，设置富有挑战性的任务和活动，也可以在学生中营造积极的竞争氛围，从而在不知不觉中提高他们的语言运用水平和学习兴趣。

（3）实用导向。实用导向着眼于将学习内容与实际应用紧密结合。这要求教材内容充分体现生活中的实际场景，以及人们在具体语境中的真实交流。对于学生来说，他们学习语言的一个重要目的是能够在实际生活和工作中有效沟通。教材应提供丰富的真实语境，展现语言在多种情境下的运用，让学生在模拟的语境中，通过完成各种实际任务，提高他们的语言实用能力和问题解决能力。

（4）多元表达。在多元表达方面，教材开发要注重展现语言的多样性和灵活性。这意味着，教材不仅要包含各种类型和风格的文本，还要在语言表达和话题选择上展现丰富性和开放性。无论是正式或非正式的语境，书面或口头的交流，教材都应为学生展示多种可能的语言表达和交流模式。同时，教材要充分考虑不同学习者的需要和背景，保证内容的多元性能够满足不同学生的学习需求和兴趣。

（5）创新引领。创新引领强调的是教材在内容和方法上的创新。在信息快速更新的现代社会，语言教材要能够及时反映社会的变化和发展，以及新兴的交流方式和文化现象。同时，教材也要尝试引入新的教育理念和教学策略，倡导学生的创新精神和批判性思维。例如，教材可以设置一些开放性的任务和问题，引导学生独立思考和探究；也可以融入一些跨学科的内容和项目，拓宽学生的视野，激发他们的创新思维。

3.结构维度

大学英语教材开发的结构维度关注的重点是教材内容的组织、排列方式以及如何以一种科学和逻辑的方式串联各个部分以促进学生的学习。在教材的结构安排上，必须体现出一种平衡与协调，确保教材在整体上形成一个有机完整的学习体系。具体分析，语言教材的结构要充分照顾到学生的认知规律和学习需要。这意味着，教材的组织结构既要有助于构建学生的语言知识体系，又要能够创设丰富多样的语言应用场景，帮助学生将理论知识与实际运用相结合。同时，教材的结构安排还要考虑到学生的学习兴趣和动机，通过设置各种各样的任务和活动，激发学生的积极性和主动性。

教材的结构维度不仅要体现在宏观层面的章节设置和单元设计上，还要体现在微观层面的文本选择和练习设计上。每一个部分和环节都要紧密地围绕教学目标进行有机组织，形成一个协调统一的整体。只有这样，教材的结构安排才能真正服务于教学目标，满足学生的学习需求，实现语言知识与语言技能的有机结合。

此外，灵活性也是教材结构设计要考虑的重要因素。在实际的教学过程中，教师要根据学生的实际情况，灵活地调整教材的使用策略，如适度地变更学习内容的顺序，调整学习进度等，以保证教材能够更好地贴合学生的实际学习水平和需要。因此，教材的结构设计既要具备明确性和科学性，也要保持一定的灵活性和开放性，给予教师足够的调整和创新空间。

4.能力维度

在大学英语教材开发的能力维度，教材的开发不仅需要围绕语言知识的展现和传达，更要着眼于如何引导和促进学生语言能力的实际运用和发展。能力的锻炼和提升并非出于对知识的简单掌握，而是需要在真实、具体的语境中得到反复的练习和运用。

（1）教材的设计应突出语言应用的实践性和情景性。这意味着教材的内容、活动和任务需紧密结合真实语境，让学生在使用语言的过程中自然而然地将知识转化为能力。例如，通过情景模拟、角色扮演等活动，使学生能在实际的交际中练习和运用所学的语言知识。

（2）不同的语言技能（听、说、读、写、译）都应在教材中得到均衡和充分的体现，并且每一种技能的训练都需要深入能力的各个层面，以确保学生在理解、表达、反应等各方面都得到有效的锻炼。这里的挑战在于如何创设合适的语言环境和任务，以引导学生在各种交际场合中灵活运用各类语言技能。

（3）教材还需要强调语言能力发展的连贯性和整体性。在教材的每个部分和每个环节中，不同语言技能的训练应相互关联、相互促进，以帮助学生在整体上形成一个协调、流畅的语言运用体系。教材应当鼓励学生在不同语言技能训练中发现和建立知识和能力之间的内在联系，从而更好地将知识转化为实际能力。

通过上述研究，大学英语教材在能力维度的开发将更加完善和深入，更好地服务于学生的语言学习和能力提升。

二、大学英语教材的立体化建设

在当下科技进步和信息化社会的背景下，大学英语教材的立体化建设显得至关重要，因为它能适应现代学习者多元化、多渠道的学习需求和习惯。立体化的教材不仅在传统文本的基础上提供了丰富的学习内容，还强调了多媒体和网络资源的整合，致力于为学生创造一个多维、立体、互动的学习环境。

（一）文本维度

在构建大学英语教材的文本维度上，深度和精确度是关键。教材的设计应当深入理解并准确运用知识结构和文化内容。这不仅包括语言的精确表达，更涉及文化交流和信息传递的深刻性。例如，教材中对文学作品的分析应深入探讨语言使用及其文化寓意，以此展现目标语言社会的历史和文化特征。通过这种深入的分析，学生可以更好地理解语言背后的文化背景，从而增强他们的语言学习和文化理解能力。因此，教材应以严谨的逻辑和清晰的知识层次来构建内容，确保学生能够在学习过程中得到系统而深入的知识和文化洞察。

当然，教材的广度同样重要。这意味着教材需要在保留目标语言原有文化底蕴的基础上，拓展文化视野，包含多元的文化内容和社会现象。这样的教材不仅展现了目标语言的多样性，还能提升其实用性和生动性。例如，包含不同地区、社会阶层、年龄段的语言表达和文化实践，可以让学生接触到更广泛的文化场景和社会环境。这种广泛的文化覆盖不仅增加了教材的趣味性和实用性,还有助于学生形成全面的语言和文化视角,为他们今后的学术和职业生涯打下坚实的基础。

大学英语教材的立体化建设还需要注重文化体验的全面性和立体性。这要求教材不仅仅提供文字和理论知识,还应包含丰富的实践活动和互动体验。通过模拟真实的语言使用场景,结合多媒体和交互式学习方法,教材可以更生动地展现语言和文化的应用。此外,引入真实的社会案例和文化事件,让学生在学习过程中直接接触目标语言社会的现实面貌,有助于他们更深入地理解和应用所学知识。通过这种多维度的文化和语言融合,教材能够为学生提供一种全面、立体的学习体验,从而有效提升他们的语言能力和文化理解力。

(二)多媒体维度

大学英语教材的多媒体维度是教学创新的重要组成部分,它极大地丰富了教学手段和学习体验。融入多媒体元素的教材不仅提供了多样化的表达方式,更重要的是,它创造了一个沉浸式的学习环境,使学生能够更加主动地参与到学习过程中。例如,通过使用视频、音频和互动软件,学生可以在模拟的语境中进行实际操作和交流,从而提高他们的语言实际应用能力。这种教学方式使得学习过程不仅限于传统的课堂讲授,而是变得更加生动和实际。学生通过实际参与和体验,能够更深刻地理解和掌握语言知识,这种互动和实践的学习方法对于提升学生的语言运用能力至关重要。

多媒体在教材中的应用还能增强教学的实用性和趣味性。通过设计贴近现实生活的场景,如情景对话和角色扮演,学生能够在更加真实的语境中练习英语。这种方法不仅增加了学习的趣味性,也提高了教材的实用价值。学生可以通过模拟的场景更好地理解语言在真实生活中的应用,从而提升他们的沟通能力和语言适应能力。多媒体的这种应用不仅限于教学内容的呈现,也包括教学方法的创新,使学生能够在更加多样和互动性高的环境中学习英语。

多媒体的可视化特性对于抽象概念的教学具有重要意义。利用图表、动画和其他可视化工具,教材可以将复杂的语言规则和文化概念以更加直观和易于理解的方式呈现给学生。例如,动画可以用来展示语法结构的构成,图表可以用来分析词汇的使用频率。这些直观的表现形式不仅帮助学生更快地理解和记忆语言知识,还能增强他们的学习兴趣。通过多媒体的可视化呈现,教材不仅提升了信息传递的效率,还提高了学生对语言学习的积极性和参与度。因此,在大学英语教材的立体化建设中,多媒体的运用是不可或缺的,它不仅提升了教材的质量,也极大地增强了学生的学习体验。

(三)网络维度

在大学英语教材的立体化建设中,网络维度的融入代表了教育技术的一大进步,为学生打开了新时代的学习大门。通过网络平台的建设和应用,学习活动得以突破传统教室的时空限制,为学生提供了更加灵活和广阔的学习空间。网络学习平台上丰富的资源,如电子书籍、在线课程、视频讲座等,使学生能够根据个人兴趣和学习需求,灵活选择学习材料和路径。这种学习方式的灵活性极大地提升了学生的自主学习能力,使他们能够在个性化的学习环境中更有效地掌握英语知识和技能。网络维度的引入,不仅仅是技术的应用,更是一种教育理念的更新,强调学生的主体地位和自主学习的重要性。

网络维度的拓展也促进了协同学习和交流的实现。网络技术,如在线讨论区、博客、视频会议等工具,为学生提供了即时互动和合作的平台。学生可以通过这些工具进行小组讨论、项目合作、意见交换等活动,从而在学习过程中培养团队合作精神和交流能力。这种协同学习的模式不仅加强了学生之间的互动,还使学习过程更加生动,从而提升了学习的效果和体验。网络平台上的交流和合作活动,使学生能够在实时互动的环境中共同探讨、解决问题,这不仅促进了知识的消化和吸收,还激发了学生的创新思维和实践能力。

网络维度的引入为大学英语教材的立体化建设提供了一个开放式的学习环境。在这个环境中,教师和学生可以跨越传统的教学界限,实现更有效的互动和指导。教师可以通过网络平台及时发布课程更新、提供辅导材料、进行在线评估,而学生则可以在平台上自由探索、学习和实践。这种开放式的学习环境不仅使教学内容更加丰富多样,还提高了教学的互动性和参与度。网络维度的融入,使大学英语教材不仅是知识的传递工具,更成为一个多元互动、共同成长的学习社区,为学生提供了一个更为全面和有效的语言学习环境。

第二节 "文化自信"视域下大学英语教学评价的改革与发展

一、教学评价的内涵与外延

(一)教学评价的内涵

教学评价作为教育学领域的一个核心概念,涉及对教学过程和结果的系统性分析和价值判断。其基本目的是通过各种方法和手段,对教学活动的有效性、效率和影响进行评估,以促进教学质量的提升和学生学习效果的改进。教学评价并不仅限于对学生学习成果的测量,而是一个更为全面和深入的过程,涵盖教学目标的设定、教学方法的选择、教学过程的实施以及教学结果的反馈和改进。在很多学者看来,评价不仅仅是一种认知活动,更是认知活动中的一种特殊情况,因为它能够将整个世界的价值揭示出来,并且对这个价值进行创新和建构。将评价应用到教学中就成了教学评价,对于教学评价,国内外学者给过以下三种观点。

(1)从传统的角度来看,教学评价经常被简化为教学测验,即通过测试学生的学习成绩来评估教学效果。然而,这种方法只关注结果,忽略了教学过程的复杂性和动态性,因此在一定程度上是片面的。更加全面的教学评价应当包括对教学内容、教学方法、教学媒介、学生参与度、教师表现以及学习环境等多个方面的评估。这种评价不仅是对教学效果的度量，也是对教学过程的质量保证和持续改进。

（2）教学评价还被视为一种专业判断。这意味着评价不仅仅是收集数据和信息，更是对这些信息进行分析、解释和应用的过程。教育工作者需要根据教学评价的结果做出合理的决策，以改善教学实践和提高学生学习成效。在这个过程中，教学评价应当基于明确的标准和目标，既包括对学生学习成果的评价，也包括对教学策略和教学环境的评价。

（3）还有学者认为教学评价是一个系统性的历程，涉及对教学相关资料的搜寻、分析和应用。这种系统性不仅体现在评价的全面性上，也体现在评价的连续性和动态性上。教学评价应当贯穿于教学活动的整个过程，而不仅仅是在教学结束时进行。通过这种持续和动态的评价，教师和学生可以及时获取反馈，从而在教学过程中不断调整和优化，最终实现教学目标。

对于上述三种观点，不得不说对教学评价研究产生了一定的意义，但是其中有些观点是失之偏颇的，存在一定的片面性。

（二）教学评价的特点

由于教学涉及多个因素，各种变量及相互关系使教学变得更加复杂，因此为了认识其规律，在了解内涵、内容等方面的基础上，还需要了解其自身的特点。当然，作为一种特殊的教学现象，教学评价也不例外。下面就具体分析教学评价的特点。

1.以教师为主导

教学评价虽以学生为核心，但教师在其中扮演着关键角色。教师在评价过程中拥有重要的决策权，包括评价内容的设定、评价方法的选择，以及对反馈信息的分析和应用。教师的这些决策直接影响评价的效果和质量。实际上，教学评价在很大程度上是在教师的引导和管理下进行的，他们对评价过程的质量和效果负有直接责任。

2. 以学生为中心

尽管教师在评价过程中发挥着关键作用，但教学评价的最终目标是提升学生的学习成效。通过收集和分析教师和学生的反馈信息，评价关注学生的学习状态和进步。评价结果帮助教师调整后续教学策略，以更好地满足学生的学习需求。因此，教学评价本质上以学生的学习进步和成就为中心。

3. 具有特定性

教学评价具有高度的特定性，因为它针对的是特定的教师群体、学生群体和教学内容。不同班级的学生特点、课程内容和教学环境都会影响评价的设定和执行。因此，在实施教学评价时，必须考虑到这些因素，确保评价方案适应于特定的教学场景和学生需求。

4. 具有连续性

教学评价是一个持续的过程，而非一次性或间歇性的活动。为了确保教学方法和内容的有效性，教师通常会在一次评价之后继续进行多次评价，形成连续的反馈循环。通过反复评价，教师能够根据学生的反馈和学习效果调整教学策略，从而不断提高教学质量和学生的学习效率。这种连续性是提高教学和学习效果的关键。

此外，教学评价的连续性还体现在一系列连续的步骤上。一般来说，教学评价包含了以下七大步骤。

（1）确定评价对象、评价类型。

（2）明确评价目标、评价内容。

（3）制定评价指标。

（4）实施评价、收集评价资料。

（5）处理评价资料。

（6）做出评价结论。

（7）制定改善对策。

这七大步骤是按照顺序进行的，是具有连续性的，缺少了其中任何一个，教学评价都很难完成，并且完成这七大步骤后，评价会在更高目标层次上循环。

5.具有选择性

教学评价不仅仅是一个评估过程，更是一个关于选择的过程。在进行评价时，教师需要区分教学中的优势和劣势，对表现良好的部分给予肯定和鼓励，而对表现不足的部分则需进行深入分析和相应的改进。这种对教学效果的优劣判断本身就是一种选择。同时，在评价方法的选择上，教学评价也需要灵活多变。评价方式应根据教学的具体环境、学生的特点和需求来选择，以确保评价的准确性和有效性，避免因方法选择不当而导致的评价误差。

6.具有统一性

在教学评价过程中，评价者和被评价者之间存在着一种统一和协调的关系。首先，评价者（通常是教师）和被评价者（学生）在追求的教学目标上是一致的。他们共同努力以达成教学目标，确保教学活动的有效性。此外，评价过程也应体现评价者与被评价者在教学过程中的统一。这意味着评价不应将教师和学生对立开来，而是应视为一个整体，共同参与教学过程。这种统一性强调了评价活动的协作性，教师和学生应共同参与评价过程，互相学习，共同进步。

（三）教学评价的内容

范晓玲在《教学评价论》一书中给出了这样一个观点，"教学评价包含三大要素：评价者、评价对象、评价过程"。这些要素不仅对评价结果起决定作用，对评价内容也起决定作用。基于这三大要素，可以将教学评价的内容分为五大类：教师评价、学生评价、课程评价、教学过程评价、教学管理评价。下面对这五点逐一进行说明。

1.教师评价

在教学过程中，教师占据着主导地位。教师素质的高低对教学效果、学生的健康成长等有着直接的影响。因此，教师素质评价是确保教学质量和促进学生发展的重要环节。这种评价综合考量教师在教学实践中的表现,如教学方法、成果、研究及经验。同时,评估教师的专业能力,特别是独立进行教学活动和完成教学任务的能力。教师的政治和伦理素质也是评价的一部分,涉及工作态度、法律法规的遵守、教育者的角色意识以及政治理论水平。此外,还关注教师的持续发展能力,包括自我发展潜力、学习新方法和理论的能力,以及自我学习能力。这样全面的评价机制,旨在促进教师的全方位发展,从而提高整体教学质量。

2.学生评价

教学评价的核心在于从设定的教学目标出发,全面审视学生的学习成就和当前学习状态。随着社会的快速进步和对人才素质要求的提升,学生评价已经超越了单纯的学业评估,扩展到了学力评价和品德与人格评价。这标志着从传统的单一学业评价向全面的学生综合素质评价的转变。接下来,本书将对这三个关键领域的学生评价进行详细探讨。

(1)学业评价是学生评价体系中最基础和传统的部分,它根据课程标准设定的学习目标和内容,对学生的学习过程和成果进行衡量。这种评价主要依赖于各种测量方法,因为这些方法能够有效地反映学生在学习过程中的表现和取得的成果,从而对学生的学术表现做出准确的价值判断。

(2)学力评价是对学生学术能力的深入评估,关注学生在学业方面的成就,包括他们所获得的知识水平、技能掌握程度以及学习潜能。这种评价的目的是多方面的:第一,它有助于识别学生的学习能力和个体间的差异;第二,它能为教师提供实现教育目标的重要参考;第三,该评价还能促进学生综合能力的培养。学力评价不仅对学生自我认知和元认知能力的发展至关重要,而且为教师的教学方法提供反馈。评价手段多样,包括实验法、观察法、评定法等,其中智力测验和标准学力测试是最常用的方法。

(3)品德与人格评价是对学生在道德和个性方面的成长进行评价的重要部分。教师不仅负责传授知识,还应关注学生的品德教育和个性发展。这种评价着重于分析教学内容的思想性和科学性对学生品德和人格的影响。通过这种评价，教师可以更好地理解和指导学生的个性发展，同时也能促进学生在社交、情感以及价值观方面的成长。这种评价通常涉及对学生在校园文化、社交互动和社会责任感等方面的观察和分析。

3.课程评价

科学、有效、合理的课程设置有助于提高教与学的质量，因此对课程进行评价也必然是教学评价的重要部分。课程评价主要评价课程的价值与功能，但为了提升课程评价的质量，需要对以下三种评价模式有所了解。

（1）行为目标评价模式。该模式由泰勒提出，强调以预设的教学目标为核心来组织教学活动和评价工作。这种模式认为，教学活动的成功与否取决于实现这些预定目标的程度，并通过目标的实现情况反馈来优化教学过程。

（2）决策导向评价模式，或称为 CIPP 模式。该模式由斯塔弗尔比姆（Stufflebeam）提出，是一个以决策为中心的综合评价框架。这种模式结合了背景、输入、过程和结果，不仅评价教学目标的实现，还将目标本身纳入评价范畴。

（3）目标游离评价模式，或称为无目标模式。该模式由斯克里文（Scriven）基于对行为目标模式的批判提出。此模式旨在减少评价中的主观性，不将预定的活动目标告知评价者，从而确保评价过程不受这些目标的影响。

4.教学过程评价

在当前的大学教学中，大多数教学评价都侧重于教学结果、学生的学习成绩，却忽视对学生在整个学习过程中整体的评价。基于此，学者从形成性评价中延伸出了一种新的评价——对教学过程的评价。一般来说，教学过程评价可以从两个层面分析：一是对教学过程的系统性评价；二是对教学过程各个环节的评价。

（1）对教学过程的系统性评价。教学过程的系统性评价侧重于对单个课时或章节内教学目标和内容的全面分析与评价。这种评价涵盖了课前准备、课堂教学、课后作业等整个教学周期，重点在于审视教学过程的连贯性和完整性。换言之，尽管它包括对教学环节和活动的评估，但主要关注的是教学过程的系统完整性。

（2）对教学过程各个环节的评价。对教学过程中各个环节的评价则专注于教学过程中的各个具体环节，如课前准备、课堂互动、课后练习以及课外学习。这种评价的目的是确保教师对每个环节都进行细致的规划和管理，从而使每一部分的教学活动更加富有成效和意义。

5.教学管理评价

教学管理评价是教学工作的关键环节，它通过对教学流程和成果的系统评价，指导和完善教学活动。这种评价不仅基于教学本身的规律和特性，而且涉及教学活动的各个方面，包括计划、组织、控制和监督。

在教学管理评价中，评价的内容主要分为两大部分。一方面，它涵盖了对教学课堂管理的评价，这包括课堂的组织、教学方法的应用、学生参与度的监测等方面。另一方面，它也涉及对学校及其下属单位教务管理的评价，这包括教学资源的配置、教师队伍的管理、课程安排和学生服务等。此外，教学管理评价的指标需具备科学性和合理性，确保评价结果的有效性和准确性。这些指标包括但不限于教学计划的制定和实施、教学规章的遵守、教学过程的检查以及教务工作的执行情况。

二、大学英语教学评价的内涵

大学英语教学评价，作为教育评价的一个分支，具有独特的内涵和学科特点。

（1）它是对大学英语教学过程及其成果的系统性分析和价值判断。这种评价不仅关注学生的语言技能掌握程度，如听、说、读、写能力，还涵盖了学生对英语文化的理解、跨文化交际能力的发展，以及批判性思维和解决问题的能力。这意味着，大学英语教学评价不仅仅是对学生考试成绩的评估，而是一个更全面、深入的评价过程，包括对教学目标的设定、教学内容的选择、教学方法的实施、课堂互动的效果及教学结果的反馈和改进等方面的综合考量。

（2）大学英语教学评价体现了特定的学科特点。在评价内容上，它注重学生的语言实际运用能力，包括语言的流利度、准确性、适切性等。同时，评价还关注学生在文化理解、语言策略运用、自主学习能力等方面的发展。在评价方式上，除了传统的笔试、口试外，越来越多地采用项目作业、口头报告、小组讨论等形式，以考查学生的实际语言应用和交际能力。这些评价方式的多样化，不仅提高了评价的准确性和公正性，也鼓励学生在真实或模拟的交际场景中运用英语，从而促进其语言能力的提高。

（3）大学英语教学评价还强调反思和改进。通过对教学过程的持续观察和评价，教师可以获得关于教学方法有效性的反馈，进而调整和优化教学策略。同时，学生也可以通过评价了解自身的学习成效和不足之处，进而改进学习方法和策略。这种双向的、持续的评价过程有助于提高教学效果，促进学生的语言技能和综合素质的全面发展。因此，大学英语教学评价不仅是一种评量工具，更是促进教学和学习改进的重要手段。

三、大学英语教学评价改革的必要性

现阶段，各个学科的教学改革正在如火如荼地进行着，大学英语教学也不例外；教学评价作为教学的重要组成部分，自然也是教学改革的关键环节之一。具体分析，之所以要进行大学英语教学评价的改革创新，主要是出于两个方面的原因，一方面是大学英语教学评价对英语教师的教学工作和专业发展具有重要的意义，另一方面是因为大学英语教学评价对学生的全面发展意义重大，具体分析如下。

（一）对英语教师的意义

1.搜集学生反馈，改进教学计划

在教学过程中，及时搜集必要的反馈信息对于英语教师而言具有重要意义。搜集学生反馈不仅仅是为了了解他们的学习情况，更是一种对教学效果的检验和对未来教学路径的规划。学生反馈这一环节将教师与学生的关系从传统的单向传递变为双向互动,从而增强了教学的针对性和实效性。在这个交流的过程中,教师能够深刻理解到学生在学习过程中遇到的难题,从而能够在接下来的教学中为学生量身定做更为合适的学习策略。此外,学生反馈也成为教师反思自己教学方法和手段的重要依据,让教师能在日后的教学中不断创新和完善。

改进教学计划这一环节实际上是对学生反馈的具体应用和实施。它体现的不仅仅是教师对学生学习状况的关注,更是对学生学习发展的负责。教学计划的调整应基于前期的反馈分析,对存在的问题给出具体、可操作的解决方案,这可能涉及教学方法、内容、策略等多个方面的变革。教师在这个过程中需要发挥出教育者的专业性和创新性,不断尝试新的教学手段以适应学生的学习需求。举例来说,当发现学生在阅读理解方面的能力有所欠缺时,教师可以在日后的教学中增加与阅读理解相关的内容和训练,尤其是针对学生所暴露出的问题,应设计相应的训练内容和教学方法。

2.提高教学技艺,强化教学效果

大学英语教学评价改革对教师而言,具有深远的价值,尤其体现在教学技艺的提升和教学效果的强化方面。在评价改革的推动下,教师能够获得一个更为广阔的视角去审视和提炼自身的教学能力,而非仅仅停留在传统的知识传授层面。这个广阔的视角囊括了对学生学习过程的观察、学生学习需求的解析以及对教学方法有效性的反思。

在教学评价改革中,教师与学生之间的交流变得更为紧密和多维。学生通过参与更多的互动和反馈,无形中成为教师教学方法完善的协助者。他们的反馈不仅揭示了教师在课堂组织和互动中的亮点和不足,同时也向教师展示了他们的学习需求和期待。因此,这种基于学生反馈的教学方法的反思和优化,实质上是一种深度的教学自我修养过程。教师在这一过程中,不断审视并调整自己的教学理念、方法和策略,以更精准地贴合学生的学习发展轨迹。

而教学效果的提升也成为评价改革所带来的另一显著收益。在这样一个多元化的评价体系下，教师逐渐将教学焦点由简单的知识传授转向了学生能力的全方位提升。这意味着教师开始更多关注学生的实际应用能力、创新能力、批判性思维能力等的培养，而不仅仅是知识点的掌握程度。当教师更多关注和投入这些能力的培养中，教学的内涵和宽度将得到极大的拓展。而学生也将在这样的教学过程中，得到更为丰富和深刻的学习体验和能力锻炼，从而极大提升英语应用能力的发展。

3.维护师生关系，优化教学氛围

大学英语教学评价在维护和强化教师与学生之间的关系，以及优化教学氛围方面扮演着至关重要的角色。具体来说，当教师在课堂实践中实施了一套合理而具有针对性的教学评价体系时，他们不仅能深入了解学生在英语学习过程中的各种想法、困惑和需要，而且能及时感知学生在学习过程中的情感变化和心理状态。这种来自学生方面的直接反馈无疑是宝贵的，因为它使教师能够准确把握每个学生的学习特点和需求，进而调整和优化教学方法，实施更加个性化和精准的教学策略。

一个积极、健康、和谐的学习环境不仅可以激发和保持学生学习英语的兴趣和热情，还可以在潜移默化中培养他们的自主学习能力、合作精神和解决问题的能力。当学生感知到他们的声音和需求得到了教师的充分重视和尊重时，他们更愿意积极参与到课堂互动中来，更愿意分享自己的观点和感受，这样的教学互动也会反过来给教师提供更多关于学生学习状况的第一手资料，形成一种良性的师生互动和教学反馈循环。

正是基于这样的理解和实践，教师能够通过一系列教学评价活动，比如课堂小测、互评、自评和教学反思等，不断完善自己的教学设计，精细化教学环节，进而使得英语教学活动更加符合学生的实际需求和认知特点，更有助于提升他们的语言综合运用能力和跨文化交际能力。在这一过程中，师生关系的和谐与亲近无疑会为实现教学目标提供强大的心理和情感支持。

4. 累积教学智慧，推动教学探索

英语教学评价机制在推动教师积累宝贵的教学经验及促进深入的教学研究中发挥着至关重要的作用。通过系统的教学评价，教师得以接触到一手的教学数据和反馈，这些信息不仅体现在学生的学习成效上，还反映在教学方法的实施效果与学生学习行为的变化上。这种丰富的教学数据为教师提供了一个实证基础，能够帮助教师更加精确地分析和理解各种教学策略和方法在具体教学过程中的运作机制及其效果。

当教师在教学实践中关注并分析这些评价数据时，他们能够逐渐积累并提炼出一套符合自己教学特色和学生需求的教学方法体系。这不仅有助于提升教师在日常教学中的教学能力和教学效果，更为他们未来的教学设计和改进提供了一种可靠的依据。因此，教学评价在促进教师积累教学经验方面具有不可替代的作用。

此外，教学评价还在激发教师进行教学创新和推动教学研究方面发挥着关键性的作用。当教师在评价过程中发现自己教学中存在的问题和不足时，他们通常会产生对教学进行改进和创新的强烈愿望。教学评价结果往往能够激发教师对教学方法进行反思和批判，从而推动教师在教学方法和策略上进行不断的尝试和创新。这种对教学的不断探索和尝试，有助于推动教学理论的发展，也有利于提升教育教学的整体水平。

（二）对大学生的意义

1. 发现自身不足，及时进行改进

英语教学评价对大学生的重要意义首先体现在帮助学生发现自身的不足并及时进行改进上。通过对课堂教学、课后作业、考试等方面的评价，学生可以更清晰地了解自己在英语学习中的薄弱环节和需要加强的领域。这种自我评估有助于学生及时调整学习策略，查漏补缺，从而提高学习效果。同时，教学评价还可以让学生了解到哪些学习方法和策略对自己更有帮助，从而进行有针对性的学习方法改进，提高学习效率。

2. 了解学习过程，改进学习方法

英语教学评价对于大学生了解学习过程和改进学习方法具有重要意义。通过对课堂参与、课后练习、小组讨论等方面的评价，学生可以了解到自己在学习过程中的表现，进而分析自己在学习程序上的优点和不足，这也有助于学生根据自身特点调整学习方法，使其更符合自己的实际需求。同时，教学评价还可以让学生对比不同的学习方法和策略，找到适合自己的最佳学习方式，从而更有效地提高英语水平。

3. 了解学习成就，获得学习动力

英语教学评价对于大学生了解学习成就和获得学习动力也具有重要作用。通过对学生的学习成果进行评价，学生可以清楚地了解到自己在英语学习中取得的进步和成就。这种认可和肯定有助于激发学生的学习动力和自信心，从而更加积极地投入英语学习中。而一个积极的学习态度对于学生的英语学习具有积极的促进作用，有利于提高学生学习的积极性和主动性，从而提高学生的英语学习成绩。

二、大学英语教学评价改革的内容与方法

英语教学评价不仅体现了高等教育英语教学的核心目标和内涵，而且文化评价亦在揭示大学英语文化教学的宗旨和内核方面扮演着关键角色。在现阶段，文化评价在文化自信的大背景下成为大学英语教学环节中的弱势区域，并且被认为是一个棘手的问题，其根本原因主要可归纳为两个方面。一方面，缺乏一套能够与实际文化能力产生关联，且可以被明确观察和分析的教学目标体系。另一方面，在传统的大学英语教学评价中，其理念和方法往往显得过于陈旧和需要刷新。

在这一语境下，对文化自信视野下大学英语教学评价的深入分析显得至关重要。理解文化评价的重要性和面临的挑战，依赖于全面解析文化教学与语言教学的交融关系。文化不仅是语言教学的背景，也是语言教学的目标，尤其是在当前国际化和多元文化的语境下。文化评价因此成为衡量学生文化理解和交际能力的关键因素，同时也是激发其跨文化

交流兴趣和能力的重要途径。

（一）大学英语教学评价改革的内容

1.评价文化意识的培养

文化意识在大学英语教学评价中占有至关重要的地位，原因在于它不仅能推动学生认识和理解他国文化，更能在相互交流中充分展现出对本国文化的理解和自信。培养学生的文化意识就是培养学生在全球多元文化交际的舞台上，以开阔的视野和包容的心态去理解、尊重和欣赏不同文化的多样性和独特性。在这个意义上，文化意识评价是大学英语教学评价中一个不可忽视的维度。

2.评价文化知识的掌握

在文化自信的视域之下，文化知识的评价也成为大学英语教学评价的关键构成之一，这体现在两个明确的方向上。一方面，它涉及交流双方在社交领域内的社会文化知识的理解和应用。另一方面，它与交流双方在沟通进程中必须调动的、用于把握和导航交际路径的社会文化规则知识密切相关。而在实际交际中，文化知识的掌握和运用直接关系到交流的效率和效果，学生需要对参与交流的各方的文化背景和交流规则有充分的了解和掌握，这不仅有助于更有效地传达信息，更在无形中弘扬和传播本国文化。

3.评价文化技能的应用

在文化自信的理论视野下，文化技能应用的评估在大学英语教学评价的实施中占据了不可替代的位置，这涵盖了两个方面的内容。一方面，是学生对两种或更多文化进行理解和解释的能力；另一方面，是学生在发现新的信息，并在交际场合中灵活运用这些信息的技能。也就是说，学生需要被引导和鼓励在真实的交际场合中灵活运用文化知识和技能，展现他们在理解和运用不同文化元素上的能力和自信。而教学评价体系也需进行相应的改革和创新，以更科学、客观和全面的方式衡量和反映学生的文化学习和交际能力，促进他们在跨文化交际的实践中不断完善和提高自己的文化交流和协调能力。

（二）大学英语教学评价改革的方法

1. 文化意识评价的方法

对文化意识的评价主要可以采用以下几种方法。

（1）"社会距离"量表。在文化自信视域下，考虑到文化背景的多样性和不同，社会心理距离的差异显得尤为关键。社会距离量表通过衡量和定量化不同文化背景的个体或群体之间在社会心理层面上的距离感，来深入理解其对跨文化交际的影响。举例来说，在国际学术交流中，来自东西方不同文化背景的学者或学生可能在价值观、沟通风格等方面存在较大差异。社会距离量表能够帮助我们理解这些差异如何影响个体在交流过程中的舒适度、认同感和沟通效率。进一步的，教师可以依据这种评价来调整教学方法和策略，减少由文化差异带来的沟通障碍，提升教学效果。

（2）问卷评价。文化自信视域中的问卷评价，尤其注重对学生自尊心的考察，旨在理解和挖掘学生在面对不同文化内容和交流环境时的心理状态和反应。例如，一项关于"东西方文化对学生自我认知影响的问卷调查"可能包含一系列问题，旨在探讨学生在吸收不同文化元素时，对自身认同的感知和改变。这不仅帮助教师深入了解学生在学习过程中的情感和心理变化，而且可以作为调整教学内容和方法的重要参考，使之更加贴近学生的实际需求和心理状态，从而在提升学生学习效果的同时，也增强其文化自信。

（3）单一文化态度评价。单一文化态度评价，由格赖斯（Grice）提出，是一种聚焦于测评个体对于特定文化态度的方法。例如，如果在一个针对英语学习者的环境中实施，受试者可能会面对一系列描述英美文化的陈述或情景，要求其基于自身的认知和体验进行评判。这种评价方法能够深入剖析学生对特定文化的认知和态度，如对西方文化价值观、生活方式的认同度和接受程度等。进一步，在教学实践中，教师可以根据学生的文化态度反馈调整教学内容，强化或者拓宽某些文化主题的探讨，进而引导学生在更宽阔的视域下，审视和理解不同文化，加强其文化自信和跨文化沟通能力。

2.文化知识和技能评价的方法

上面分析了文化意识的评价方式，下面就来分析文化知识与文化技能这两个方面的评价方式。

（1）评价语言运用和社会变量。在跨文化交际过程中，个体的言语和行为频繁地受到诸如年龄、性别等社会变量的影响和制约。从文化自信的角度出发，对语言与社会变量交互效应的理解和应用不仅仅是对交际效果的优化，更是在建构和提升文化自信的过程中对个体的社会文化适应能力的锤炼。例如，在英美文化的交流场合中，通过理解年轻一代在价值观、语言表达、沟通方式等方面与老一代的不同，学生能够更为精准地与不同年龄层的交流对象建立起有效的沟通桥梁。在此基础上，大学英语教学评价需要深刻挖掘并充分考量这些社会变量对语言运用的深层影响，以便在教学过程中引导学生更为主动地了解、尊重和利用这些变量，从而在实际交际中更加自如、自信。

（2）评价和分析文化观点。在文化自信视域下评价和分析学生对英语国家文化的观点，是开展文化知识与技能评估的有效方法。文化自信在这里表现为学生在面对外来文化或与之相悖的文化观点时，能够保持一种理性的批判态度和基于自身文化认知的判断能力。具体到题目实施上，例如："评价10个用英语给出的对德国文化做出的概括"的任务要求学生在一定的时间要求下，运用自身的文化知识和分析能力，对文化观点进行评判，并在必要的时候提出驳斥或补充的依据。在文化自信视域下，这样的评价方法要求学生不仅要具备扎实的文化知识基础，还需要有在面对不同或相悖的文化观点时保持自身文化立场的能力。此外，通过多种形式的考核（如填空、判断、选择和主观题等），不仅检验学生的文化知识掌握情况，更是在潜移默化中锻炼其文化判断与应对能力，进一步增强其在跨文化交际中的文化自信。

第三节 "文化自信"视域下大学英语教学的 发展趋势

一、大学英语教学发展的现实需求

(一)个人需求

在当前社会的大环境下,大学英语教学不仅仅是为了学科的学习,更是为了培养学生在国际化背景下的跨文化交际能力。然而,从一系列的调查数据中不难发现,一些学生对现行的大学英语教学体系存在不满意的情绪,这其中包括对英语能力的无明显提升以及教学内容与实际需求的脱节问题。这不禁引发了人们对现行大学英语教学模式的深刻反思。

现阶段,大学英语教学正在经历一个由传统应试教育向能力培养转变的过程。学生对于英语学习的需求已经从单一的应试能力转变为更加实用和多元的交流能力。他们希望学习的内容能够紧跟时代的步伐,拥有更强的实用性和时代感,这样的学习能够帮助他们更好地融入社会,更好地与来自不同文化背景的人沟通交流。而这一转变正与文化自信的理念紧密相连,即在全球交流中,不仅要理解和尊重其他文化,更要有能力表达和传播本土文化。

(二)社会需求

在国际化加速推进的背景下,中国大学英语教学所面临的社会需求变得日益复杂且富有挑战性。首要的问题在于高端外语人才的严重短缺,尽管国内大规模的英语学习浪潮席卷各年龄段的人群,但在专业、高效的英语应用领域,英语教学仍显力不从心,还不能满足这些领域的英语人才需求。例如,科学研究、国际交流、商业谈判等高端场合特别需要具备良好英语交流能力的人才,这些场合不仅要求英语人才具备优秀的语言表达与理解能力,更要求其在专业领域具有良好的造诣。

在当前的国际化市场中，简单的语言交流已远远不够，人们更加看重英语人才能否在特定专业领域与国际专业人士进行深入的、高效的沟通。这样的沟通并不仅仅是语言文字的交换，更是文化、方法论和专业知识的碰撞与交融。再者，面对现实社会的快速迭代，大学英语教学发展所面对的社会需求也在发生着微妙的变化。例如，在科技、经济、社会文化等多个领域，新的专业术语、新的表达方式以及新的交流模式不断涌现，这要求即便是高端的外语人才也需要不断更新其知识体系，保持与国际最新的专业发展同步。

（三）国家需求

在激流涌动的国际化语境中，大学英语教学发展所体现的国家需求包含着多层面的理念与追求，涉及文化传承与国际文化交流的多维度拓展。显而易见的是，保护和发扬传统文化的需求迅速升温。传统文化，作为一个国家、一个民族的精神支柱和价值底色，其延续与发展成为塑造国家文化软实力的基石。在大学英语教学中，如何充分体现中华传统文化的精神内涵和价值取向，如何使之与英语这一国际通用语言的教学相得益彰，以便在日常的语言实践中传递中华文化，成为一个值得深入探讨的议题。

面对全球的文化熔炉，积极吸纳和理解国际先进文化的需求也日渐凸显。英语，作为世界上最广泛使用的语言之一，其背后所承载的西方文化、价值观以及多样的思想流派对我国英语学习者来说，是一个巨大的、不可忽视的知识海洋。如何在大学英语教学中实现对这些文化与价值观的科学、客观的解读，如何在提高语言应用能力的同时，让学生在跨文化交际中展现出包容而理智的国际视野，同样是一项重要的需求。此外，随着中国在世界舞台上的作用逐渐增强，如何将中国故事、中国智慧通过英语更加深刻和广泛地传达给世界，让世界更好地理解中国，也成为国家在大学英语教学中亟待满足的需求。这一需求并非单纯的语言技能输出，而是文化、价值观、发展理念等多方面信息的复合输出。

二、大学英语教学的改革方向

在分析我国大学英语教学的改革方向时，首先需要洞察出一个核心问题——大学英语教学在目前的体制下如何实现与社会发展的同步。在大学阶段的英语教育中，对基础知识的强调与后续学习阶段英语应用能力的提升似乎出现了某种程度的脱节，尤其在信息时代、国际化背景下，跨文化交际的能力以及专业领域内的英语应用技能变得尤为关键。在此背景下，大学英语教学被赋予了复杂多变的使命：在保障学生基础英语能力磨炼的基础上，更需要在更为复杂的学科领域、社会实践中找到其适用的、有机的衔接点。例如，如何确保学生在高中阶段所获得的英语基础知识得到深化和拓宽，进而在更专业、更实际的领域中得到应用，是大学英语教学亟待解决的问题。

对于多数学科来说，英语不仅仅是一门学科，更是一种工具，是进入更广阔知识领域的钥匙。在全球科研合作日益加强的今天，英语水平在一定程度上决定了一个国家科研的竞争力。因此，英语教学的实用性，尤其是科研英语能力的培养，成为我国英语教育的重要方向。如何实现学生从基础英语学习到专业英语应用的过渡，使他们不仅仅满足于应对各类英语测试，更能在实际的专业领域中游刃有余地使用英语，成为一名国际化的专业人才，是摆在英语教育者面前的一大问题。

再者，大学英语教学改革方向亦需关照到多元化与多层次的英语教育体系构建。在对学生进行英语教育的过程中，教育者要充分认识到学生的差异性，根据不同学生的基础与兴趣，提供相应层次、领域的英语学习路径。这不仅仅体现在教育的公平性上，更体现在英语教育的效率与效果，以及如何更好地满足社会对英语人才的多元需求上。

三、大学英语教学的未来发展之路

大学英语教学的未来发展之路包括以下四方面，如图 8-1 所示。

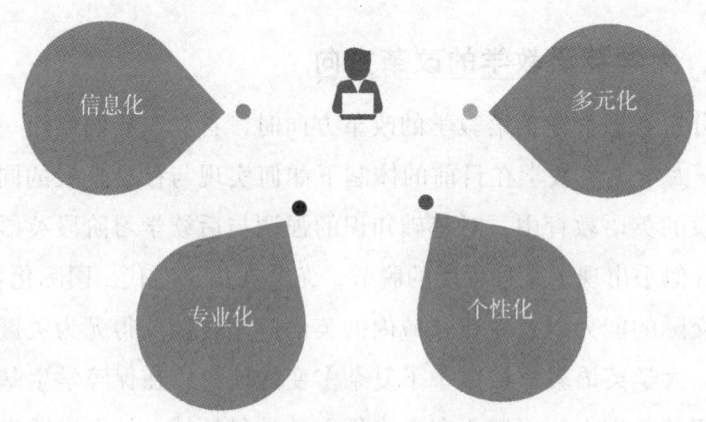

图 8-1　大学英语教学的未来发展之路

（一）多元化

在国际化浸润的大背景下，大学英语教学的多元化体现在语言教学内容、方法和目标的多样性上。首先，从文化自信的角度，教育者将中华文化的元素和特色融入英语教学，不仅可以促进中国学生更好地理解和传播本土文化，还可以借助英语这一全球通用的语言载体，推广和宣传中华文化。此外，多元化还涵盖了对不同学科背景、不同兴趣爱好和不同职业方向学生的多样化教学需求。例如，针对理工科、人文社科、艺术体育等不同专业的学生，提供与其专业紧密结合的英语学习内容，将英语作为通识教育的一个部分，服务于学生的专业学科学习，培养其国际化的专业素养。

（二）个性化

个性化教学强调对每一个学生独特性的关注和尊重，这不仅是对学生学习兴趣和学习风格的尊重，也是教育公平的体现。在大学英语教学中，尤其要关注如何结合每个学生的特征和需求，制订合适的教学计划和学习路径。在文化自信的内涵中，大学英语教学追求的是中华文化的传承与发扬。在英语教学中，可以通过挖掘中华文化中与英语学习相关的内容,为学生提供丰富而精彩的文化体验和实践机会。例如,通过探讨中国的传统节日、风俗、历史故事、文学艺术等内容,使得英语学习不仅仅是语言技能的学习,更是一种文化的体验和传播。

(三)专业化

专业化主要聚焦于英语教学与其他学科专业的深度融合,目标是使学生在学习英语的同时,能将其应用于专业学习和未来职业发展中。例如,法学专业的学生在学习英语时,侧重于法律英语的学习,工程学专业的学生则更注重学习工程技术方面的英语表达。这种专业化的英语学习使得英语教学不再是孤立的语言学习,而是与专业知识、专业技能的学习深度融合,增强了英语学习的目的性和实用性。同时,专业化的英语教学也要着眼于中华文化的特色和价值的传播,在全球视野下的专业交流中,让中国元素和中国智慧能够得到充分的展现和分享。

(四)信息化

在 21 世纪的信息化浪潮中,大学英语教学的未来发展道路逐渐变得清晰而具有前瞻性。信息化不仅仅体现为教学手段的现代化和数字化,更在于如何将丰富的信息资源与英语教学有机结合,实现信息技术与英语教育内容的深度融合,进而全面提升英语教学的质量和效率。

(1)信息化的英语教学能更有效地整合各类教学资源,提供更为个性化的学习体验。通过利用大数据和人工智能技术,可以精准分析每位学生的学习需求和特点,定制符合其个性化需求的学习路径和内容,从而极大地提升学习的针对性和效率。信息化教学平台能够为学生提供更多元的学习资源和更灵活的学习模式,帮助他们突破时间和空间的限制,开展自主学习和协同学习。

(2)通过信息化,英语教学能够更好地拓宽文化视野,增强文化自信。在国际化的大背景下,英语不仅是一种语言工具,更是一种文化的载体。信息化教学能够将世界各地的英语文化引入教室,帮助学生开阔国际视野，增进对不同文化的理解和尊重。而在此基础上，我们可以有意识地将中华优秀传统文化融入英语教学中，通过英语这一国际通用的语言，向世界展示中国文化的魅力和价值，增强学生的文化自信和民族自豪感。这不仅有助于提升中国文化的国际影响力，也将促进中外文化的交流和融合。

（3）信息化也能够更好地促进教育公平，实现高质量的教学。通过网络平台，我们能够打破地域的限制，将优质的教学资源传递到每一个需要的学生手中，缩小不同地区、不同学校之间的教育差距。无论是城市还是农村，无论是一线城市还是欠发达地区，每一个学生都能享受到相同的高品质的英语学习资源和教学服务，实现真正意义上的教育公平。

参考文献

[1] 秦盼泓.文化自信视域下大学英语教学的策略与路径 [M].北京：中国书籍出版社，2021.

[2] 张雪莉.文化自信视角下英语教学中跨文化交际能力培养路径探索 [M].北京：九州出版社，2020.

[3] 苏芹.当代大学英语教育背景下中国 EFL 学习者文化自信培育研究 [M].北京：九州出版社，2021.

[4] 张健望.跨文化交际英语教学与研究 [M].北京：冶金工业出版社，2019.

[5] 李海超.探索与实践 中国传统文化与高中英语教学的融合 [M].兰州：甘肃文化出版社，2021.

[6] 康静雯，黄婧，李伟.大学英语课程教学设计与实践 [M].北京：中国纺织出版社，2022.

[7] 蔺蕴洲，史雨红.大学英语文化教学理论阐释及创新视角研究 [M].长春：吉林大学出版社，2020.

[8] 王琳琳，穆海博，李晓婧.文化自信背景下大学英语教学中的中国传统文化渗透研究 [M].北京：中国纺织出版社，2019.

[9] 刘文媛.跨文化交际视域下文化自信的培养 [M].天津：天津大学出版社，2019.

[10] 朱光好.中国文化与大学英语教育融合研究 [M].北京：北京交通大学出版社，2020.

[11] 张彦，杨思远.文化自信自强的主体性阐释 [J].浙江学刊，2023（5）：

40–47.

[12] 麻艳香,王晨,蔡中宏.新时代大学文化涵育文化自信的价值观教育理路 [J].兰州交通大学学报,2023,42(4):138–144.

[13] 郑林.论文化自信及其建构路径 [J].皖西学院学报,2023,39(4):62–66.

[14] 张臻.文化自信历史考察及其对青年的启示 [J].中国报业,2023(14):254–256.

[15] 张博,王海亮.高校思想政治教育中文化自信的生成逻辑与培育路径 [J].黑龙江高教研究,2022,40(12):28–32.

[16] 鞠朝希.大学英语教育中学生文化自信的培育探索 [J].湖北开放职业学院学报,2022,35(21):188–190.

[17] 王军.新课标下"文化自信"的多维细读与实施路径 [J].教育科学论坛,2022(31):34–36.

[18] 陆清泉.高职英语课堂中文化自信培养现状与归因研究 [J].湖北开放职业学院学报,2022,35(20):175–176,179.

[19] 祖艳凤,李孟.文化自信视域下大学英语课程思政实践研究 [J].对外经贸,2022(10):113–115.

[20] 刘雪纯,鲍荣娟,孔德丰,等.新时代大学生文化自信培育的路径研究 [J].办公室业务,2022(20):110–112.

[21] 刘东南.思政教育何以增强文化自信 [J].中学政治教学参考,2022(39):3–5.

[22] 倪筱燕.文化自信背景下大学英语教学创新策略 [J].海外英语,2022(19):131–132.

[23] 于硕.文化自信促进道路认同的逻辑过程、内涵与遵循 [J].中共云南省委党校学报,2022,23(5):93–103.

[24] 朱维嘉.文化自信视野下的高校外语教学 [J].宝鸡文理学院学报(社会科学版),2022,42(5):131–136.

[25] 秦紫微.试论中华优秀传统文化对增强文化自信的作用 [J].汉字文化,2022(19):174–175.

[26] 高彤.新时代坚定文化自信的三重维度 [J].汉字文化,2022(19):176–178.

[27] 赵凌志.高校英语专业人才文化自信培养路径探析 [J]. 英语广场，2022（28）：73-75.

[28] 熊冬梅.新时代坚定文化自信的价值及路径研究 [J]. 公关世界，2022（18）：153-154.

[29] 廖丽琴."一带一路"背景下英语文化教学的缺失与策略研究 [J]. 教育评论，2019（11）：149-152.

[30] 曹梦月，王俊.人工智能时代 OBE 理念下大学英语文化教学策略研究 [J]. 教育教学论坛，2022（18）：161-164.

[31] 张敏.课程思政融入大学英语文化教学的策略研究 [J]. 海外英语，2022（1）：100-101.

[32] 陈小红.国际传播视域下大学英语文化教学策略研究 [J]. 安康学院学报，2021，33（6）：68-71.

[33] 李侠.中外茶文化与高校英语文化教学融合探究 [J]. 福建茶叶，2021，43（11）：126-127.

[34] 刘敏娟.茶文化在大学英语文化教学中的运用研究 [J]. 福建茶叶，2021，43（8）：137-138.

[35] 靳寒萍."一带一路"大背景下优化大学英语文化教学策略研究 [J]. 牡丹江教育学院学报，2021（7）：84-86.

[36] 曹志红.思政理念与大学英语文化教学的融合 [J]. 大众文艺，2020（19）：164-165.

[37] 李长慧.谈如何增强文化安全意识改进大学英语文化教学 [J]. 才智，2020（18）：185.

[38] 谢晨鹭，万玲.大学英语文化教学生态失衡与对策研究 [J]. 农家参谋，2020（10）：286.

[39] 曹梦月，王俊.智能时代大学英语文化教学中现代信息技术应用调查研究 [J]. 教育教学论坛，2020（10）：95-96.

[40] 王秋菊.高校英语文化教学供给侧改革探究：基于英语学习者中国文化认同的视角 [J]. 黑龙江教育（高教研究与评估），2020（2）：55-59.

[41] 张锦云.英语文化教学数字化教学资源平台设计 [J]. 科技风，2020（5）：76.

[42] 石军辉，赵馨.英语文化教学改革创新策略探讨 [J]. 教育现代化，2020，

7（9）：49–50.

[43] 刘莉.跨文化交际能力培养：实践理念下的大学英语文化教学[J].南宁师范大学学报（哲学社会科学版），2020，41（2）：76–84.

[44] 蒲春红.关于大学英语文化教学中阅读圈教学模式的构建与探索[J].当代教育实践与教学研究，2019（24）：63–64.

[45] 杨迪.混合式教学模式下英语专业学生跨文化交际能力培养探究[J].现代商贸工业，2023，44（13）：64–66.

[46] 张琨，汲安庆.论大学英语教学中如何培养学生的"跨文化"交流能力[J].海外英语，2023（9）：171–173.

[47] 朱妍.大学英语教学中培养学生跨文化能力对策[J].海外英语，2021（24）：203–204.

[48] 彭敏."一带一路"背景下大学英语教学对学生文化交际能力的培养[J].英语广场，2019（12）：129–130.

[49] 刘丽娜.大学英语教学中对学生跨文化交际能力的培养[J].现代经济信息，2017（8）：422.

[50] 韩阳.在大学英语教学中培养学生跨文化交际能力的途径[J].才智，2014（18）：137.

[51] 刘雪梅.文化教学与英语专业学生学术交流能力的培养[J].赤峰学院学报（自然科学版），2014，30（11）：183–184.

[52] 刘佳.文化软实力视阈下的英语教学与学生文化输出能力培养[J].重庆理工大学学报（社会科学），2014，28（4）：134–138.

[53] 吴玉玲.试论新时代大学英语教师素质[J].大学（思政教研），2021（8）：144–145.

[54] 黄媛.全球化视野下高校英语教师素质发展[J].海外英语，2020（20）：19–20.

[55] 季燕.高校英语教师在职培训现状及发展策略研究[J].天津中德应用技术大学学报，2020（5）：114–118.

[56] 张婧.多模态理论视阈下的高职院校英语教师综合素质研究[J].科技视界，2020（25）：132–133.

[57] 胡丽丽.浅析大学英语教师科研素质提升的制约因素与对策[J].科技风，

2020（15）：268–269.

[58] 贾晓琳 . 国际化背景下大学英语教师素质提升途径探究 [J]. 现代交际，2020（4）：156–157.

[59] 周华 .SPOC 理念下高校英语教师信息素养的诊断与发展 [J]. 黑河学院学报，2020，11（1）：107–109.

[60] 黄鹂 . 新形势下本科英语专业教学阶段教师素质分析 [J]. 科教导刊（下旬），2019（33）：88–89.

[61] 杨琦 . 人文素质教育视野下高校英语教师发展路径探析 [J]. 品位经典，2019（10）：109–110.

[62] 凌晓青 . 大学英语教师的思想政治素质现状剖析及提升对策 [J]. 现代盐化工，2019，46（4）：128–129，141.

[63] 王菁 . 近十年来国内大学英语教师素质研究述评 [J]. 延边教育学院学报，2018，32（4）：42–44，48.

[64] 王鉴，宋燕 . 我国大学英语教材价值观问题研究 [J]. 东北师大学报（哲学社会科学版），2023（5）：10–18.

[65] 李启铭，张晓素 . 认知识解下大学英语教材中"和而不同"文化价值分析 [J]. 中国多媒体与网络教学学报（上旬刊），2022（7）：236–239.

[66] 杨滕戟 . 大学英语教材中文化自信因素调查研究 [J]. 湖北开放职业学院学报，2022，35（12）：181–182，185.

[67] 郑泽宁 . 大学英语教材中本土文化的缺失及对策研究 [J]. 海外英语，2022（8）：156–158.

[68] 黄盛 . 基于非物质文化遗产的大学英语拓展教材设计 [J]. 湖州师范学院学报，2021，43（12）：68–74.